U0147855

中國文化通史

先秦卷·下冊

目錄
C O N T E N T S

總序

緒言

第一章　中國文化的起源

第二章　華夏文化和三代興亡

第三章　從神本走向人本

第四章　三代夷夏文化的承襲、交融和影響

第五章　文字的創制和發展

第六章　「形而上」和「形而下」的哲學思索

第七章　政治層級和血緣層次同構的倫理、宗法

第九章　奠基階段的史學

第十章　衣被百代的多彩文學

第十一章　原始、神秘、高超、輝煌的民族藝術

第十二章　自然科學最早的探索

第七章

政治層級和血緣層次
同構的倫理、宗法

　　禮制是維護宗法關係和政權的一系列等級制度。從西周開始，姬周集團的統治者
依照血緣的親疏遠近及政治地位的高低不同而分成許多等級，反映這種等級關係的便
是禮制。禮制的本質是社會分層、分級的產物，它的產生大約是在新石器時代中國進
入階級社會之後。

第一節·
禮制與大小宗

在新石器時代，玉器中玉鉞、玉琮、玉璧處於非常突出的地位，是各地區文化遺存中常見的器物。鉞是軍隊的象徵，而琮則是神權的象徵，在巫政結合並產生特權階級的玉琮時代，琮是巫師藉以通天地的法器，其意義作用十分重大。[1]從史前良渚文化出土的墓葬來看，它只出土於大墓之中，可以肯定當時只有貴族才能使用玉琮。良渚文化中的琮有許多形態，但大致可分為兩類，一類較粗矮，上面往往有比較精細的花紋；另一類較細高，往往被分為許多節，花紋簡單，玉質也較差。這大概是等級的反映。《考工記·玉人》載：「璧琮九寸，諸侯以享天子……璧琮八寸，以覜聘……駔琮五寸，宗後以為權。大琮十有二寸，射四寸，厚寸，是謂內鎮，宗後守之。駔琮七寸，鼻寸有半寸，天子以為權……瑑琮八寸，諸侯以享夫人。」從這裡可知，周代不同的等級所用琮璧大小各有不同，反映了周代禮制等級關係的繁雜和嚴格，而在良渚文化時期則沒有這麼複雜、嚴格。周代把原始社會末期以來的不平等原則法律化、神聖化，普遍推廣開來，用來調整人與人之間的社會關係；另外把這些儀式固定化，形成一系列的制度，顯得更加森嚴、莊重，並行於各種場合，這就是禮制。

文獻中禮和儀二字常常連用：《詩·小雅·楚茨》有「禮儀卒度」、「禮儀既

1　張光直：《談琮及其在中國古史上的意義》，《文物與考古論集》，北京，文物出版社，1986。

備」。因禮和儀常連用以至於有人認為「禮」、「儀」同義，這是不對的。周禮中禮、儀區別甚嚴，「儀」是形式，「禮」是本質內容。《左傳・昭公五年》:「晉侯謂女叔齊曰:『魯侯不亦善於禮乎?』對曰:『魯侯焉知禮!』公曰:『何為?自郊勞至於贈賄，禮無違者，何故不知?』對曰:『是儀也，不可謂禮。』」這就是說，「郊勞」和「贈賄」只是「儀」，也就是禮的形式。那麼，禮的內容是什麼呢?《禮記・郊特牲》說:「禮之所尊，尊其義也。失其義，陳其數，祝史之事也。故其數可陳也，其義難知也。知其義而敬守之，天子之所以治天下也。」依此可知，禮的「義」是很難了解的;而了解禮的義——內容，並且牢牢地遵守它，天子便可以治理天下了。

周禮實際上包含兩個方面的內容:一是親族血緣方面的關係，前人稱之為「親親」;二是社會政治方面的關係，前人稱之為「尊尊」。親親與尊尊貫徹著嚴格的等級制原則，它是維護統治階級的工具。憑此工具，統治階級可以維護從士到天子卿大夫範圍之內整個統治階級的利益和秩序。《禮記・中庸》說:「親親之殺，尊賢之等，禮所生也」，講的就是這個道理。因為禮只對貴族階級而言，庶人以下的階層則無禮可言，故《禮記・曲禮上》謂:「禮不下庶人，刑不上大夫」，就是說，禮與刑都各有應用的範圍，禮只在庶人以上階層運用，庶人階層以下則不用禮儀;刑法只用在大夫階層以下，大夫階層以上則不用刑法。這也與「勞心者治人，勞力者治於人」的原則基本一致。

在禮儀等級制度中，「親親」講的是親族宗法制度;「尊尊」講的是貴族爵祿制度。前者是親屬關係，後者是政治關係;前者是宗統，後者是君統。

一、宗法制度與禮制等級

宗法制度反映統治階級親族內部的等級秩序與繼承制度。

宗法起源於商代，在殷墟卜辭中，我們常見「大宗」、「小宗」，如:

己丑卜，在小宗，又勺歲，自大乙。

口亥卜，〔在〕大宗，又勺伐三羌，宰十小，自上甲。

（《合集》34047）

這些「大宗」、「小宗」是指宗廟，而且是專指合祭先王神主所設的宗廟。[2]
另外卜辭中還有「大示」、「小示」、「下示」，另外還有「上示」。大示、小示與
大宗、小宗是不同的。大示與上示義同，是指上甲與大乙、大丁、大甲、大庚、
大戊五個日名前冠以「大」字的先王神主，而小示是旁系先王的神主，下示是指
中丁以後的直系先王。[3]在這種集合神主宗廟中，對神主按位置次序進行排列分
類。

在卜辭中可見商代晚期先王先妣宗廟中直系先王有自己單獨受祭的宗廟，所
受的祭祀與旁系先王相比則更為豐盛，同時直系先王的配偶也有自己單獨的宗廟
或其他祭所，並進入周祭系統，而旁系先王的配偶則基本不入祭。如出組祖庚祖
甲卜辭中有「母辛宗」（《合集》23520），廩辛、康丁卜辭有「即宗于妣辛」（《合
集》27566）、「妣辛祕」（《屯南》2538），母辛與妣辛均是指武丁之妃。這些現
象說明了在殷商時代已基本產生了宗法制的雛形，因為宗法制首先要嚴格區分嫡
庶關係。殷商時代是做到了這一點，因為區別直系先王與旁系先王也就是區別了
嫡庶關係。

但商代並無像周代那樣的嚴格意義上的宗法制度。因為周代宗法制度的「親
親」觀念是實行依親屬關係的遠近來排列親疏。《孟子・離婁下》說：「君子之
澤，五世而斬；小人之澤，五世而斬。」謂君子小人恩澤福利，滿五世則除盡。
《禮記・喪服小記》亦謂：「親親以三為五，以五為九，上殺、下殺、旁殺而親
畢矣」，「殺」是遞除、遞減之義。所謂「以三為五，以五為九」是說直屬親屬
關係，從自己開始，上父、中己、下子，合起來為三；上父與祖父，下子與孫，
合則為五；上父、祖父、曾祖父、高祖父，下子、孫、曾孫、玄孫，合則為九。
向上則親屬關係越來越遠，向下親屬關係也是越來越遠。周人的這種親屬關係喪

2　胡厚宣：《殷代婚姻宗法生育制度考》，見《甲骨學商史論叢》初集。
3　朱鳳瀚：《論殷墟卜辭中的大示及其相關問題》，《古文字研究》第 16 輯。

服制度顯然與商代不同。因為依《禮記·王制》等記載，體現宗法關係的周人喪葬制度規定「天子七廟」，而卜辭中所見殷人直系先王的宗廟可以世代保留，未見有毀廟之制。如武丁賓組卜辭有唐宗（大乙宗）、大丁、祖丁宗。說明武丁時代先王諸宗同時存在，直系先王的宗廟並未用毀廟遷主之制。依此看來，商代的宗法制度並未完全建立起來，僅僅出現了宗法關係的一些萌芽。

在西周時期已建立了十分健全的宗法制度。在這種宗法制度下，周天子自為大宗，世世相傳，每代天子都是嫡長子繼承父位而為第二代天子，奉戴始祖，這就是「大宗」。其同母弟和部分庶母弟分封為諸侯，這些諸侯對周天子則為「小宗」。每一代諸侯也是由嫡長子繼承父位為第二代諸侯，奉始受封的始祖為「大宗」。而諸侯在他所受封的封疆之內冊封其子弟、姻親為卿大夫，這對諸侯來說是「小宗」。每代的卿大夫也是由嫡長子繼父位為第二代卿大夫，奉始祖為「大宗」，他的諸弟受田為「士」，為「小宗」。士的嫡長子為士，其餘諸子則為庶人。除周天子這一大宗之外，其餘的大小宗均是相對而言。諸侯對天子是小宗，但在本國則為大宗；卿大夫對諸侯為小宗，但在他的族內卻為大宗。大宗必為始祖的嫡長子孫，而小宗則或宗其高祖，或宗其曾祖、或宗其祖、或宗其父。《禮記·大傳》謂：「有百世不遷之宗，有五世則遷之宗。」繼承始祖的嫡長子孫代代相承，永遠供奉始祖，所以大宗「百世不遷」，永遠是大宗；而一個大宗之內的小宗不斷繁衍，越來越多，到了第五代就必須分出一些子孫，另立門戶。故《禮記·喪服小記》說：「別子為祖，繼別為宗，繼禰者為小宗，有五世而遷之宗，其繼高祖者也。是故祖遷於上，宗易於下，尊祖故敬宗，敬宗所以尊祖禰也。」別子是對嫡長子而言，也就是嫡長子之弟。「別子」的宗子世世代代繼承下去，所以說「繼別為宗」，這新立的宗對後世子孫來說是大宗。別子的地位是不變的，別子之子，除嫡長子之外，而且亦未受封的話，只能是小宗，這小宗是五世而遷。也就是說，過了五世，同族人分離，不服喪服，不再認為是同族關係。所以說，「宗其繼高祖者，五世則遷也」，「有五世而遷之宗，其繼高祖者也」。每個人有自己的父、祖、曾祖、高祖，因此「祖遷於上，宗易於下」。而且，宗法制規定，一旦變為庶人，則體現禮制精神的宗法關係也就被取消了。《禮記·喪服小記》云：「庶人不祭祖者，明其宗也。庶人不祭殤與無後者，殤

與無後者，從祖祔食。庶子不祭禰者，明其宗也。」依此可知，庶人被取消了祭祀的所有權力，大概庶子中除個別任一定職位並受封者外，實已等同於庶人了，而周禮規定：「禮不下庶人」，所以庶人祭祀的權力被取消得一乾二淨。

周禮中宗法關係與政治關係是結合在一起的，也就是說，宗統與君統是合二為一的。《詩·大雅·板》云：「大邦維屏，大宗維翰。」「大邦」指的是諸侯，「大宗」，鄭注云：「王之同姓之適（嫡）子也」，前者說的是政治關係，後者說的是宗法關係。可見天子是以宗法關係來統率同姓諸侯的，並把這些同姓諸侯國作為周天子王畿的屏障來看待，反映了宗統與君統的高度統一。漢儒曾把君統與宗統分開，謂「諸侯不敢祖天子，大夫不敢祖諸侯」（《禮記·郊特牲》），是不對的。《左傳·文公二年》謂：「宋祖帝乙，鄭祖厲王」，《襄公十二年》又謂：「是故魯為諸姬，臨於周廟；為邢、凡、蔣、茅、胙、祭，臨於周公之廟」，正是諸侯以天子為祖的例子。在西周人眼中，周天子是天下共主，也就是同姓諸侯與王朝卿士的大宗；而諸侯在其封國之中，也是同姓各宗族枝葉的大宗主幹。周人之所以稱鎬京為宗周，大概是認為姬姓諸侯的大宗是在這裡命名的。陝西出土的盠駒尊銘文中謂：「萬年保我萬宗」；而盠作的另一盠方彝銘文中則謂：「萬年保我萬邦」。「萬宗」是對宗統而言，「萬邦」是對君統而言，亦可見宗法關係與君臣關係的統一。

二、爵祿制度與禮制等級

《孟子》與《禮記》中都談過周代的五等爵位制，二者所說也大同小異：

天子一位，公一位，侯一位，伯一位，子男同一位，凡五等也。君一位，卿一位，大夫一位，上士一位，中士一位，下士一位，凡六等。

（《孟子·萬章下》）

王者之制祿爵，公、侯、伯、子、男，凡五等。諸侯之上大夫卿、下大夫、上士、中士、下士，凡五等。 （《禮記·王制》）

上面兩書所言雖有差異，但基本是相同的。關於周代五等爵之說，近代學者曾加以懷疑。但最近有學者依據金文及文獻資料，認為周代爵制是確實存在的。我們認為周代是否有五等爵，或如《孟子》所說天子、公、侯、伯、子男，或如《王制》所說公、侯、伯、子、男，或如最近有人考證的五等爵就是畿服制的侯、甸、男、采、衛，雖不能斷定有幾等以及各等的內容，但爵位與爵等的存在是毫無疑問的。西周金文令彝銘文謂：「暨者〔諸〕侯：侯、田〔甸〕、男，舍四方令」；《書・酒誥》謂殷制「越在外服：侯、甸、男、衛、邦伯」，可知殷制和周初爵等有侯、甸、男、衛等。西周金文中散見的還有

大盂銅鼎銘

公、侯、伯、子等爵稱。例如，夨令鼎銘有「周公」，毛公鼎銘有「毛公」，夨令簋銘有「丁公」、「楚伯」，噩侯鼎銘有「噩侯」，表鼎銘有「邢侯」，班簋銘有「毛伯」、「虢公」、「吳伯」、「呂伯」，卯簋銘有「榮伯」，羌伯簋銘有「益伯」、「羌伯」，召伯虎簋銘有「召伯」，太保簋銘有「錄子」，等等。另外，《尚書》中也記有西周貴族爵位，如《顧命》有毛公、畢公、衛侯、芮伯、彤伯，而周公、召公在《周書》中常見；《詩・崧高》中有申伯、召伯；《韓奕》中有韓侯；《江漢》中有召公；等等。從金文與文獻資料看，西周時期爵位爵等制應該是存在的。按西周金文　簋銘文曰：「王呼內史令〔命〕　更祖考服。」這裡所說的「服」就是爵位等級的標誌，這種爵位的「服」大概是代代相傳，但這種傳遞需要通過再次冊命的禮儀來進行肯定。金文中的再次冊命爵服與《禮記・祭統》中所記衛孔悝鼎銘的冊命相同：

六月丁亥，公假於大廟。公曰：「叔舅，乃祖莊叔，左右成公。成公乃命莊叔隨難於漢陽，即宮於宗周，奔走無射〔厭〕。啟右獻公，獻公乃命成叔，纂乃

祖服。乃考文叔，興舊耆欲，作率慶〔卿〕士，躬恤衛國，其勤公家，夙夜不懈，民咸曰：『休哉！』」公曰：「予女銘，若纂乃考服。」悝拜稽首曰：「對揚以辟之勤大命。」施於烝彝鼎。

從衛孔悝鼎銘看，孔悝的祖父莊叔，父親文叔均因勤衛公室有功，均「纂乃祖服」，為卿士之爵服，後孔悝亦「纂乃考服」，繼承父親卿士之爵服。說明孔悝家族世世代代繼承卿士的爵服。衛孔悝鼎今已失傳，但《禮記·祭統》篇所記銘文與今出土銘文的冊命形式、行文式樣完全相同，是完全可信的。

貴族等級制每個相鄰的等級之間都存在著君臣關係，這種君臣關係即人身隸屬關係。《左傳·昭公七年》載楚國芊尹無宇之語說：「王臣公，公臣大夫，大夫臣士。」就是說，王以公為臣，公以大夫為臣，大夫以士為臣，上一級貴族總是統治著下一級貴族。從禮制名分上看，每一個等級在禮器上有明顯的差別，《禮記》上這種差別的記述是屢見不鮮的：

天子七廟，諸侯五，大夫三，士一。天子之豆二十有六，諸公十有六，諸侯十有二，上大夫八，下大夫六。諸侯七介七牢，大夫五介五牢。天子之席五重，諸侯之席三重，大夫再重。

天子之堂九尺，諸侯七尺，大夫五尺，士三尺。

天子龍袞，諸侯黼，大夫黻，士玄衣纁裳。天子之冕朱綠藻，十有二旒，諸侯九，上大夫七，下大夫五，士三。

（均見《禮記·禮器》）

天子之田方千里，公侯田方百里，伯七十里，子男五十里。不能五十里者，不合于天子，附於諸侯曰附庸。

天子三公，九卿，二十七大夫，八十一元士。大國三卿，皆命於天子，下大夫五人，上士二十七人。次國三卿，二卿命於天子，一卿命於其君，下大夫五人，上士二十七人。小國二卿，皆命於其君，下大夫五人，上士二十七人。

（均見《禮記·王制》）

周代的禮制是否有這麼整齊劃一的規定，尚屬疑問。但周代爵等之間的差別肯定是存在的。這種等級差別就是名分，孔子講「正名」，目的就是要糾正君臣、父子的名分。《禮記・曲禮》曰：「君臣上下，父子兄弟，非禮不定。」就是說，君臣上下的關係，父子兄弟的關係，必須依禮制的約束才能確定下來，有條不紊；沒有禮制的約束，則混亂不定。《左傳・隱西元年》載：鄭莊公在其母的要求下，把京分封給同母弟共叔段，鄭莊公的大夫祭仲說：

　　都城過百雉，國之害也。先王之制，大都不過參〔三〕國之一，中五之一，小九之一。今京不度，非制也。君將不堪。

　　按祭仲所言周制，諸侯國之中的封國城區，大的只有諸侯國都的三分之一，中等的五分之一，小的只有九分之一。而鄭莊分給其弟段的城區大概已超過規定的禮制中最大的三分之一，因此祭仲認為這是不合禮制的。其他不合禮制的情形還有：

　　孔子謂季氏八佾舞於庭：「是可忍，孰不可忍也！」

　　三家者以雍徹。子曰：「『相維辟公，天子穆穆』，奚取於三家之堂？」

　　邦君樹塞門，管氏亦樹塞門；邦君為兩君之好有反坫，管氏亦有反坫。管氏而知禮，孰不知禮？

（均見《論語・八佾》）

　　諸侯之宮縣而祭以白牡，擊玉磬，朱幹設錫，冕而舞大武，乘大輅，諸侯之僭禮也。

（《禮記・郊特牲》）

　　按周代天子、諸侯、卿、大夫、士各級貴族，在祭祀、盟會、昏喪、朝聘、衣服、車馬、宮室、器物、音樂、舞蹈等方面均有嚴格的等級制，一旦越過規定的等級界限，便是僭禮。這充分說明等級禮制是為鞏固周代貴族階級統治秩序服務的。

三、宗法與禮制等級的破壞

自「共和行政」之後到西周滅亡，周天子地位下降，威嚴掃地，諸侯一天天強大起來。「禮樂征伐自天子出」的時代已經一去不復返了。在西周，依宗法關係，天子為「大宗」，諸侯為「小宗」，卿大夫為「小宗」的「小宗」，形成了寶塔式的權力結構，天子則在這個權力結構的最上層。天子統治諸侯，諸侯統治卿大夫，大夫統治士，一系列的禮樂制度以及日常生活的用具用品也形成不同的等級。而到春秋時代，隨著社會經濟的發展，卿大夫世族的力量日益擴大，由於公室衰敗，而卿大夫這些「小宗」由於宗族枝葉越來越多，越來越大，便逐漸變成了勢力強大的「大宗」。

西周春秋時期宗法制度和禮制的崩壞原因是典型的「尾大不掉」形成的。由於諸侯在經濟軍事方面的力量越來越強，可以吞併小國，征伐其他諸侯國家，天子無力干涉，天子統治天下的時代成為過去。隨著卿大夫在經濟、軍事方面的力量越來越強大，依附卿大夫的民眾百姓越來越多，於是諸侯大權旁落，大夫專政的局面便形成了。《左傳・昭公三年》晏子與叔向曾談論過齊公室與晉公室的衰落及大夫日益強大的情況：

叔向曰：「齊其何如？」晏子曰：「此季世也，吾弗知。齊其為陳氏也。公棄其民，而歸於陳氏。齊舊四量：豆、區、釜、鐘。四升為豆，各自其四，以登於釜，釜十則鐘。陳氏三量，皆登一焉，鐘乃大矣。以家量貸，而以公量收之。山木如市，弗加於山；魚鹽蜃蛤，弗加於海。民參〔三〕其力，二入於公，而衣食其一。公聚朽蠹，而三老凍餒，國之諸市，屨賤踊貴。民人痛疾，而或燠休之，其愛之如父母，而歸之如流水，欲無獲民，將焉辟之？……」叔向曰：「然。雖吾公室，今亦季世也。戎馬不駕、卿無軍行；公乘無人，卒列無長。庶民罷敝，而宮室滋侈。道殣相望，而女富溢尤。民聞公命，如逃寇讎。欒、郤、胥、原、狐、續、慶、伯，降在皂隸。政在家門，民無所依。君日不悛，以樂慆憂，公室之卑，其何日之有？讒鼎之銘曰：『昧旦丕顯，後世猶怠。』況日不悛，其能久乎？」

從上叔向所言可知晉公室已衰落的情況：「公乘無人」，說明晉侯已失去對軍隊的統治能力與權力，「公室之卑」，「政在家門」，說明晉侯公室已衰落不堪，而政治權力已落入卿大夫手中。

問題是這些公室是如何衰落下去的？叔向謂公室奢侈無度而失去民心，晏嬰謂齊侯失民、陳氏得民而公室衰敗，私門興盛。這實際上反映了卿大夫經濟實力越來越強大，能夠用輕徭薄賦甚至無息無利、還能給民眾許多好處的方式儘量使民眾百姓依附，私門則力量更強大，公室便成了空架子。

卿大夫階層經濟和政治實力的不斷增強，反映了宗法分封制自身存在著致命的痼疾。按照宗法關係所實行的分封，君主對臣下「胙之土而命之氏」，他們實際上也成了有土地、有宗族的封君。他們一旦建立了自己的宗族，儘管他們對大宗君主的諸侯是小宗，但到自己的小宗族中卻成了本族的大宗宗子，在封地之中是有經濟、政治甚至軍事實權的君主。在卿大夫這塊封地之中，諸侯對經濟、政治方面都沒有力量直接去支配。卿大夫可以在他得到的封地中築城並建立宗廟，對這塊封地上的私臣、私徒屬有至高無上的權威，諸侯君主無權干預卿大夫對自己封地上私臣和人民的處理和統治權。例如《左傳·昭公二十八年》載：「晉祁勝與鄔藏通室，祁盈將執之，訪於司馬叔游。叔游曰：『《鄭書》有之：惡直醜正，實蕃有徒。無道立矣，子懼不免。……姑已，若何？』盈曰：『祁氏私有討，國何有焉？』遂執之。」祁盈是晉國卿大夫，他代表自己祁氏家族要逮捕祁勝與鄔藏，去向司馬叔游徵求意見，叔游建議他放了這二人。祁盈說「祁氏私有討，國何有焉」，杜預注云「言討家臣，無與國事」。依祁盈看來，祁勝和鄔藏是他自己的家臣，與諸侯國君沒有什麼直接關係。他自己可以處理他的家臣。而卿大夫的族人家臣如果背叛自己的宗族宗子，而直接效忠於諸侯國君，這是不合禮制的。《左傳·昭公十二年》記述魯大夫季平子執政後，對家臣南蒯不好，南氏打算「出季氏而歸其室於公」、「以費為公臣」。但這種做法在當時被認為是有罪的：「家臣而欲張公室，罪莫大焉！」即使南氏表明自己是為了加強公室的實力，但他這麼做卻背叛了自己直接的主子。而在當時人們的觀念中，他與公室國君是沒有什麼關係的。正是由於這種宗法封建制的特點，隨著卿大夫自己宗族勢力的日益膨脹及經濟實力的日益增強，便和公室爭奪民心，擴大依附民眾，於是

便出現了「陪臣執國命」的現象。如齊國的陳氏專齊國之政,晉國六家專政,後相互吞併,僅剩下三家。

在春秋末期,諸侯公室與卿大夫的私室之間的鬥爭已明朗化,不是公室戰勝私室,便是私室取代公室。齊晉便是私室取代公室,在此姑且不論。而其他諸國,以公室戰勝私室,無不是徹底放棄「宗法分封制」,而用中央集權制的方式鞏固其政權。如魯、鄭二國就是這樣。以魯國為例,可知公室與掌實權派鬥爭的激烈性。從魯莊公死後,他的三個弟弟互相爭權,後來季氏勝利,便立魯僖公,因擁立之功受惠及汶陽封地並為魯國正卿,三家並立而以季氏為首。魯文公死後,東門氏殺適〔嫡〕立庶,政權在一段時間內為東門氏所掌。魯宣公死後,季文子便驅逐東門氏,從此政權便轉到三家手中。數世「政在季氏」。後三家通過「作三軍」及「捨中軍」,三家盡分公室的軍賦而「貢於公」,於是魯侯從此只有「公徒」,即「卒列無長」。勢力和三家相比衰弱多了。魯昭公末年,圖謀廢季氏,三家聯合起來進攻魯昭公,昭公出奔死了。到戰國時,魯公室借季氏內亂和三家內部不團結,借越國軍隊消滅季氏,去掉了季氏的勢力,孟氏、叔氏兩家也衰微了。這樣魯國從魯穆公時代開始,國君的力量加強,中央集權制的政治形式也就鞏固了。

因此,西周時期宗法封建制的崩潰、破壞是勢所難免的。不管是卿大夫還是諸侯國都已覺得宗法分封制難以再繼續實施下去了。在當時,各國對官爵,多數不再用封土方式賜命,而是用供穀祿的方式。《史記・孔子世家》載:「衛靈公問孔子居魯得祿幾何?對曰:『奉粟六萬。』衛人亦致粟六萬」;《論語・雍也》:「子華使于齊,冉子為其母請粟……原思為之宰,與之粟九百」;《憲問》:「邦有道,穀。邦無道,穀,恥也」。孔子及其弟子僅受穀祿卻沒有封土,已由宗法分封制下的卿大夫變為官僚性質的官吏。而任用官吏也由原宗法制下只能任用同姓同族的貴族子弟,即所謂的世卿世祿制,變為用賢用能。這些現象表明宗法制及禮樂等級制的崩潰。禮崩樂壞;君不君,臣不臣,父不父,子不子;卿大夫僭禮現象亦屢見不鮮。宗法分封制崩壞了,為其服務的意識形態——禮制等級觀念當然也失去其存在的理由,它必將為新的意識形態,維護中央集權制的思想觀念所代替。

第二節·

父死子繼
與兄終弟及

　　先秦時期的君位繼承制度，據《史記》記載，夏周以父子相繼為主，商代以兄終弟及為主，父子相繼為輔。但夏代文獻資料太少，在此姑且不論。商代前期一直以兄終弟及為主，到康丁時代始以父死子繼為主。西周時期以父子相繼為主；春秋時期以父子相繼為主且以嫡長制為原則，但也有其他變式。

一、商代兄終弟及到父子相繼的發展

　　商代的歷史可分為兩個階段，一是成湯立國前的歷史；二是成湯立國後的歷史。依《史記·殷本紀》所載，成湯立國前均為父子相承的方式繼位。《殷本紀》曰：

　　契卒，子昭明立。昭明卒，子相土立。相土卒，子昌若立。昌若卒，子曹圉立。曹圉卒，子冥立。冥卒，子振立。振卒，子微立。微卒，子報丁立。報丁卒，子報乙立。報乙卒，子報丙立。報丙卒，子主壬立。主壬卒，子主癸立。主癸卒，子天乙立，是為成湯。

　　從這些記載看，商代在成湯之前便實行了父子相繼制。其實，這些記載從甲

骨文中來看，多數已見於殷墟卜辭——儘管有一些先公還不能和卜辭中完全對應，但卻不能證明上述殷先公都是父子相承。上引《殷本紀》中「振」應據殷墟卜辭是「亥」字誤寫。而殷墟卜辭中「亥」後還有一弟「恒」繼兄為王，而《殷本紀》中卻已刪除，說明商湯前並不見得就完全實行整齊劃一的父子相繼制。另外，于省吾先生還指出商代建立祭祀祖先廟號制度在成湯之際，起於示壬、示癸（即《殷本紀》中主壬、主癸），報乙、報丙、報丁是後人追認。[4]因此這些商人代代相誦而後來書之於冊簡竹帛之上，代數及相互之間的關係也可能有誤記誤傳，因此我們探討商代商湯之前的君位繼承制度不能完全依《殷本紀》之說便謂成湯之前便實行了父子相繼制度了。而且如果說成湯之前實行的是父子相繼制，成湯之後卻往往以兄弟相及制為主，顯然不合常理。

商代從商湯到康丁時代實行以兄終弟及為主、父子相繼為輔的繼承制度。殷商時代的世系從成湯起到帝辛亡國共三十王，十七世。其中兄終弟及共九世，例如第二世有外丙、仲壬，第四世大庚，第五世雍己、大戊，第六世外壬、河亶甲，第八世沃甲，第九世南庚，第十世盤庚、小辛、小乙，第十一世祖甲，第十二世康丁，這九世十四王都是弟承兄位。殷代兄終弟及有兩種形式。一種是順傳，一種是逆傳。順傳是弟繼兄位，弟死後由弟之子繼位。依《史記·殷本紀》，沃丁崩，弟太庚立；太庚崩，子小甲立。小甲崩，弟雍己立；雍己崩，弟太戊立。中丁崩，弟外壬立；外壬崩，弟河亶甲立；河亶甲崩，子祖乙立。陽甲崩，弟盤庚立；盤庚崩，弟小辛立；小辛崩，弟小乙立；小乙崩，子武丁立。祖庚崩，弟祖甲立；祖甲崩，子廩辛立。廩辛崩，弟庚〔康〕丁立；庚丁崩，子武乙立。上面這些都是兄終弟及的順傳式，兄死弟承，弟死後由己子繼承王位。逆傳式是兄死弟承，弟死後由兄之子來繼承王位。這種逆承式在殷代十分少見，僅見一例。《殷本紀》說：「湯崩，太子太丁未立而卒，於是乃立太丁之弟外丙，是為帝外丙。帝外丙即位三年，崩，立外丙之弟中壬，是為帝中壬。帝中壬即位四年，崩，伊尹乃立太丁之子太甲。太甲，成湯嫡長孫也，是為帝太甲。」商始開國之王成湯死後，太子太丁已早死，於是用弟及方式立外丙及中壬；中壬死

4　于省吾：《釋自上甲六世的廟號以及中國成文歷史的開始》，《甲骨文字釋林》，北京，中華書局，1979。

後，把王位交給其長兄太子太丁之子太甲，這就是逆傳式。

另外還有一種交錯相傳式。《殷本紀》曰：「帝祖辛崩，弟沃甲立，是為帝沃甲。帝沃甲崩，立沃甲兄祖辛之子祖丁，是為帝祖丁。帝祖丁崩，立弟沃甲之子南庚，是為帝南庚。帝南庚崩，立帝祖丁之子陽甲，是為帝陽甲。」從這段記述可知，祖辛死後，沃甲弟及而立；沃甲死後，把王位傳給其兄祖辛之丁祖丁；祖丁死後，又把王位傳沃甲之子南庚；南庚死後，把王位又傳給祖丁之子陽甲。形成了一個王位的交錯相傳式。

關於商代王位繼承制度，大致有以下幾種說法：（1）弟及為主、子繼為輔說（即兄終弟及說）；（2）子繼為主、弟及為輔說；（3）子繼與弟及並用，並無主次之分說；（4）子繼為常，弟及為變說；（5）嫡長子繼承說；（6）立賢說；（7）立壯說。我們認為弟及現象在殷代是如此之多，不可用嫡長子繼承說或子繼為主說加以否定。我們認為應當注意的是殷代兄弟相及形成的原因及其兄弟相及之中應由誰之子來繼位的問題。

關於殷代兄弟相及形成的原因，我們不可忽視殷代存在「並後」的現象，也就是說一個殷王往往不止一個正妻，而有兩個或三個地位相當的正妻。這些正妻在殷墟甲骨卜辭中是要受到後世殷王祭祀的。例如，中丁有妣己、妣癸，小乙有妣庚、妣己，祖乙有妣己、妣庚，武丁有妣辛、妣癸、妣戊，祖辛有妣甲、妣庚、妣壬，而祖丁正妻竟達五位：妣甲、妣己、妣庚、妣辛、妣癸。中丁、小乙、祖乙正妻有二個，武丁、祖辛有三個，而祖丁有五個。但是一個殷王有幾個正妻，是死了再娶呢？還是同時有兩個或兩個以上呢？有的學者認為這些數位正妻並祭的現象是先後續娶的。例如黃組周祭卜辭中，武丁有三個配偶妣辛、妣癸、妣戊。在武丁之子祖庚的卜辭中，母辛受祭次數最多，約達四十三條之多；母癸例見一例（《珠》885），未見祭祀母戊的卜辭。由此推知，在武丁三個配偶中，在其子祖庚時，母辛享受祭祀次數最多，說明她死得最早；母癸享受祭祀的次數僅一次，說明她死得晚；不見祭祀母戊，說明她在祖庚時尚健在。於是作結論說，武丁這三個配偶全是她的正妻，娶的方式是一個死了以後又續立一個，即在廟號「辛」的正妻死後又續立廟號「癸」者為正妻，廟號「癸」的正妻死後再

續立廟號「戊」者為正妻，這就一直保持著一個法定的配偶。我們認為這裡的分析，前面分析祖庚時母辛先死，母癸次死，而母戊尚健在之說是對的；而後謂武丁的這三位正妻是依次而娶，且是一個死後再娶另一個就不對了。其主要問題，就是商代實際上存在與後代完全不同的「並後」現象。

「並後」現象在周代嚴格嫡長繼承制的時代是堅決禁止的。《左傳‧閔公二年》述辛伯之語說：「內寵並後，外寵二政，嬖子配適〔嫡〕，大都耦國，亂之本也」；《左傳‧桓公十八年》亦曰：「並後、匹嫡、兩政、耦國，亂之本也。」這些均把「並後」現象作為「亂之本」的首惡現象。

在殷代實際上就存在這種「並後」現象，商代晚期我鼎銘文云「礿穧二母」[5]，殷王祭祀的這「二母」，就是殷先王的兩個地位相等的妻子。《逸周書‧克殷》篇謂武王斬紂王后，「乃適二女之所，既縊」，這「二女」是否如後代注所說是妲己及嬖妾，不得而知，但她們的地位差不多，也是「並後」現象。周原卜辭 H11‧1 刻辭云：「癸巳，彝文武帝乙宗。貞，王其紹祭成唐𢔇，御報二母」，這「二母」的祭祀是在文武帝乙宗——即帝乙宗廟中祭祀的，應是帝乙二妃，這二母的地位也應是相等的。另外，在殷墟卜辭中武丁時代的卜辭中武丁的妻子很多，其中婦好與婦妌的地位很高，很尊貴，而且二人均曾率軍征伐。此為武丁的「並後」現象。另外，武丁時期的三個正妻是否如有的學者分析的那樣，一個死了再娶一個？這不是必然的答案。三個正妻所娶時間雖不一定為同時，但完全有可能在同一時期存在，至於誰死得早，誰死得晚，絕不能依此說死得早的娶得就早，死得晚的娶得就晚。既然商代存在「並後」現象，這武丁的三位正妻也完全可能是同時並存的。

商代為什麼會存在「並後」這種現象呢？這大概是由商代社會的特點所決定的。一方面，商周王后「貴」的性質是肯定的，所娶之妻來自大國，其地位自然就尊貴；來自小國，其尊貴程度則相對弱一些。若正式聘的兩個妃子皆來自大國，其尊貴程度就差不多相等。另一方面，商代實行的是方國聯盟制，商王會利

---

5 《三代吉金文存》卷四，413 頁。

用婚姻來鞏固自己在方國聯盟中的地位。而聘娶重要的、有實力的大國之女為妻自然會加強商王在方國聯盟中的地位和權力。這也是商王實行「並後」制的一個重要原因。

既然商代實行「並後」制，那麼兄弟相及的現象也就不足為奇了。因為「並後」制中幾個正妻的地位相當，其子的地位也就相當。他們輪流執政當王的可能性也就更大。商代實行「並後」制，自然兄弟相及而任王的現象就多；兄弟相及的現象一多，自然就會發生王位的爭奪現象。所以《史記·殷本紀》說：「自中丁以來，廢嫡而更立諸弟子，弟子或爭相代立，比九世亂，於是諸侯莫朝。」

商代兄終弟及現象和秦國春秋以來君位繼承現象十分相似。《史記·秦本紀》謂秦武公死後，「有子一人，名曰白。白不立，封平陽。立其弟德公」；秦宣公死後，「生子九人，莫立，立其弟成公」；「〔秦〕成公立四年卒。子七人，莫立，立其弟繆公」；等等。秦國諸侯時秦武公、宣公、成公皆有兒子，特別是秦宣公有九子，秦成公有七子，卻均不立，而立其弟。這與殷代繼統法十分接近，可以互相印證。

殷代從康丁到帝辛時代便一直實行父子相繼制。而且在這個時代已經實行了嫡長子繼承制。從殷代晚期的青銅器銘文中出現了「太子」，這「太子」是在世先王建立了儲君。例如：

辛巳，王飲多亞庭，享京麗，錫貝一朋，用作太子丁□。

（《三代吉金文存》6.49.1）

王錫小臣缶渢積五年，缶用作享太子乙家祀奠。□父乙。

（《三代吉金文存》3.53.2）

癸亥，王迏於作冊般新宗，王賞作冊般貝。太子賜東□貝，用作父己寶般。

（《嘯堂集古錄》14.2）

上文中的「太子」，應即嫡長子，商王在生前便立嫡長子為「太子」，亦即

儲君。李學勤曾指出「缶用作享太子乙家祀奠」中的「太子」是「帝辛已死的太子」；並指出上引後一例中「太子賜東口貝」中「太子」是「帝辛生存的太子」。[6]這些都說明嫡長子繼承制已經產生了。在文獻中也有反映，《呂氏春秋‧當務》說：「紂之同母三人，其長曰微子啟，其次曰中衍，其次曰受德。受德乃紂也，其少矣。紂母之生微子啟與中衍也尚為妾，已而為妻而生紂。紂之父、紂之母欲置微子啟以為太子，太史據法而爭之曰：『有妻之子，而不可置妾之子。』紂故為後。」而《史記‧殷本紀》說：「帝乙長子曰微子啟，啟母賤，不得嗣。少子辛，辛母正後，辛為嗣。帝乙崩，子辛立，是為帝辛，天下謂之紂。」另外，《孟子‧告子上》篇曰：「以紂為兄之子且以為君，而有微子啟，王子比干。」顯然，紂與微子啟的關係有三種不同的說法：依《殷本紀》之說，啟為兄卻為庶子，紂為弟卻為嫡子；依《呂氏春秋》之說紂與啟為同母，而啟長紂幼，生啟時尚為妾，生紂時已貴為後，因太史力保而立紂為太子；而依《孟子》之說，則微子啟是紂的叔父。這三說儘管差別甚大，但從這些敘述中，可知殷代末期嫡長子繼承制已經建立大概是可以肯定的。

二、周代父子相繼制與立貴原則的實踐

西周時期的君位繼承制度，以嫡長子繼承製作為典範化的模式，並有與之相配套的宗法制度及其分封制度，因此西周時期的王位繼承制度是十分規範的。依《史記‧周本紀》所載，周代自武王立國，其中西周時期成、康、昭、穆、共（恭）、懿、夷、厲、宣、幽諸王，皆為父子相承制，只有共王和孝王為兄弟相及，而且孝王安插於其侄周懿王之後。東周春秋時代周王世系，桓、莊、釐、惠、襄、頃、定、簡、靈、景、敬，也都是父子相傳，只有平王與桓王是以祖孫相承，匡王與定王為兄弟相及。但周平王與桓王祖孫相承方式，是先王太子去世後為宗法制所認為是典範的繼承方式。《禮記‧檀弓上》曰：

6　李學勤：《論殷代親族制度》，《文史哲》，1957 年第 1 期。

公儀仲子之喪，檀弓免焉，仲子免其孫而立其子。檀弓曰：「何居？我未之前聞也！」趨而就子服伯子於門右。曰：「仲子捨其孫而立其子，何也？」伯子曰：「仲子亦猶行古之道也。昔者文王舍伯邑考而立武王，微子捨其孫脱而立衍也。夫仲子亦猶行古之道也。」子游問諸孔子，孔子曰：「否，立孫。」

　　魯國公儀仲子死後，因嫡長子已死，便立其他的次子為繼承人，這件事遭到檀弓的反對，而子服伯子卻認為這樣做合乎「古之道」。後來子游就這件事請教孔子，孔子認為應當立孫。陳澔《禮記集說‧檀弓上》說：「適〔嫡〕子死，立適〔嫡〕孫為後，禮也。」依此可知周代的嫡長子制繼承方式已把繼承制度絕對化，先公先君死後，嫡長子已死，那麼嫡孫一般情況下都比較幼小，立弟的方式是權宜之計。但這樣的權宜之計也是為周禮所不容的。因為立弟這種例子一開頭，便會引起一系列的惡性循環，因此孔子斬釘截鐵地說：「否，立孫！」表現了周代嫡長嫡孫繼承制的絕對化。《公羊傳‧隱西元年》也說：「桓幼而貴，隱長而卑……故凡隱之立。為桓立也。隱長又賢，何以不宜立？立適〔嫡〕以長不以賢，立子以貴不以長。」這就是說，在嫡子中立長子則不看他是否賢明，在眾子中則看誰為貴為王后（或諸侯、卿大夫的正妻）的兒子，並不看重誰的年長。這種規定實際上是為解決諸子紛爭君位的矛盾：君位是先天決定的，誰為正妻之子且為長子便是將繼位的儲君，並不看誰更賢明有德；在正妻無子的情況下，在眾庶子之中選立接班的君主，則看誰更年長，不用再比看貴賤與否和貴賤程度。總之，周代嫡長子繼承制為了避免君位紛爭，制定了一套有效的可實施操作的制度來安排決定君位繼承人的人選，而不管儲君人選本人的素質、才能及德行優劣，完全按既定的、機械的模式去操作運行。這樣的繼承制度雖然犧牲了在眾子中選賢擇才的優點，但確實保證了國家的穩定與安寧。西周春秋時代周王室的繼承接班都是在和平的情況下平穩地過渡，減少了不必要的爭奪與紛亂。從西周到戰國時代，周共有三十餘王，大致皆依父死子繼、嫡長相承的模式來傳位接班，其嫡長繼承制的優點是顯而易見的。

　　周代的宗法制是從嫡長制產生出來，又保證了嫡長制的有效運行。由此政權便和族權有機地結合起來，君統和宗統合二為一。在這種制度下，嫡長繼承是縱的方面，宗法關係是橫的方面，縱橫交錯，相得益彰，從而使周代的政治處於一

種良性的循環之中。按宗法制度，一個宗族大至一個國家，嫡長子是君權的繼承人，他同時又為大宗宗主；在一個諸侯國家乃至天下，握有君權，政治地位最高；而在宗族中又有宗族大權，族中的地位亦最高。天子諸侯其餘支子分為小宗，對天子諸侯他們為小宗，在自己支族之中又為小宗，具有繼承權和主祭權，也是政權與宗權合二為一。下至士也是如此。依此一而再、再而三地分封，整個統治階層形成主次分明、貴賤有等、上下相互統屬的金字塔式的統治結構。這樣，大小有定，高低無爭，有效地鞏固了周代的政治權力。

我們在前面談過，殷代已有初步的宗法貴賤的等級關係，但遠未形成像周代等級森嚴的宗法制度。有人以為殷墟甲骨卜辭中的「大示」、「小示」就是周代的大宗、小宗，這是不對的。周人宗法的特點就在於嚴嫡庶之辨。王國維認為周人嚴格嫡庶之辨，然後才有宗法[7]，這是完全正確的。殷代沒有嚴格的嫡庶之辨，所以就沒有嚴格意義上的宗法制度。有的學者把宗法制度與氏族組織原則或者說氏族制度等同起來，這也是不對的。宗法制度雖與氏族組織、祭祀制度有些關係，但不能把他們等同起來。周代的宗法制度主要是在嫡長制基礎上產生出來，並為維護新型土地分封制而形成了一套系統的制度。

周代在成王之前並未形成嚴格的嫡長子繼承制。《禮記·檀弓上》伯子所說：「昔者文王捨伯邑考而立武王」；另外，《史記·周本紀》說：「古公有長子曰太伯，次曰虞仲。太姜生少子季歷，季歷娶太任，皆賢婦人，生昌，有聖瑞。古公曰：『我世當有興者，其在昌乎？』長子太伯、虞仲知古公欲立季歷以傳昌，乃二人亡如荊蠻，文身斷髮，以讓季歷。」古公亶父在當時看到幼子季歷與殷人通婚[8]，認為這樣可提高周人的地位，「我世當有興者，其在昌乎？」決定讓太伯、虞仲、季歷三人兄弟相及最後以傳季歷之子昌，而太伯、虞仲不願做這樣過渡式的君王，太伯三以天下讓[9]，最後同虞仲逃到荊蠻之地，讓季歷登位以遂古公心願，這些事實說明從古公到武王時代嫡長子繼承制並未完全建立起來。

7　王國維：《殷周制度論》，《觀堂集林》第 2 冊，北京，中華書局，1984。

8　顧頡剛：《〈周易卦爻辭〉中的故事》，《顧頡剛選集》，天津，天津人民出版社，1988；王暉：《季歷選立之謎與貴族等級名號傳嗣制》，《中國史研究》，1996 年第 1 期。

9　《論語·泰伯》。

周代嫡長子繼承制大概是周公的傑作。小邑周在戰勝大邑商之後，天下未定，開國之君武王卻以正當盛年——只有五十四歲抱憾而亡[10]，在武王去世之前，他曾建議讓周公以兄弟相及的方式即位。《逸周書·度邑》篇中武王對周公說：「汝維幼子，大有知〔智〕……乃今我兄弟相後……」，「兄弟相後」就是兄弟相及。而周公聽到武王此語，驚恐以至淚下，「叔旦恐，泣涕共〔拱〕手」。《書·大誥》曰：「洪維我幼沖人，嗣無疆大歷服……綏予曰：『……不可不成乃寧〔文〕考圖功」，「以予敉寧〔文〕武圖功」。「寧〔文〕考」即文王，「寧〔文〕武」即文王、武王。《大誥》又說：「殷小腆，誕敢紀其敘，天降威，知中國有疵，民不康，曰予復，反鄙我周邦」，顯然這說的是武庚叛周的故事。依此看來，《大誥》中的「王」即周公。另外《康誥》也說：「王若曰：孟侯，朕其弟，小子封」，其中的「王」也應為周公。《荀子·儒效》篇明謂周公屏成王、及武王而稱王：「武王崩，成王幼，周公屏成王而及武王，履天子之籍，負扆而坐，諸侯趨走堂下。」然而就在周公攝政稱王期間，自認為比周公年長的管叔煽動流言：「武王既喪，管叔及其群弟乃流言於國曰：『公將不利於孺子』」[11]；並和蔡叔等弟參與武庚作亂，周公率軍東征平定了武庚與管蔡諸弟的叛亂。「周公行政七年，成王長，周公反政成王，北面就群臣之位」[12]，而在周公致政成王之前，傳說周公「興正禮樂，度制於是改，而民和睦，頌聲興」[13]。周公制禮作樂之中應該包含嫡長子繼承制、宗法制度等內容。周公不僅制定了嫡長子繼承制，而且親自實踐，制禮作樂後便「致政成王」。這種以身作則的行為保證了嫡長繼承制與宗法制等制度的貫徹執行，並使這些典章制度成為周代世世不祧之範式。

周代嫡長繼承制中最主要的因素是立貴的原則。立貴原則在大多數情況下是容易操作運行的，立貴原則是根據母后身分來確定，只要貴為君后，其長子便被立為太子。但是客觀的情況又往往不利於嫡長子，例如，（1）元妃已去世或失寵，次妃受寵，其原立太子的地位便十分不穩。如周幽王的王后為申侯女，其長

---

10 《路史·發揮》四引古本《竹書紀年》曰：「武王年五十四。」
11 《書·金縢》。
12 《史記·周本紀》。
13 同上。

子宜臼（即後來周平王）被立為太子。幽王後來寵愛褒姒，褒姒生子伯服。周幽王便廢申後和太子宜臼；以褒姒為王后，以伯服為太子。春秋時晉獻公伐驪戎，獲驪姬以歸，立為夫人，生奚齊。於是太子申生失寵，而打算立奚齊為太子。[14]

（2）先王先君去世之時，嫡子太幼小，便有廢嫡立庶的可能。據《左傳·文公四年》，魯文公即位四年從齊國娶出姜——即後來的哀姜，到文公十八年時，文公去世，哀姜兩個嫡子被殺，哀姜歸齊。《左傳·文公十八年》記述此事說：

（魯）文公二妃敬嬴生宣公。敬嬴嬖，而私事襄仲。宣公長而屬諸襄仲……冬，十月，仲殺惡及視而立宣公。書曰：「子卒。」諱之也。……夫人姜氏歸於齊，大歸也。將行，哭而過市，曰：「天乎！仲為不道，殺適〔嫡〕立庶。」市人皆哭。魯人謂之哀姜。

按《左傳》所述，哀姜為魯文西元妃，所生惡及視為嫡子。敬嬴為文公二妃，即次妃，生魯宣公。這次廢嫡立庶，固然是由於敬嬴與襄仲勾結而成事。但不可否認，魯文公娶哀姜晚，且不如敬嬴受寵，生二子惡與視最大不過十三歲，嫡子幼小，這也是廢嫡立庶的重要原因。又，《左傳·文公六年》曰：「八月乙亥，晉襄公卒，靈公少，晉人以難故，欲立長君。」晉國在晉襄公死後，晉靈公當進年幼，而晉國在內憂外患的情況下，打算立年長的庶子為君。可見這些廢嫡立庶時年齡也是考慮的一個重要因素。

不管是元妃與太子失寵而廢嫡立庶，抑或是先君去世時太子幼小而廢嫡立庶，這些做法都是不合周代禮制的，是為守禮者所堅決反對的。再以晉襄公死後選立新君的情況來看，或推辰嬴之子公子樂，或推杜祁之子公子雍。在這時晉襄公嫡夫人大鬧朝廷：

穆嬴日抱太子以啼於朝，曰：「先君何罪？其嗣亦何罪？捨嫡嗣不立，而外求君，將焉寘此？」出朝，則抱以適趙氏，頓首於宣子，曰：「先君奉此子也而屬諸子，曰：『此子也才，吾受子之賜；不才，吾惟子之怨。』今君雖終，言猶

---

14 《國語·晉語一》。

在耳，而棄之，若何？」宣子與諸大夫皆患穆嬴，且畏偪，乃背先蔑而立靈公，以御秦師。[15]

從這一段記載可知，晉襄公死後，儘管晉靈公很小，晉國恐不足擔當大任而謀選年長者庶子為國君。但穆嬴是晉襄公的嫡配夫人，其子按立嫡制理應為晉君，她便上朝廷並上當時晉國的正卿趙盾家裡，理直氣壯地一鬧，其子靈公便名正言順地成為新君。依此來看，立嫡制在當時已成為制度，儘管當時太子十分幼小——仍在穆嬴的懷抱之中，儘管當時晉國與楚國的爭霸鬥爭十分激烈，仍不得不按宗法立嫡制立仍在繈褓之中的靈公為晉君。這說明立嫡制在當時已成為立新君時主要的原則。

另外，從秦國早期歷史也可以看出這一立君原則的重要作用。《史記·秦本紀》曰：

非子居犬丘，好馬及畜，善養息之。犬丘人言之周孝王，孝王召，使主馬於汧渭之間，馬大蕃息。孝王欲以為大駱適嗣。申侯之女為大駱妻，生子成為適。申侯乃言孝王曰：「昔我先酈山之女，為戎胥軒妻，生中潏，以親故歸周，保西垂，西垂以其故和睦。今我復與大駱妻，生適子成。申駱重婚，西戎皆服，所以為王。王其圖之。」於是孝王曰：「昔伯翳為舜主畜，畜多息，故有土，賜姓嬴。今其後世亦為朕息馬，朕其分土為附庸。」邑之秦，使復續嬴氏祀，號曰秦嬴。亦不廢申侯之女子為駱適者，以和西戎。

秦先祖非子時始受土命姓受氏。非子居犬丘因善養馬而為周孝王在汧水渭水之間牧馬，牧馬有功，周孝王打算立非子為秦祖大駱的嫡長繼承人。但大駱的正妻是申侯之女，申為侯爵，其女天生而貴，所生之子名成，自然是嫡子。一是功臣，有周孝王撐腰；一是嫡子，有申侯撐腰。但廢嫡立庶畢竟名不正，言不順，周孝王只得向申侯讓步，仍讓申侯之女所生的成為大駱嫡子承父業，另外賜非子秦邑，賜姓為嬴，為周孝王養馬。從此例可見，嫡長制在繼承制度中有相當的重

---

15 《左傳·文公七年》。

要性，即使在王權的干預下也未能失去作用。如果破壞這一基本原則，便被認為是非禮行為。

周代立貴制是君位繼承制度中最基本的原則，但「貴」是子因母而貴，而母貴是根據母方國家的地位來決定的。母方國家的地位在西周春秋時代又不是一成不變的。如晉懷公圉初為太子而為人質於秦時因母國被滅而為自己的前途憂心忡忡，《史記‧晉世家》說：

（晉惠公）八年，使太子圉質秦。初，惠公亡在梁，梁伯以其女妻之，生一男一女。梁伯卜之，男為人臣，女為人妾，故名男為圉，女為妾。十年，秦滅梁……十三年，晉惠公病，內有數子。太子圉曰：「吾母家在梁，梁今秦滅之，我外輕於秦而內無援於國。君即不起，病大夫輕，更立他公子。」乃謀與其妻俱亡歸。

太子圉雖被晉惠公用占卜立為太子，後到秦國做人質。因為母家梁國被秦國滅亡，而父惠公在生病之際，太子圉感到其母國已亡，已失去外援，不回國內便有被廢掉的危險，後來便悄悄地逃回晉國，保住了地位，晉惠公死後，太子圉便被立為晉君，這就是晉懷公。

在君王多妻妾的先秦時代，這些妻妾來自各諸侯國。如果妻妃母國的地位相當，元妃太子的地位則不鞏固。在諸侯國中，被預立為儲君太子的君子往往與大國聯姻來鞏固自己的地位。如果太子沒有這種與大國聯姻的外援，地位則岌岌可危。春秋時鄭太子忽便是這樣。《史記‧鄭世家》說：

（鄭莊公）三十八年，北戎伐齊，齊使求救，鄭遣太子忽將兵救齊。齊釐公欲妻之，忽謝曰：「我小國，非齊敵也。」時祭仲與俱，勸使取之，曰：「君多內寵，太子無大援將不立，三公子皆君也。」所謂三公子者，太子忽，其弟突，次弟子亹也。

四十三年，鄭莊公卒。初，祭仲甚有寵於莊公，莊公使為卿；公使娶鄧女，生太子忽，故祭仲立之，是為昭公。

莊公又娶宋雍氏女，生屬公突，雍氏有寵於宋。宋莊公聞祭仲之立忽，乃使人誘召祭仲而執之，曰：「不立突，將死。」亦執突以求賂焉。祭仲許宋，與宋盟。以突歸，立之。昭公忽聞祭仲以宋要立其弟突，九月丁亥，忽出奔衛。己亥，突至鄭，立，是為屬公。

屬公四年，祭仲專國政。屬公患之，陰使其婿雍糾欲殺祭仲。……屬公出居邊邑櫟。祭仲迎昭公忽，六月乙亥，復入鄭，即位。

鄭莊公時所立太子忽為鄧國女所生，其弟突是莊公娶宋國貴族雍氏之女所生，忽與突母家地位相去不遠，這正是祭仲擔心太子忽地位不穩的原因。故建議太子忽答應齊釐公的嫁女要求。正因太子忽未答應與齊女通婚的要求，祭仲所擔心的情況果然發生了。宋莊公逼鄭國執政大臣祭仲答應立宋雍氏女之子突為鄭君。這些事實說明了立貴制也並非絕對的，立貴制是看母家的地位，但母家的地位是會變化的，嫡子與庶子母家地位也有可能是相當的，甚至庶子母家地位高於嫡子母家，這些都有可能影響太子或君位的確立。

第三節 ·
儒家的倫理觀

春秋戰國之際，隨著社會的大動盪、大分化，思想文化領域也產生了大分化。原在官府保藏的文化典籍《詩經》、《尚書》等開始流傳於民間，原由各級官員所講授的詩、書、禮、樂、射、御等文化知識與專門化技術，到這時可以由私人講授。孔子是最早開私人講學之風的人之一，由他創立的儒家學派對當時及後世影響最大。儒家學派在哲學、教育學等各方面都對中國文化的影響巨大，這

裡僅就儒家的倫理思想作些分析討論。

一、儒家倫理思想的來源

儒家的創始人孔子生活在春秋末年這個政治與社會秩序大變動的時期。他的先祖是宋國的貴族，他出身在一個破落的貴族家庭，而他所生長的魯國則是保存西周以來禮制思想、典籍文物與風俗習慣最多的國家。這便使孔子站在貴族的立場上無限嚮往西周時期特別是文武周公時代典範的政治思想和禮樂制度。實際上，在孔子的時代，由於時間的關係，夏禮、殷禮的內容已不能完全引證了，孔子說：「夏禮吾能言之，杞不足征也；殷禮吾能言之，宋不足征也。文獻不足故也。足，則吾能征之矣！」[16] 然而孔子自知他對夏禮、殷禮、周禮的沿革關係是十分清楚的：「殷因於夏禮，所損益可知也；周因於殷禮，所損益可知也。其或繼周者，雖百世可知也。」[17] 孔子認為殷禮是以夏禮為基礎而有所增損，周禮又是以殷禮為基礎而有所增損。因此將來繼周代而損益的下一代禮制的內容是可以推知的，這樣一步步地沿革變化，甚至百世也是可以預知的。不管夏禮、殷禮與未來新禮情況如何，從孔子思想來看，他最崇拜的還是周代的禮制和文化，他說：「周監於二代，郁郁乎文哉，吾從周！」[18] 這就是說，周代已借鑒了夏文化與殷文化，因而周文化已達到一個相當高的水準，所以孔子十分感歎地說「吾從周」，這反映了孔子對周文化的嚮往和仰慕。而孔子心目中最崇拜的典範人物是周公，他說：「甚矣，吾衰也！久矣，吾不復夢見周公！」[19] 而孔子所崇尚的典範的政治秩序和政治局面則是西周時期：「天下有道，則禮樂征伐自天子出；天下無道，則禮樂征伐自諸侯出。自諸侯出，蓋十世希不失矣；自大夫出，五世希不失矣；陪臣執國命，三世希不失矣！天下有道，則政不在大夫；天下有道，則

---

16 《論語・八佾》。
17 《論語・為政》。
18 《論語・八佾》。
19 《論語・述而》。

庶人不議。」[20]在孔子看來，政治秩序、社會環境很好的時候，則「天下有道」。天下有道的標誌是禮樂征伐之命都出自天子，而天下無道的標誌是禮樂征伐之命出自諸侯。而禮樂征伐之命從天子到諸侯，從諸侯又到大夫，從大夫又到陪臣，則社會政治秩序每況愈下，愈來愈糟，到了「禮崩樂壞」的地步。孔子說的這種情況也正是魯國社會政治形勢的寫照：「祿之去公室五世矣，政逮於大夫四世矣。故夫三桓之子孫微矣！」[21]這正反映了魯國政權逐步為有實力的下層所奪取的趨勢。魯君失去對政權的控制已有五代了，政權落入大夫之手已有四代了。連掌握魯國政權的三桓——孟孫、叔孫、季孫三家的後代也在衰敗之中。而對這種政治局面，孔子嚮往西周時代的政治秩序，崇拜西周時代制禮作樂的典範人物，仰慕「郁郁乎文哉」的西周文化，有十分明顯的政治目的。而孔子的倫理思想，也是繼承西周初期的倫理道德觀念而來。

孔子的倫理道德觀念實際上主要沿襲周初姬周統治集團所宣導的人與人之間以及人與社會之間的關係所規定的行為準則和規範。孔子所關心的仁義禮治、孝道等思想，在西周時期的文獻《尚書》、《詩經》的《大雅》、《周頌》以及西周金文中都出現了。現代學者均謂「仁」是孔子的創造，因為西周時代的文獻及金文中還未見「仁」字。但是「仁」字就是把人看作人的人道思想觀念，而這種思想觀念在西周時已經出現了，而且是《書》、《詩》中經常強調的主要話題。例如在《尚書·無逸》中，周公苦口婆心地告誡後人在從政前應「先知稼穡之艱難」，「知小人之依」；明確反對「不寬綽厥心，亂罰無罪，殺無辜」；他認為應用一種胸懷寬大的態度去對待怨恨、詈罵自己的「小人」；「厥或告之曰：『小人怨汝詈汝。』則皇〔惶〕自敬德。厥愆，曰：『朕之愆，允若時。』不啻不敢含怒。」這就是說，有人告訴你：「小民怨恨你，罵你。」你自己則應誠惶誠恐地去培養自己美好的品德。對自己的過錯，不僅不敢含怒，而且應坦率地說：「我的過錯，的確像那樣。」特別是周公在《無逸》中告訴後人要以文王為榜樣，像文王那樣「徽柔懿德，懷保小民，惠鮮鰥寡」，即培養美好、柔和的品德，關心

---

20 《論語·季氏》。
21 同上。

愛護小民，使鰥寡孤獨的老人受到恩惠。這正是一種人道觀念，這些正是仁者愛人的思想。這些不見「仁」字的仁德思想後來為孔子所繼承，並明確地用「仁」字來表達。因此，可以說孔子時代所宣導的倫理道德觀念，基本上在西周時期已形成了。孔子後來繼承了這些倫理觀念並發揚光大。

二、孔子和戰國儒家的倫理觀

孔子的倫理思想可以概括為三個方面，這就是仁、義、禮。

孔子倫理道德思想最主要的部分就是「仁」。戰國晚期的學者謂「孔子貴仁」[22]，這正是抓到了孔子思想的要害之處。

什麼是「仁」？《禮記·中庸》說：「仁者，人也。」《說文》小篆仁字從人從二，此「二」在殷周甲骨金文中是重文符號，不是一、二、三數位中的「二」。因此這個「仁」應該讀為「人人」，前一「人」即古代漢語語法中的名詞意動用法，其義是「把人看作人」，或「把人當作人」。這與《孟子·梁惠王上》中「老吾老以及人之老，幼吾幼以及人之幼」中「老吾老」、「幼吾幼」的表達方式相同。「仁」字的本義及其他的義項都是從「把人看作人」這本義的基礎上引申出來的。「仁者，人也」，也就是把人看作人，這是在社會關係上人對人的態度，實際上也就是一種人道思想觀念。

如何實現「仁」？也就是說，如何才能把人看作人？其中最主要也是最基本的便是「愛人」。《論語·顏淵》記載曰：「樊遲問仁，子曰：『愛人』。」這種出自內心的愛是仁的主要內容，也是人與人關係的基本準則。當然孔子的「仁」是由近及遠，由家人及國人。在家行仁則必須行孝悌之道，不孝不悌則為不仁。《論語·學而》說：「孝悌也者，其為仁之本歟！」孝悌之道在孔子看來是仁之根本。而對父母不行孝道對兄弟不恭不悌者均不能算作仁。他的學生宰予主張廢

---

22 《呂氏春秋·不二》。

「三年之喪」，孔子生氣地批評他說：

> 予之不仁也！子生三年，然後免於父母之懷。夫三年之喪，天下之道喪也。予也有三年之愛於其父母乎？[23]

孔子從實際的生活體驗出發，認為為父母守喪三年，不過是回報子女在父母的懷抱中度過的三年而已。如果連這一點孝道都不能做到，又怎麼能算作「仁」呢？因此行孝悌之道以達到「仁」只不過是人類真情實感的自然流露。因為要對父母行孝道，父母對子女要施以慈愛之心，所以在父子做壞事之時不要張揚，父為子隱，子為父隱，說點假話，辦點假事，在孔子看來是理所應當的。《論語‧子路》說：「葉公語孔子曰：『吾黨有直躬者，其父攘羊，而子證之。』孔子曰：『吾黨之直者異於是，父為子隱，子為父隱，直在其中矣！』」當然，站在父子孝慈仁愛之心立場上看，則需要「父為子隱，子為父隱」；但從法制觀念上看，則需子證父偷羊之罪的「直躬者」，國家才能治理得好。孔子認為孝慈仁愛之心大於法制觀念，便認為「父為子隱，子為父隱」便是「直」道。從這一點上看他是更加重視仁愛之心的。

仁愛之心由近親推而遠之，即「老吾老以及人之老，幼吾幼以及人之幼」，則對他人的痛苦和快樂產生共鳴，此則同情之心，「惻隱之心」。《論語‧學而》引孔子之語說：「弟子入則孝，出則弟，謹而信，泛愛眾而親仁」；又說：「敬事而信，節用而愛人」。這些就是由近親而遠及眾人的仁愛之心。《論語‧顏淵》：「仲弓問仁。子曰：『出門如見大賓，使民如承大祭，己所不欲，勿施於人，在邦無怨，在家無怨。』仲弓曰：『雍雖不敏，請事斯語矣。』」從這裡可知，孔子所說的「仁」不僅要有十分恭敬的態度，「如見大賓」，「如承大祭」；而且要以「忠恕之道」待人，「己所不欲，勿施於人」。另外，《論語‧雍也》說：「子曰：『夫仁者，己欲立而立人，己欲達而達人。能近取譬，可謂仁之方也已。』」這些都是實行仁道的方法。

孔子所講的「義」是指生活在社會上的人要從實際方面去適應社會的需要。

---

23 《論語‧陽貨》。

義者，宜也。最初的意思就是指應該說的話，應該辦的事，逐漸凝固成一種專有概念。君子應該勇於做應該做的事；要以「義」作為判斷是非的標準，不求不義之財，不言不義之事，要以「義」改正自己的錯誤缺點。

見義不為，無勇也。（《論語·為政》）

不義而富且貴，於我如浮雲。（《論語·述而》）

群居終日，言不及義，好行小惠，難矣哉！（《論語·衛靈公》）

聞義不能徙，不善不能改，是吾憂也。（《論語·述而》）

「義」在孔子倫理思想中占有相當重要的地位。在孔子看來，只有以「義」來辦事，說話做人達到了義的要求，才能算作「君子」，否則只能算作「小人」。他說：「君子之於天下也，無適也，無莫也，義之與比。」又說：「君子喻於義，小人喻於利。」[24] 他認為：「君子義以為質，禮以行之，孫以出之，信以成之。君子哉！」[25]

除了仁和義，孔子還提出了「禮」的道德觀念。在春秋晚期，周禮斯文掃地，禮崩樂壞，孔子對這些禮崩樂壞和諸侯大夫僭禮的行為作了相當尖銳的批判與指責：

孔子謂季氏八佾舞於庭：「是可忍也，孰不可忍也？」

三家者以雍徹，子曰：「相維辟公，天子穆穆，奚取於三家之堂？」

（上均見《論語·八佾》）

天下有道，則禮樂征伐自天子出；天下無道，則禮樂征伐自諸侯出。自諸侯出，蓋十世希不失矣；自大夫出，五世希不失矣；陪臣執國命，三世希不失矣。

---

24 《論語·里仁》。
25 《論語·衛靈公》。

祿之去公室，五世矣；政逮於大夫，四世矣。故夫三桓之孫微矣。

（上均見《論語‧季氏》）

禮是維護等級名分制度的工具，「禮，經國家，定社稷，序民人，利後嗣者也」[26]，但春秋末期等級名分制度遭到了破壞，面對禮崩樂壞，孔子提出了「克己復禮」的主張：《論語‧顏淵》載：「顏淵問仁。子曰：『克己復禮為仁，一日克己復禮，天下歸仁焉。』」那麼，如何做到克己復禮呢？孔子提出的要求是：「非禮勿視，非禮勿聽，非禮勿言，非禮勿動。」[27]而要「復禮」，則必須「正名」：這是因為「名不正則言不順，言不順則事不成，事不成則禮樂不興，禮樂不興則刑罰不中，刑罰不中則民無所措手足」[28]。這就是說，名正則言順，言順則事成，事成則禮樂興，禮樂興則刑罰適中，刑罰適中則民眾知道如何去做事。這樣，天下有道，便會達到符合周代禮制要求的政治局面。

能以禮讓為國，何有？不能以禮讓為國，如禮何？

（《論語‧里仁》）

定公問：「君使臣、臣事君，如之何？」孔子對曰：「君使臣以禮，臣事君以忠。」

（《論語‧八佾》）

子貢欲去告朔之餼羊。子曰：「賜也，爾愛其羊，我愛其禮。」

（《論語‧八佾》）

（孔子）曰：邦君樹塞門，管氏亦樹塞門；邦君為兩君之好，有反坫，管氏亦有反坫。管氏而知禮，孰不知禮？

（《論語‧八佾》）

---

26 《左傳‧隱公十一年》。
27 《論語‧顏淵》。
28 《論語‧子路》。

恭近於禮，遠恥辱也，因不失其親，亦可宗也。

（《論語・學而》）

當然，孔子對「禮」也有變通的地方，但這些變通是在不違背等級名分制度的前提下進行的。《論語・子罕》曰：「麻冕，禮也，今也純，儉，吾從眾；拜下，禮也，今拜乎上，泰也，雖違眾，吾從下。」

應該看到，孔子的仁、義、禮倫理道德觀念具有相反相成又相互依賴的關係。《漢書・藝文志》諸子略說：「仁之與義，敬之與和，相反而相成也。」「仁」和「義」為什麼是相反相成的呢？《禮記・中庸》說：「仁者，人也，親親為大；義者宜也，尊賢為大；親親之殺，尊賢之等，禮所生也。」這就是說，「仁」是「親親」，它是有等級關係的以血緣為基礎的愛；「義」是尊賢，是以賢能為特點反映對不同階層的適應性；至於「禮」則是講究親疏的遠近關係，反映有等差關係的賢能者，這種起調節作用的便是禮。

孔子死後，儒家分為八派，據《韓非子・顯學》篇說，「有子張之儒，有子思之儒，有顏氏之儒，有孟氏之儒，有漆雕氏之儒，有仲良氏之儒，有孫氏之儒，有樂正氏之儒」。這儒家八派所生活的時代並不一致，有早有晚。早的如子張是孔子的入門弟子，晚的則已到戰國晚期，如荀子一派即所謂「孫氏（荀氏）之儒」。關於孔子之後的儒家倫理思想，我們這裡重點分析一下所謂「孟氏之儒」的孟子倫理觀及「孫氏之儒」的荀子倫理觀。

孟子的倫理思想主要有兩點。一方面他繼承了孔子的仁政思想；另一方面他提出了性善論的主張。

孟子的仁政思想和孔子的「仁」相比，內容更加具體，範圍更加廣泛。

孟子曰：「人皆有不忍人之心。先王有不忍人之心，斯有不忍人之政矣。以不忍人之心，行不忍人之政，治天下可運之掌上。」

行仁政而王，莫之能禦也。

且王者之不作，未有疏於此時者也，民之憔悴於虐征，未有甚於此時者也。饑者易為食，渴者易為飲。孔子曰：「德之流行，速於置郵而傳命。當今之時，萬乘之國行仁政，民之悅之猶解倒懸也，故事半古之人，功必倍之。惟此時為然。」

（均見《孟子·公孫丑上》）

在孟子看來，只要君王行仁政，便可以一統天下。因此他的仁政觀首先是從君王做起，「君行仁政，斯民親其上，死其長矣」[29]；「君仁莫不仁，君義莫不義，君正莫不正，一正君而國定矣」[30]。君王行仁政，民從而化之，這樣天下便太平無事了：「道在邇而求諸遠，事在易而求諸難，人人親其親，長其長，而天下平。」[31]

應該看到，孟子的仁政思想和孔子的「仁」的思想雖有相承關係，但同時也有不同之處。孟子與孔子都講仁愛之心，但孔子的仁愛是由近及遠，有等差關係：「君子篤於親，則民興於仁，故舊（親族）不遺，則民不偷」[32]；「君子而不仁者以夫；未有小人而仁者也」[33]。因為孔子仁義思想是和禮制觀念結合在一起的，於是，「仁」便具有反映等級觀念的禮制思想：「仁者，人也；親親為大。義者，宜也；尊賢為大。親親之殺，尊賢之等，禮所生也。」[34]而孟子禮制崩壞已成為既定事實，因此在孟子所繼承孔子仁義思想中反映禮制等級觀念的成分便淡化了，而平等思想更濃厚了。孟子說：「老吾老，以及人之老；幼吾幼，以及人之幼，天下可運於掌」[35]；「民為貴，社稷次之，君為輕」[36]；「樂民之樂者，民亦樂其樂；憂民之憂者，民亦憂其憂」[37]。從這些話當中可見孟子仁政觀中具

---

29 《孟子·梁惠王下》。
30 《孟子·離婁上》。
31 同上。
32 《論語·泰伯》。
33 《論語·憲問》。
34 《禮記·中庸》。
35 《孟子·梁惠王上》。
36 《孟子·盡心下》。
37 《孟子·梁惠王下》。

有民本思想，這與孔子等級化的仁政觀是不同的。

孟子倫理思想的另一個重要方面便是人性善的觀點。他的性善論是從人最平常的惻隱之心推廣來的：

> 所以謂人皆有不忍人之心者，今人乍見孺子將入於井，皆有怵惕惻隱之心，非所以內交於孺子之父母也，非所以要譽於鄉黨朋友也，非惡其聲而然也。由是觀之，無惻隱之心非人也，無羞惡之心非人也，無辭讓之心非人也，無是非之心非人也。惻隱之心，仁之端也；羞惡之心，義之端也；辭讓之心，禮之端也；是非之心，智之端也。人之有是四端也，猶其有四體也。

（《孟子・公孫丑上》）

正因為人有「不忍人之心」，有「惻隱之心」，有仁義禮智「四端」，而這四端需要發揚，需要擴大，然後才能成為完善的、內容豐滿的仁義禮智。他說：「凡有四端於我者，知皆擴而充之矣！若火之始然〔燃〕，泉之始達。苟能充之，足以保四海；苟不充之，不足以事父母。」[38] 這就是說，儘管人人都有善良的本性，有仁義禮智四種萌芽，如果擴充開來，其品德足以安撫天下；如果不擴充，則仁義禮智的四種萌芽就會萎縮，會乾枯，其品德行為連父母的侍奉都辦不到，更不用說其他了。另外，他還說：「逸居而無教，則近於禽獸。」[39] 從這些我們可以知道，孟子所說仁義禮智四種美德是與生俱來，人人有之，說「仁義禮智根於心」[40]，「仁義禮智非由外鑠我也，我固有之」[41]，但他同時強調環境的影響和教育作用，強調自身的修養鍛煉，努力擴充仁義禮智四種美德，這樣便可兼善天下，成為理想中的完人。

荀子是戰國晚期的大儒。他的倫理思想主要可概括為：（1）性惡論；（2）隆禮尊賢愛民思想。

---

38 《孟子・公孫丑上》。
39 《孟子・滕文公上》。
40 《孟子・盡心上》。
41 《孟子・告子上》。

荀子在人性問題上，提出的性惡論正好與孟子的性善論唱了對臺戲。孟子主張人生來性善，荀子卻主張人生來性惡。《荀子‧性惡》中開頭便提出：「人之性惡，其善者偽也。」這就是說，人初生之時本性是醜惡的，而善良等美德是後天修煉而成的。為什麼呢？他說：「今人之性，生而有好利焉，順是，故爭奪生而辭讓亡焉；生而有疾惡焉，順是，故殘賊生而忠信亡焉；生而有耳目之欲有好聲色焉，順是，故淫亂生而禮義文理亡焉。」[42]他認為人類一些醜惡的習性，如貪利好財、嫉賢妒能、愛好聲色等，而爭奪、劫掠、淫亂等罪過就是從這些天生的惡性中發展來的。因此，他反對孟子「性善」論的說法，認為孟子混淆了「性」和「偽」的區別，認為「不可學、不可事，而在人者，謂之性；可學而能、可事而成之在人者，謂之偽；是性偽之分也」[43]。「性」是指天性、本性，「偽」是指人學習、改造修煉後而形成的性格。而禮義、辭讓、文明的行為都是施行教化教育後的結果。《荀子‧性惡》又說：「故必將有師法之化，禮義文道，然後出於辭讓，合於文理，而歸於治」；「今人之性惡，必將待師法然後正，得禮義然後法。今人無師法，則偏險而不正；無禮義，則悖亂而不治。古者聖王以人之性惡，以為偏險而不正，悖亂而不治；是以為之起禮義、制法度、以矯飾人之情性而正之，以擾化人之情性而導之也。使皆出於治，合於道者也。今之人，化師法、積文學、道禮義者，為君子；縱性情、安恣睢、而違禮義者，為小人。」荀子強調了後天學習的重要性，指出禮義道德等社會規範，不是天生的，而是後天受了教育，思想行為受到陶冶之後才形成的。在他看來，所謂的君子，都是受到老師法度的教化，有深厚的文化積累而且按禮義行事的人；而小人則是那些放縱性情、追求安逸舒適而且違背禮義的人。荀子在提出「性惡」論的同時，指明人的道德品質屬性和思想行為都是教化和社會環境影響的結果，這一點是有積極意義的。

荀子還站在君王的角度，提出了「隆禮」、「尊賢」和「愛民」的思想主張。《荀子‧天論》篇說：「隆禮尊賢而王，重法愛民即霸」，就是這種思想的反映。

---

42 《荀子‧性惡》。
43 同上。

（1）隆禮。首先我們應該看到，由於時代的不同，荀子時代的隆禮重禮與孔子時代的禮制明顯有區別。孔子也講禮制思想，但是他所講的禮是貴族階級內部的秩序和等級關係，而一系列的禮器則是反映這種等級關係，不可越雷池一步；而且，禮只對統治階級，平民奴隸無禮可言，「刑不上大夫，禮不下庶人」就是對這種現象的概括。而荀子時代所強調的禮雖純屬文化與道德品質的修養問題了。所以人人可學習禮義。《荀子·王制》說：「雖王公士大夫之子孫，不能屬於禮義，則歸之庶人。雖庶人之子孫也，積文學，正身行，能屬於禮義，則歸之卿相士大夫。」依此可見，在戰國晚期，貴族階層已蕩然無存，王公士大夫的子孫，不能繫心於禮義並學習禮義，就變成了庶人；而庶人子孫，只要認真學習積累文化知識，行為端正，又能認真學習禮義，便可歸之於卿相士大夫。因此荀子的禮是為新型的中央集權制下的統治秩序服務的。而且他的「禮」與「法」便產生了聯繫：《荀子·勸學》：「禮者，法之大分，類之綱紀也」；《性惡》：「聖人積思慮，習偽故，以生禮義而起法度」。可知在荀子看來，法是由禮派生引申出來的。荀子還說：「故人無禮則不生，事無禮則不成，國家無禮則不寧」[44]；謂禮「天下從之者治，不從者亂，從之者安，不從者危，從之者存，不從者亡」[45]，反映了荀子對禮的重視。（2）尊賢。荀子尊賢思想是十分明確的。他認為尊賢是王天下的必要條件，《荀子·天論》謂：「隆禮尊賢而王」；並認為是招致英傑、國家大治的根本。《王制》說：「以善至者，待之以亂。以不善至者，待之以刑。兩者分別，則賢不肖不雜，是非不亂。賢不肖不雜，則英傑至。是非不亂，則國家治。」因此他認為，治理國家便要重視賢能，罷免不能，不管出身如何，只要有賢能，便可重用。《王制》謂：「賢能不待次而舉，罷不能不待須而廢」，「雖庶人之子孫也，積文學，正身行，能屬於禮義，則歸之卿相士大夫」。儒家在孔子時代重視的是貴貴賤賤禮制等級觀念，不大講賢能問題。在孟子時雖講尚賢，但認為必須謹慎從事。孟子說：「國君進賢，如不得已！將使卑逾尊，疏逾戚，可不慎呀！」[46]儘管在他那個時代之前，墨子就早已提出「尚賢」的口號，但儒家

---

44 《荀子·修身》。

45 《荀子·禮論》。

46 《孟子·梁惠王下》。

由於受禮制等級觀念的束縛，不大講尚賢問題。而到荀子時代則不同了，舊的貴族化的禮制觀念已一去不復返了，新的官僚本位化的禮制逐漸產生。於是大儒荀子旗幟鮮明地提出了尊賢的問題。（3）愛民思想。《荀子‧王制》曰：

選賢良，舉篤敬，興孝弟，收孤寡，補貧窮，如是，則庶人安政矣。庶人安政，然後君子安位。傳曰：「君者，舟也；庶人者，水也。水則載舟，水則覆舟。」此之謂也。

荀子認為國君與民眾庶人的關係，就好比水與船的關係一樣，水可以載負船，也可以使船傾覆；百姓既可以擁戴國君，也可以推翻國君。因此，國君要想保住他的統治地位，就必須改善政治，愛護人民，用選舉的辦法選用賢能孝敬者，而且還必須注意孤寡貧窮者的生活問題。這樣，庶人才能「安政」，統治者才能「安位」。「故君人者欲安，則莫若平政愛民矣。」[47]只有平政愛民，國家的政治局面才能平穩安定。

47 《荀子‧王制》。

諸子的倫理
和宗教觀

春秋戰國時代，思想最為解放。各家各派都著書立說，思想學派眾多，號稱「百家」。就學派來看，當時參加爭鳴的有儒家、墨家、道家、法家、名家、陰陽家、農家、兵家、縱橫家、雜家等。這各家都或多或少地涉及了倫理思想和宗教思想的討論、爭議。我們上面已經對儒家的倫理思想作了些討論，下面則主要對老莊、墨家、陰陽家的倫理思想與宗教觀進行一些討論。

一、老莊的倫理思想與宗教觀

（一）老子的倫理思想與宗教觀

老子目睹人類社會上的罪惡行為，多是被自私多欲的思想支配著，因此他主張返歸自然，在人性方面堅持「見素抱樸，少私寡欲」，主張無私無欲，甚至「無身」。從《老子》中可見：

聖人之治，虛其心，實其腹，弱其志，強其骨，常使民無知無欲。

（三章）

聖人後其身而身先，外其身而身存，以其無私邪？故能成其私。

（七章）

吾所以有大患者，為吾有身；及吾無身，吾有何患？

（十三章）

見素抱樸，少私寡欲。

（十九章）

無名之樸，夫亦將不欲。不欲以靜，天下將自定。

（三十七章）

老子認為人「無知」、「無欲」，天下就會平定，國治民安。他認為人有私欲，故人有禍患；如果人忘掉自我，將私欲置之於身外，還擔心什麼禍患呢？因此，老子認為無私無欲是人類的本性，而自私自利是人性反常的現象。而自私自利是私有社會的特徵，而仁、義、孝、慈、忠、信、禮等倫理觀念都是私有制產生之後的產物。因此，人類的理想社會是返璞歸真，回到「鄰國相望，雞犬之聲相聞，民至老死不相往來」[48]的原始公社的社會中，「絕聖棄智」，「絕仁棄義」，把仁義禮智忠孝等道德觀念和大偽大盜大亂這一根藤上的兩個瓜一同拋棄，便可回到天下為公的大道社會。《老子》第十八章說：「大道廢，有仁義；智慧出，有大偽；六親不和，有孝慈；國家昏亂，有忠臣。」第三十八章說：「夫禮者，忠信之薄而亂之首。」第十九章說：「絕聖棄智，民利百倍；絕仁棄義，民復孝慈。」從上可見，老子看到人類社會及其倫理道德的病症和病因，但他所開的病方卻是不對的，因為歷史不可能開倒車，不可能從文明再復歸到野蠻。

在宗教觀方面，老子創造了一個超越客觀世界的虛無本體，他命名為道。他認為這「道」是在商代創造的上帝、周人創造的天神等神權觀念之上，它不僅早

---

48 《老子》第八十章。

於上帝，而且早於天地：「有物混成，先天地生，寂兮寥兮，獨立而不改，周行而不殆，可以為天下母。吾不知其名，字之曰道，強為之名曰大」（第二十五章）；「道沖而用之或不盈，淵兮似萬物之宗」，「吾不知誰之子，象帝之先」（第四章）；「道生一，一生二，二生三，三生萬物」（第四十二章）。「道」是《老子》一書中的主旨，它早於上帝、天地，而且是萬物之宗，是萬物的本源。

老子石雕像

老子把道分為「常道」和「非常道」，「常道」不可道，而「非常道」則可道。同樣，他把「名」也分為兩類，一類是「常名」，另一類是「非常名」。常名不可名，而非常名則可名。他說：「道可道，非常道；名可名，非常名。無名，天地之始；有名，萬物之母。」（第一章）所謂的「常道」、「常名」，是抽象的、一般的道和名，也就是抽象的規律和名詞，不是具體的、特殊的規律和名詞。而「非常道」、「非常名」，則是具體、特殊的「道」和「名」，也就是具體特殊的事物和名稱概念。他認為非常道是由常道產生的，「常道」是宇宙的根源，是天下之母，但是道是一種虛無狀態，它也沒有自己的名稱：「天下萬物生於有，有生於無」（第四十章）；「無名萬物[49]之始，有名萬物之母」（第一章）。老子的「道」高居於天地之神之上，亦高居於人間之王之上：「故道大，天大，地大，人亦大。域中有四大，而人居其一焉。人法地，地法天，天法道，道法自然。」（第二十五章）老子的道創造了一個在天地人之上的自然至上神。

（二）莊子的倫理思想與宗教觀

莊子的倫理道德觀念亦與老子相同，反對禮法觀念的道德思想，主張返歸自然、任其自然，提倡個性解放的自由主義。主張無是非、無貴賤、無君子與小人

---

49 通行本「萬物」作「天地」。馬王堆漢墓帛書作「萬物」，今據改。

之分。他說：「以物觀之，自貴而相賤」，而「以俗觀之，貴賤不在己」[50]；「至德之世，同與禽獸居，族與萬物並，惡乎知君子小人哉」[51]；「伯夷死名於首陽之下，盜跖死利於東陵之上，二人者所死不同，其於殘生傷性均也。……彼其所殉，仁義也，則俗謂之君子；其所殉，貨財也，則俗謂之小人。其殉一也，則有君子焉，有小人焉。若其殘生損性，則盜跖亦伯夷已，又惡取君子小人於其間哉」[52]。莊子從相對論的觀點來認識事物與問題，細分則為對立的兩個方面：貴與賤、君子與小人、生與死、大與小、古與今、大年與小年等對立現象，但從大的角度看，從本質方面看，又沒有什麼大區別。因此，莊子反對區別君子與小人，說：「天之小人，人之君子；天之君子，人之小人。」[53]這就是說，世上所謂的君子，是受禮法約束的；受禮法約束則使天性受到束縛。從這點看，人世間的君子，便是天性的小人；不受禮法束縛而自然天性充分流露的是天性君子，卻是人世間的小人。因此他反對徹底返歸自然的至德之世：「彼民有常性，織而衣，耕而食，是謂同德。一而不黨，命曰天放。故至德之世，其行填填，其視顛顛。當是時也，山無溪隧，澤無舟梁，萬物群生，連屬其鄉，禽獸成群，草木遂長。……夫至德之世，同與禽獸居，族與萬物並，惡知乎君子小人哉？同乎無知，其德不離；同乎無欲，是謂素樸，素樸而民性得矣！」[54]而「殘生損性」的禮法是所謂的聖人孔子曾參史魚等人製造出來的，他們用心於仁義，致力於禮樂，卻束縛了人的自然本性。[55]因此，他認為「聖人不死，大盜不止」[56]，打倒要人們去崇拜的聖人偶像，廢除禮樂仁義，破除由聖賢所創建的物質文明，把珠玉、符璽、斗衡、六律、竽瑟、文章、五采、鉤繩及規矩都徹底破壞毀掉；只有這樣，才能使人民「甘其食，美其服」，「安其居」並「樂其俗」[57]。

---

50 《莊子・秋水》。
51 《莊子・馬蹄》。
52 《莊子・駢拇》。
53 《莊子・大宗師》。
54 《莊子・馬蹄》。
55 同上。
56 《莊子・胠篋》。
57 同上。

莊子的宗教思想與老子一樣，他把「道」凌駕於天地鬼神上帝之上，認為「道」是天地萬物的本源。不過，他與老子不同的地方在於：老子的「道」是客觀的，而莊子的「道」是主觀的。

《莊子·大宗師》說：「夫道，有情有信，無為無形；可傳而不可受，可得而不可見；自本自根，未有天地，自古以固存，神鬼神帝，生天生地。在太極之上而不為高，在六極之下而不為深，先天地生而不為久，長於上古而不為老。狶韋氏得之，以挈天地；伏羲氏得之，以襲氣母；維斗得之，終古不忒；日月得之，終古不息……」莊子所說的「道」，是宇宙的本源，它「無為無形」，莫知其所始，莫知其所終，但它又是無處不在，無時不在：「未有天地，自古以固存」；它生天地，生鬼神上帝；它高在太極之上，又深在六極之下，甚至狶韋氏、伏羲氏、北斗、天柱、日月等得道之後才有所作為。可見，莊子所說的「道」與老子相同，它是至上神，它是造物主，是宇宙的本源。

不過，莊子所說的道與《老子》又有不同之處。《老子》所說的道是客觀的，「道生一，一生二，二生三，三生萬物」，道是「萬物之宗」，即萬物是由莫知其名的「道」產生的，此「道」是不依賴於人而獨立存在。因此老子的道是屬於客觀唯心主義。而莊子的「道」是「無為無形」，莫知所在，而又無處不在。螻蟻有道，稊稗、瓦甓有道，甚至屎溺也有道[58]；「道」即我，我即「道」，世界萬物與我合二為一。《莊子·齊物論》說：「天地與我並生，而萬物與我為一。」他還認為客觀之物與主觀之「我」混而不分，可以互化：「昔者莊周夢為蝴蝶，栩栩然蝴蝶也，自喻適志與，不知周也。俄然覺，則蘧蘧然周也。不知周之夢為蝴蝶與？蝴蝶之夢為周與？周與蝴蝶則必有分矣。此之謂物化。」這就是說，莊子認為人和物、物與物之間是有分別的，但又是可以互化的。「物化」就是說物我之界消失，融化為一。也就是說，一切客觀實體不過是夢幻，不過是主觀所想像的東西，世界不過是「我」的主觀產物。因此，莊子的「道」是主觀唯心主義的。

---

58 《莊子·知北遊》。

二、墨子的倫理思想與宗教觀

　　《漢書・藝文志》說：「墨家者流，蓋出於清廟之守。茅屋采椽，是以昭儉；養三老五更，是以兼愛；選士大射，是以上賢；宗祀嚴父，是以右鬼；順四時而行，是以非命；以孝視天下，是以上同。」依《藝文志》所說，墨家學說是從宗廟官守發展而來，尚儉、兼愛、尚賢、尚同、祭祀父祖鬼神均是由此演變而來。

（一）墨子的倫理思想

　　（1）墨子的尚儉、非樂思想。墨子的尚儉思想表現在節用、節葬、非樂等方面。墨子是站在勞苦大眾的立場上，針對儒家的禮制和上層貴族奢侈腐化的生活方式，提出了節用、節葬、非樂的問題。節用、節葬是針對當時現實問題而提出的主張，在遊說諸侯前他便有思想準備：「國家貧而語之節用、節葬」[59]，因此他堅決反對在國家貧窮民不聊生的情況下奢華浪費，認為古之明王聖人衣食住行都十分儉樸；他反對厚葬，反對殺人殉葬，反對為君為父母守喪三年的喪禮，認為這些行為不僅浪費了物質資源，還浪費了人力資源，對死者、生者均無好處。同時，他認為音樂也對人沒有什麼益處，造鐘鼓、琴瑟、竽笙必將勞民傷財。（2）兼愛觀。兼愛是墨子倫理思想的基本原則。這一論點在先秦乃至後代產生了十分重要的影響。他認為，有愛心，則父子相愛，兄弟相愛，君臣相愛，大夫相愛，諸侯間相愛，乃至於天下人相愛；無愛心，則父子相虧，兄弟相虧，君臣相虧，大夫相虧，諸侯間相虧，更不用說天下之人了。[60]因此，墨子反對西周以來宗法貴賤等級的禮制和儒家有等級層次的仁愛，主張無等級差別的兼愛，「若使天下兼相愛，愛人若愛其身，猶有不孝者乎？視父兄與君若其身，惡施不孝？猶有不慈者乎？視弟子與臣若其身，惡施不慈？故不孝不慈亡有，猶有盜賊乎？故視人之室若其室，誰竊？視人身若其身，誰賊？故盜賊亡有，猶有大夫之相亂家、諸侯之相攻國者乎？視人家若其家，誰亂？視人國若其國，誰攻？故大

---

59 《墨子・魯問》。
60 《墨子・兼愛上》。

夫之相亂家、諸侯之相攻國者亡有。若使天下兼相愛，國與國不相攻，家與家不相亂，盜賊無有，君臣父子皆能孝慈，若此則天下治。故聖人以治天下為事者，惡得不禁惡而勸愛？故天下兼相愛則治，交相惡則亂」[61]。墨子認為當時國內的矛盾和國際之間的矛盾其根源是無兼愛之心造成的，因此他認為，「天下兼相愛則治，交相惡則亂」。而從兼愛之心，他自然地提出「非攻」的主張，認為國與國之間的兼併戰爭是不義的，是無「兼愛」之心造成的。他指出好戰的國君發動戰爭，荒廢生產，耗損財物，「百姓死者不可勝數」，而治療這一病症的醫方，便是天下人皆有兼愛之心，國與國不相攻，家與家不相亂，天下則可由大亂到達大治。（3）墨子的義利忠孝觀。墨子主張貴義。他所說的義是「有財以分人，有力以勞人」以及「有道以教人」[62]。他說「義，利也」[63]，他認為「利」是利他人，是「中萬民之利」。《墨子・經說上》曰：「義，志以天下為愛，而能能〔善〕利之，不必用。」這就是說，義是人心目中認為天下人都是可愛的，而且又能很好地使天下人獲利，而不必為己使用。這樣的義利觀都是站在天下人的立場上來思考問題的。墨子的「忠」是興天下之利，為人民打算的行為。由於是興天下之利、為大眾著想，則不能為自身和自家打算。《墨子・經說上》謂：「忠，不利弱子，亥〔其〕足將入，止容」，其義是說，由於要忠於人民，要利於人民而不利其子，就像大禹那樣，其足已將踏入其門，猶有止步而不入的樣子。因此墨家的君王之忠是要順從民意的，君王要順應民意，就應不利其子，不顧其家，盡忠人民而以利天下。《墨子・經說上》謂：「君，以若名〔民〕者也」，就是這個意思。墨子的「孝」主要是「利親」[64]。但應注意的是，墨子的孝與儒家孝的物件只是父母不同，按《墨子・大取》，墨子的「孝」是「愛人之親，若愛其親」。可見墨子的孝親之「親」是社會化的擴大化的父母一輩。因此墨子的「孝」與兼愛的觀念是一致的。

---

61 《墨子・兼愛上》。
62 《墨子・尚賢下》。
63 《墨子・經上》。
64 同上。

（二）墨子的宗教觀

墨子的宗教觀主要表現在宣導天志和崇拜鬼神方面。

墨子曾激烈地批判「天命」觀，提倡「非命」思想。但他仍然是尊天的，主張以「天志」來代替天命觀。他認為天是有意志的，為善則賞之，為惡則罰之。

> 觀其行，順天之意，謂之善意行；反天之意，謂之不善意行。觀其言談，順天之意，謂之善言談；反天之意，謂之不善言談。觀其刑政，順天之意，謂之善刑政；反天之意，謂之不善刑政。……是故墨子曰：「今天下之王公大人士君子，中實將欲遵道利民，本察仁義之本，天之意不可不順也。順天之意者，義之法也。」

（《墨子·天志中》）

> 今天下之士君子皆明於天子之正天下也，而不明於天之正天子也。是故古者聖人明以此說人，曰：「天子有善，天能賞之；天子有過，天能罰之。」

（《墨子·天志下》）

在墨子看來，天是天子的監督者，天是有意志的賞罰分明的至上神，有善必賞，有過必罰。因此統治階級王公大夫士君子，必須順從天意。世間的統治秩序是以上正下：所以士正庶人，大夫正士，諸侯正大夫，三公正諸侯，王（天子）正三公，而王則受上天正之。因此，墨子認為天是公正且最尊貴的至上神。

另外，墨子在春秋戰國之際的諸子中，針對有的對鬼神抱敬而遠之的態度，有的持明顯的否定態度，他則旗幟鮮明地申明鬼神是存在的，並在其書《明鬼》篇中多方取「證」，以證明鬼神是「實際」存在的：

> 古今之為鬼，非他也，有天鬼，亦有山水鬼神者，亦有人死而為鬼者。

> 今潔為酒醴粢盛，以敬慎祭祀，若使鬼神請〔誠〕有，是得其父母姒兄而飲食之也，豈非厚利哉！

（《墨子·明鬼下》）

墨子認為世界上有天鬼、人鬼和山水鬼神。正因鬼神的存在，人們祭祀之以謀取福佑厚利。

在墨子看來，鬼神不僅十分英明而且也是正義的伸張者：

> 山林深谷，鬼神之明必知之。鬼神之罰，不可為富貴眾強，勇力強武，堅甲利兵，鬼神之罰必勝之。

> 是以吏治官府之不潔廉，男女之為無別者，鬼神見〔現〕之。民之為淫暴寇亂盜賊，以兵刀毒藥水火，退無罪人乎道路，奪人車馬衣裘以自利者，有鬼神見〔現〕之。

> （《墨子·明鬼下》）

墨子認為鬼神無不知，無不曉，鬼神是相當英明偉大的，鬼神的懲罰，無論什麼東西都無法抵禦。而且鬼神是正義的化身，可以伸張正義，有貪官污吏、男女淫亂的，鬼神便會呈現；有盜賊暴徒、殺人放火投毒、亂罰無辜、攔路搶劫的，鬼神便會呈現。在墨子看來，因為在冥冥之中有這樣一個主持公道、打抱不平的鬼神世界，所以只要人們敬祀鬼神，便可以建立一個靠鬼神佑助、主持正義的理想的太平社會。

三、陰陽五行家的宗教觀

陰陽五行說的早期歷史是把陰陽與五行分開的。它們均是以觀察自然現象而來，具有樸素的唯物主義觀點。陰陽學說起源甚早，陰陽二分的觀念起於《周易》。《莊子·天下篇》謂：「易以道陰陽」，其說甚是。《易》中有許多互相對立的概念，如天與地、乾與坤、火與水、山與川、雄與雌、日與月、父與母、男與女等等，並把這些互相對立的概念納入陰與陽兩個大系統，於是就產生了互剋互代相互依賴又相互對立的現象。

五行的概念首先見之於《書·洪範》之中，其文云：「一、五行：一曰水，

二曰火，三曰木，四曰金，五曰土。水曰潤下，火曰炎上，木曰曲直，金曰從革，土曰稼穡。潤下作鹹，炎上作苦，曲直作酸，從革作辛，稼穡作甘。」從這些名稱、性質和作用看，這時的五行還是直接來自觀察自然現象而來的樸素的物質，和巫術化的相剋相勝觀念還不一定有直接關係。在《左傳》中有「五行之官」，昭公二十九年蔡墨謂這「五行之官」是：「木正曰句芒，火正曰祝融，金正曰蓐收，水正曰玄冥，土正曰後土。」《左傳・襄公二十七年》又稱「五行」為「五材」，杜預注：「金木水火土也。」可見其性質仍為樸素的物質概念。不過，《左傳》中已有五行間相剋相勝的說法，昭公三十一年有「火勝金」，哀公九年又有「水勝火」；《墨子・經下》說「五行毋常勝」；可見春秋到戰國早期已有五行相剋的觀念。但這時並無系統的學說而且並未用來解釋歷史的發展。到戰國中期鄒衍創「五德終始」學說，把陰陽五行相剋相勝學說更加系統化，並用來解釋人事、社會特別是歷史的發展。《史記・孟子荀卿列傳》謂鄒氏「稱引天地剖判以來，五德轉移，治各有宜，而符應若茲」；《史記・封禪書》亦謂：「鄒子之徒論著終始五德之運。」可知到鄒衍，完成了陰陽五行說集大成的工作。

鄒衍的學說主要有兩個方面，一是地理方面的天下大九州說，二是五德終始的歷史觀。

《史記・孟子荀卿列傳》謂鄒衍「乃深觀陰陽消息而作怪迂之變，《終始》、《大聖》之篇十餘萬言。其語閎大不經，必先驗小物，推而大之，至於無垠」。但鄒氏《終始》、《大聖》篇十餘萬字的著述今均已亡佚，其學說只能從稍後的一些論著中見到一些大概的說法。《史記・孟子荀卿列傳》中記述了有關鄒衍天下大九州之說：

先列中國名山大川通谷，禽獸水土所殖，物類所珍，因而推之，及海外人之所不能睹。稱引天地剖判以來，五德轉移，治各有宜，而符應若茲。以為儒者所謂中國者，於天下乃八十一分居其一分耳。中國名曰赤縣神州。赤縣神州內自有九州，禹之序九州是也，不得為州數。中國外如赤縣神州者九，乃所謂九州也。於是有裨海環之，人民、禽獸莫能相通者，如一區中者，乃為一州。如此者九，乃有大瀛海環其外，天地之際焉。

按鄒氏之說，儒家所謂的「中國」，僅是天下八十一分之一，中國名叫「赤縣神州」，其內又有九州，即《禹貢》所說的九州。中國外還有和「赤縣神州」中國一樣大小的八個州，即大九州，一州為一區，周圍有海水環繞，人獸不能相通。大九州之外有大瀛海環繞，大瀛海之外便是天地的交界處。鄒衍的大九州學說，反映了當時人們已認識到中國只是世界的一部分，並對世界地理進行了推測。雖然這些推測不十分科學，但在人類地理認識史上的進步則是明顯可見的。

鄒氏五德終始歷史觀主要反映在他的《主運》一書中，然其書已亡佚，現只能從其他有關的書中看到一些情況。《文選》卷五十九《齊故安陸昭王碑》李善注引鄒子曰：「五德從所不勝；虞土、夏木、殷金、周火。」又《文選》卷六《魏都賦》李善注引《七略》曰：「鄒子有終始五德，從所不勝，木德繼之，金德次之，火德次之，水德次之。」《史記·封禪書》曰：「鄒衍以陰陽主運顯於諸侯。」集解引如淳之語說：「今其書有《主運》，五行相次轉用事，隨方面為服。」五德終始觀是鄒氏「深觀陰陽消息」而得出的理論。陰陽五行說有相生說與相勝（克）說兩種。五行相生說的相生次序是：木生火，火生土，土生金，金生水，水生木。《呂氏春秋》十二月紀用五行來配四時：春木、夏火、季夏土、秋金、冬水。這五行相生說本是用來解釋自然現象的。五行相勝說的次序是：木剋土，金剋木，火剋金，水剋火，土剋水。這五行相勝（剋）說本來也只是五行相生說的引申，也是用來解釋五種物質的自然現象的。到了鄒衍卻把它們與歷史朝代相配，變成了歷史發展的循環規律。鄒衍還曾用五德終始歷史觀來解釋在他之前朝代更替的規律便是以五行相勝來運行的。如前引李善注《文選》謂：「虞土、夏木、殷金、周火。」在《呂氏春秋·應同》篇中有保存得比較完整的一段[65]：

凡帝王者之將興也，天必先見〔現〕祥乎下民。黃帝之時，天先見〔現〕大螾大螻。黃帝曰：「土氣勝！」土氣勝，故其色尚黃，其事則土。及禹之時，天先見〔現〕草木秋冬不殺。禹曰：「木氣勝！」木氣勝，故其色尚青，其事則木。及湯之時，天先見〔現〕金刃生於水。湯曰：「金氣勝！」金氣勝，故其色

---

65 侯外廬等：《中國思想史》第一卷認為這是鄒衍五德終始說在《呂氏春秋》中保留得比較完整的一段。馬國翰《鄒子輯本》也以為此段為鄒子佚文。

尚白，其事則金。及文王之時，天先見〔現〕火，赤鳥銜丹書集於周社。文王曰：「火氣勝！」火氣勝，故其色尚赤，其事則火。代火者必將水，天且見〔現〕水氣勝。水氣勝，故其色尚黑，其事則水。水氣至而不知，數備將徙於土。

鄒衍用五行相剋的論點來論證了虞夏殷周或者黃帝土、夏禹木、商湯金、周文王火四代循環轉移的規律。除了解釋過去，鄒氏還用來預測未來。他認為未來的朝代一定是水德，正好用來滅周代的火德，色尚黑。這正好為秦始皇統一六國後所採用。《史記・封禪書》：「及秦帝而齊人奏之，故始皇採用之。」《史記・秦始皇本紀》載：「始皇推終始五德之傳，以為周得火德，秦代周，德從所不勝。方今水德之始，改年始，朝賀皆自十月朔。衣服、旄旌、節旗皆上黑。數以六為紀，符、法冠皆六寸，而輿六尺，六尺為步，乘六馬。更名河曰『德水』，以為水德之始。」秦代是以五行學說來規定政令、服色、旄旗之色，數字所尚，十分認真地按德尚水、色尚黑、度尚六來操作運行各項制度及日常事務。秦亡之後，五德終始論演變為五行災異說，讖緯之學，嚴重地影響著漢代的政治生活，完全成了統治上層和農民起義領袖以及漢末軍閥割據時代爭奪帝位的幌子和工具。

第八章

官學到私學
的發展

　　教育是人類社會神聖而永恆的事業。從人類社會產生那天起，就出現了教育；而人類社會只要存在下去，教育就絕不會終止。正因為有了教育，人類才能有意識地總結與傳授前人的知識和經驗，人類社會才能一代一代地向前發展，所以我們說它是神聖的；正因為教育與人類社會相始終，所以我們又說它是永恆的。研究中國古代的學校與書院，不能不追根溯源，不能不首先看一看原始社會的教育問題。這實際上是探討教育的起源和實質，這正是教育史上與教育研究方面的一個重要理論問題。

史前的社會教育
及學校的萌芽

一、史前教育的特點

　　教育起源於人類傳授社會生活經驗和生產經驗的需要。原始人為了使人類能夠生存並得到延續和發展，就必須將生存的本領教給下一代，其中包括直立行走的本領，說話的本領，用火、熟食和保存火種的本領，製造和使用石器、木器工具的本領，集體勞動、採集植物果實和狩獵的本領，尋找山洞、選擇住處以及與毒蛇猛獸作鬥爭的本領，等等。這就是原始社會教育人、培養人的最初的內容。這種教育雖然是初步的，但又是必不可少的，否則下一代就無法脫離動物界。幼兒生活在人群中，能學會人的生存本領；生活在狼群中，則能學會狼的生存本領；生活在中國，會培養出中國人的生活習慣；生活在外國，則會養成外國人的生活習慣。這些現象說明了人的可塑性，也說明了教育工作的重要性。

　　隨著社會的發展，人類的本領逐步增加，教育的內容也必然逐步增多。中國古文獻中根據遠古傳說記載了我們的祖先培養人、教育人的一些情況。如《白虎通》卷一記載：「謂之『燧人』何？鑽木燧取火，教民熟食，養人利性，避臭去毒，謂之燧人也。」《管子·輕重》戊篇則記載：「炎帝作鑽燧生火，以熟葷臊，

民食之，無茲胃之病，而天下化之。」人工取火的方法是在母系氏族初期發明的，它比保存火種方便多了。但這種方法需要一定的工具和技術，因此需要有人傳授；做熟食的辦法也需逐步改進，這種知識自然也需要傳授和學習。正是通過這種教育、培養、交流、傳播，才達到了「天下化之」的結果。這是原始人類培養科技人才、傳播科技知識的情況。

《太平御覽》曾引項峻的《始學篇》說：「上古皆穴處，有聖人教之巢居，號大巢氏。今南方人巢居，北方人穴處，古之遺俗也。」《禮記‧禮運》篇則說：「昔者先王未有宮室，冬則居營窟，夏則居橧巢。」《淮南子》也說：「古者民澤處腹穴（即穿穴而居），冬日則不勝雪霜霧露，夏日則不勝暑熱蚊虻。聖人乃作之築土構木以為室屋，上棟下宇以蔽風雨，以避寒暑，百姓安之。」由穴處變為巢居，再變為建造房屋，這是人類的進步。它與氣候的冷暖有關，但主要反映了人類由利用自然界現成的條件，逐步向創造性勞動的轉化。在樹上築巢，尤其是以後的房屋建築，這都屬於建築技術，這種技術不是生而知之的，也不會無師自通，因此也需要掌握這種知識的「聖人」和技術人員對他人進行教育和傳授。

再比如，《管子‧形勢解》說：「神農教耕生穀，以致民利。」《易‧繫辭》則說：「神農氏作，斫木為耜，揉木為耒，耒耜之利，以教天下。」「教耕生穀」即傳授耕作技術，包括從播種到收割的一系列生產技術；用「耒耜之利，以教天下」則是傳授製造和使用農業工具的知識。這種記載得到考古發掘的證實：中國仰韶文化時期北方人就學會了種粟，河姆渡文化時期南方人就學會了種稻，而且出土了大量農業生產工具，包括耒耜。這種農業生產知識和技術是比較複雜的，同時又要求人們掌握各種農作物的特性和氣候特點，這就需要培養大批農業生產人才。農業是母系氏族的婦女們在長期的實踐中逐步發明的，他們首先將這種知識教給由她們撫養的子女，如姜嫄傳授給后稷；然後又教給從狩獵轉向農業的男勞力。因此應該說，婦女是原始社會傳播農業生產技術的祖師，她們才是真正的神農氏。

據古文獻記載，伏羲是狩獵和畜牧民族的鼻祖。「伏羲之世，天下多獸，故

教民以獵。」[1]又說伏羲還教人們「作結繩而為網罟，以佃以魚」[2]。後來，他還教人們馴養家畜，「養犧牲以供庖廚」。無論是教民以獵，還是傳授結繩製網、捕魚狩獵知識，乃至飼養飛禽走獸供人們食用，這在當時都具有劃時代的意義。以畜牧、遊獵為主的氏族、部落對人才有一種特殊要求，教育的內容與方法自然與農業氏族不同。如《史記·匈奴列傳》記載：「兒能騎羊，引弓射鳥鼠；少長則射狐兔，用為食。士力能毌（彎）弓，盡為甲騎。其俗，寬則隨畜，因射獵禽獸為生業，急則人習戰攻以侵伐，其天性也。」這種「天性」正是由匈奴人所處的社會環境決定的，是自古以來代代相傳、耳濡目染形成的。他們讓小孩練習騎羊，正是為了讓他們長大後能學會騎馬；而射鳥鼠、狐兔則是練習射箭技術，為將來射猛獸、上戰場做準備。所以匈奴族的男子「盡為甲騎」，既能以「射獵禽獸為生業」，又能「習戰攻以侵伐」。他們培養人才的目的是使每個成員都成為優秀的射手和勇敢的戰士。它要求受教育者逐步培養出吃苦耐勞、不怕困難、團結互助、遵守紀律、精通騎射的作風和本領。

此外，原始社會還有一些更進步的發明創造，如製造陶器、製造舟車、養蠶繰絲、製造兵器、建築城市和宮殿等。《呂氏春秋·君守》篇說：「昆吾作陶。」《世本》說：「有虞氏上陶。」這說明當時製陶技術已相當普及。農業、畜牧業、製陶業是母系氏族三項重大的發明創造，與人民生活有密切關係。中國的仰韶文化被稱為彩陶文化，不僅發現了大量陶器，而且陶器製作還有相當高的水準，上邊還刻有各種圖案花紋和記事符號，製造這種產品需要相當高的技術，當然更需要培養一些專門人才。相傳黃帝「刳木為舟，剡木為楫」[3]，黃帝之妃嫘祖發明了養蠶和絲織業。「胡曹作衣」[4]，「伯余製衣裳」[5]，「蚩尤作兵」[6]，「蚩尤作，

---

1 《尸子》。
2 《易·繫辭下》。
3 《易·繫辭下》。
4 《世本》。
5 同上。
6 《大戴禮·用兵》。

以金作兵器」[7],「夏鯀作城」[8],「堯使禹作宮」[9],「伯益作井」[10],「奚仲作車,乘杜作乘馬」[11],「相土作乘馬」[12],「王亥僕牛」[13],這些技術涉及原始人類的生產、生活、戰爭等各個方面,不經過一定時間的教與學是無法掌握的。尤其是養蠶繅絲、煉銅製兵器、建造城郭宮殿等更是當時的尖端科學技術,因此更需要培養一些專門人才。

以上事實說明,原始社會的教育是圍繞著生產勞動並在勞動實踐中進行的,教育還沒有從生產活動中分離出來;教育的主要目的是為了培養熟悉各種生產技術的人才,培養熱愛勞動的生產能手和優秀戰士,教育是直接為生產服務的;教育的方式不是通過文字和書本,而是進行言傳身教:言傳,即通過語言、口耳相傳,傳授知識和經驗;身教,即做出示範動作,讓後人進行模仿。這種教育帶有邊幹邊學的性質。這是原始社會教育的第一個特徵,它充分體現了原始社會教育的實踐性。

原始社會除了進行生產知識的傳授外,還傳授一些社會生活知識,使每個氏族成員熟悉本氏族的歷史、信仰、道德、風俗、禮儀和習慣法等。這就是當時的生活習俗教育、原始宗教教育和原始藝術教育。這種教育是與當時的社會活動、宗教、藝術活動緊密聯繫在一起的。隨著語言思維的發展,歌謠、諺語、故事、神話、遊戲、舞蹈、雕刻、繪畫等文藝活動形式產生了,這都是對後代進行教育的好形式。歌謠、諺語是群眾性的創作,它總結概括了歷代的生活經驗和風俗民情,對後人有相當大的教育作用。故事往往以本氏族的歷史為主,或者歌頌他們心目中的英雄人物,如中國遠古時代的傳說,匈奴族、突厥族起源的傳說以及《蒙古秘史》中記載的蒙古族祖先的傳說等就是靠講故事流傳下來的。神話則反映了當時人們的願望和愛憎,諸如盤古開天地、女媧補天、羿射九日等。其中包

7　《世本》。
8　《呂氏春秋·君守》。
9　《世本》。
10　同上。
11　《荀子·解蔽》。
12　《世本》。
13　《山海經·大荒東經》。

括對自然神的崇拜以及圖騰崇拜、鬼魂崇拜、祖先崇拜等。所有這些神話傳說都含有不同程度的教育因素。比如對鬼魂的崇拜，它不僅表達了生者對死者的懷念和崇敬，而且灌輸了尊敬長輩、加強氏族團結的思想。再比如對祖先的祭祀，它不僅可以加強親緣關係，有利於本氏族的團結，而且能夠激勵後人以前人為榜樣發憤圖強、繼往開來。為了進行宗教活動，在原始社會的氏族、部落中出現了巫術和巫師。巫術是宣傳原始宗教信仰的技術，巫師則是原始社會文化知識的保存者和傳播者。結合宗教儀式、宗教活動，對本氏族本部落的人們進行傳統教育，正是巫師的一個重要責任。從這種意義上說，巫師是氏族公社的文化人或知識份子，培養這種人才所花費的精力要遠遠超過培養一個氏族一般成員，但主要是在宗教活動的實踐中培養、選拔的。除此之外，遊戲、舞蹈主要也是反映實際生活，聯絡感情，培養良好的作風；雕刻、繪畫既是形象的教育，又在一定程度上起了文字的作用。這些教育都是在日常生活中進行的。為了決定有關生產、生活或戰爭等重大事務，氏族還經常召開氏族大會，選舉酋長或軍事首領，進行節日慶典等，這種活動也是對青少年的一種實際教育。這種活動一般在氏族中心的大房子裡舉行，比如西安半坡氏族遺址的中心就有這樣一個一百六十平方米的大房子。這種大房子顯然是氏族公共活動的場所，同時又是老年人、成年人對年輕人進行教育的場所。

以上事實說明了原始社會教育的第二個特點：教育還沒有從政治、宗教、藝術活動中分離出來，還沒有成為專門的活動。這種教育既是為社會生產服務的，也是直接為當時的政治服務的，是為了培養熱愛本氏族、遵守氏族規範、傳統的忠誠戰士，這就是教育的政治性。

第三，原始社會的教育還具有公共性、普及性和平等性，而沒有階級性。所謂公共性，一是說教育是氏族公共的事情，是關係到氏族命運和前途的大家都關心的事情，並非哪個家庭、哪個氏族成員或氏族首領的事情。二是說培養人、教育人的工作由全體成年男女和老人共同承擔，當時還沒有出現專門從事教育活動的人，全體成年人既是勞動者、戰士，又是教育工作者。三是說培養出來的人才是屬於氏族所有的，是為氏族的公共事業而勞動、而戰鬥的，而不是為哪個家庭或為個人所擁有。所謂普及性和平等性，主要是說當時的氏族成員人人都可以平

等地受到一定教育，既不是根據貴賤等級決定取捨，也不考慮本人天賦。只是由於年齡、男女和社會分工的差別，受教育的內容有所區別。這是因為每個氏族成員在氏族中所處的社會地位是平等的，生存權利是平等的，結合生產和生活進行的教育又不需要額外的教育經費，因此不必限制受教育者的人數。相反，人數多了對生產反而有利，對氏族的發展也有好處。其次，教育者和被教育者的地位也是平等的，被教育的少年兒童與擔負教育任務的成年人、老年人只有年齡的差別，沒有地位高低的差別。教育者十分關心被教育者的成長，對他們一視同仁，「不獨親其親，不獨子其子」，而是把自己的希望寄託在每個受教育者的身上，努力做到使「幼有所長」[14]。他們之間的關係是被愛護和受尊敬的關係，即敬老愛幼的關係。另外，原始社會的教育雖然主要集中在少年兒童和青年時期，但社會不斷進步，每個人都需要不斷學習，氏族與氏族，部落與部落之間也需要不斷進行技術、文化交流，從這個角度也可以說原始社會的教育是終生教育。大家既是教育者又是被教育者，大家都以能者為師，取長補短，教育者與被教育者的界限並不明顯，這又是一種社會性的自我教育，它也體現了教育的平等性和民主性。

二、學校的萌芽

原始社會末期，隨著生產力的發展，以家庭為主的個體勞動逐步代替了氏族的集體勞動，產品出現了剩餘，私有財產產生了。部落貴族為了維持自己的利益和社會地位，需要將自己的知識和經驗傳授給下一代。而隨著技術的進步，也要求有一部分人從體力勞動中解脫出來，專門鑽研技術，腦力勞動和體力勞動的分工成為可能。其中有些人專門從事教育或從事政治活動，於是出現了專門的教育人員和學校的萌芽。

大概在原始社會末期，中國文字的雛形初步形成了。《易‧繫辭》說：「上

---

14 《禮記‧禮運》。

古結繩而治，後世聖人易之以書契。」從結繩、刻木記事，發展到圖畫文字，尤其是象形文字，這無疑是歷史的一大進步，它將促使人類由野蠻階段跨進文明社會的門檻。文字是記錄知識和傳授知識的工具，但掌握文字並不容易。原始狀態的社會教育很難勝任這一任務，它要求有專門從事教育的人員和教育場所，於是教師和學校應運而生了。

據古文獻記載，虞舜時代就出現了專門從事教育工作的公職人員，比如《尚書‧舜典》曾記載說，舜任命夔「典樂，教冑子」；還曾任命契「作司徒，敬敷五教」。夔和契就是當時領導教育工作的專門人員。契的任務是用「五教」教育人民，藉以糾正「百姓不親，五品不馴」的社會現狀。這雖然還不外乎是一種社會教育，然而卻已經有專門人員負責了。而夔所擔負的任務則是對貴族子弟進行專門教育，可以說夔是中國原始社會末期見於記載的第一任貴族學校的校長。

夔的具體職務是「典樂」，即《周禮》所說的「大司樂」。《周禮‧春官宗伯》記載說：「大司樂掌成均之法，以治建國之學政，而合國之子弟焉。」「成均」並非發源於周代，而是產生於原始社會末期。董仲舒說：「五帝名大學曰成均。」鄭玄注釋說：「均，調也。樂師主調其音。」[15]「均」字是「韻」字的古文，古代的教育，口耳相傳，因此十分重視音韻，詩、歌、聲、律都成為重要的教育內容。在一個相當長的時期內，樂師即教師，「典樂」和「大司樂」則成為當時學校的主要負責人。

實際上，當時的教師多由年老或有聲望的人們擔任，如《禮記‧明堂位》記載說：「米廩，有虞氏之庠也。」而《禮記‧王制》則說：「有虞氏養國老於上庠，養庶老於下庠。」何為「米廩」？鄭玄解釋說：「藏養人之物。」這是氏族社會儲存糧食的公共倉庫。這種倉庫一般由老人看管，往往成為老人聚會的場所。何為「庠」？《說文》解釋說「從廣羊聲」。《孟子‧滕文公上》則說：「庠者，養也。」「廣」即房屋，「庠」原是養羊的房屋。在原始社會，牛、羊大概也由老人們餵養。同時，牛、羊肉又是當時的美味佳餚，自然也是受尊敬的老年

---

15 參見《禮記‧文王世子》鄭玄注。

人的可口食品。由此可以看出，「庠」既是餵養牛、羊的場所，又是氏族社會敬老養老的地方。老人經驗豐富，可以發揮餘熱，教育後代，於是「庠」又成為氏族社會末期的教育場所。它兼有敬老育幼的雙重職能，這正是原始社會末期學校的一個特徵。

第二節·
夏、商、周
的官學

學校是人類傳播知識，教育人、培養人的場所。有專門的人員、專門的設施在相對集中的時間內專門對受教育者進行教育，這是學校教育的基本特點。它是社會生產力提高到一定階段的產物，是隨著階級和文字的出現，隨著國家機器的建立而逐步產生和發展起來的。隨著階級的出現和文字的產生，人類社會由野蠻階段進入了文明時代。原始社會公共的社會教育逐步被奴隸社會的階級教育所取代。奴隸主貴族為了維護自己的私有財產以及王權、世系的連綿不斷，必然要把自己的統治經驗包括知識和各種技能傳授給下一代。教育變成了統治階級實現其政治統治的工具，夏、商、周的官辦學校就是這樣出現的。

一、夏代學校的產生

夏朝是中國進入「小康之世」的第一個王朝。所謂「小康之世」，在政治上

主要是指「大人世及以為禮，城郭溝池以為固，禮義以為紀」[16]，也就是說，那時已確立了王位世襲制，有武裝保衛的城池作為統治的中心，有維護統治秩序的各種禮法制度作為強制手段，用今天的話說就是階級社會的開端；在經濟上主要是指當時的社會經濟已經有了相當的發展，人們用不著再去維持那種原始共產主義的貧窮生活了。有一部分人可以從體力勞動中解脫出來，專門從事政治、軍事活動或教育活動了，有一部分青少年可以脫離生產接受文化教育了。於是，一部分熟悉各種典章制度，掌握了一定文化知識的人成為各級各類學校的教師，而極少數生活富足的貴族子弟則成為中國第一批官辦學校的正式學生。絕大多數奴隸和其他勞動者卻沒有機會接受學校教育，他們仍然只能在日常生活和生產勞動中接受社會教育。從此，學校教育從社會教育中分化出來了。

文字的逐步成熟是產生學校的另一個重要條件。不少學者認為，夏朝是中國由野蠻時代跨入文明時代的開端，估計當時已經產生了相對成熟的文字。先秦學者經常引用《夏書》、《夏訓》，估計這是當時有關夏朝的典、冊記載。孔子刪定《尚書》，選取其中一部分編為《虞夏書》，暗示虞舜、夏禹時已經有了文字。古文《竹書紀年》開頭第一篇就是《夏紀》，其中並非都是口耳相傳的歷史故事，也有不少史實當是夏朝人自己的文字記載。司馬遷根據他所見到的藏之秘府的文獻典冊，同時根據他親身所做的社會調查，繼《五帝本紀》之後寫下了《夏本紀》。一些文獻還提到夏朝已有《夏曆》，即孔子所說的《夏小正》。所有這些記載都說明，夏朝不僅已經產生了文字，而且當時的文字已相當成熟，夏代已經進入了有文字記載的文明時代。文字是知識的載體。有了文字，就可以記錄人類的思想活動，還可以把前人的知識和經驗傳授給下一代。另外，文字不僅是傳授知識的重要工具，而且文字本身也需要有人傳授，需要集中時間、集中精力學會識字、讀音和刻寫。只有在這時，學校教育才成為一種迫切的社會需要，而由於文字為學校教育積累了必要的教學內容，因此學校的產生與發展才由可能性變成了現實性。

---

16 《禮記·禮運》。

鄭玄在《禮記‧禮儀篇》的注釋中說：「夏後氏之學在上庠。」《禮記‧明堂位》則說：「序，夏後氏之序也。」《禮記‧王制》又說：「夏後氏養國老於東序，養庶老於西序。」《古今圖書集成‧學校部》則說：「夏後氏設東序為大學，西序為小學。」《孟子‧滕文公上》在講到古代的學校時說：「夏曰校，殷曰序，周曰庠，學則三代共之。」以上記載雖然有不盡準確之處，但至少可以說，夏代已經有了正式的學校。孟子曾解釋說：「庠者，養也；校者，教也；序者，射也。」估計夏朝繼承了虞舜時的傳統，仍然設置了「上庠」這種養老與育幼相兼的機構。而「序」，則是從夏朝才出現的一種新型的學校。序從廣，廣類似一個大廳。金文有「序」字，象徵人在「廣」中射箭的樣子。孟子說：「序者，射也」，這正是「序」字的本義。「序」本來是練習射箭的地方。夏代「為政尚武」，軍人在社會上有崇高的地位，培養射手和戰士正是當時的一種社會需要。於是練習射箭的場所「序」變成了夏朝的教育機構，因此《文獻通考‧學校考》說：「夏後氏以射造士。」後來，奴隸主貴族又在這裡議政、祭祀，這就是鄭玄所說的「次序王事」[17]，序又成為一種政治機構。同時這種機構又兼有養老的性質，社會地位不同的「國老」與「庶老」分別供養於東序與西序。估計東序設在夏朝首都城內，西序則設在首都西郊。這是一種教射、議政、養老、施教兼而有之的機構，雖然不像後代的學校那樣單純，但教育後代卻是它的主要職能之一，因此趙岐強調指出：序「教化之宮也」[18]。

孟子所說的「校」則是夏代的地方學校。《史記‧儒林列傳》記載說：「鄉里有教，夏曰校。」南宋的朱熹在注釋《孟子》時也說：「校」是鄉學。孟子說：「校者，教也。」《說文》解釋說：「校，從木，交聲。」其本義為木囚，就是用木材圈成一個圍欄，作為養馬、馴馬的場所。後來則利用這種場所進行軍事訓練，它與教射的「序」一樣具有培養武士的共同職能。同時，「教」從「孝」從「文」，因此「校」又成為進行孝道教育與進行文化教育的場所。孟子說：古代「設為庠序學校以教之。……皆所以明人倫也」。進行人倫道德教育是夏代學校

17 《禮記‧明堂位》鄭玄注。
18 《孟子‧梁惠王上》趙岐注。

教育的重要內容，這就是朱熹在注釋中所說的：「父子有親，君臣有義，夫婦有別，長幼有序，朋友有信。此人之大倫也。庠序學校，皆所以明此而已。」

總之，夏代的學校還處於初級階段，它雖然已經從公共的社會教育中分化出來，但還兼有社會教育的一部分職能。當時的教育機構大多是從軍事機構演變而來的，同時又兼有政治機構和養老的性質。它說明，當時的學校還不是獨立的、純粹的教育機關。教育為政治服務，為培養武士、射手服務，同時注意進行人倫道德教育，這是夏代國有學校與鄉學的共同特點。

二、商代學校的發展

商朝是中國奴隸社會的重要發展階段，它不僅是目前所證實的中國最早有文字記載的王朝，而且是中國燦爛的青銅文化從開創向高峰發展的重要歷史時期。正是在商朝，奴隸主階級逐步鞏固了自己的政權、族權和神權統治，而從商湯到武丁的文治武功又使商朝成為當時世界東方的奴隸制大國。「昔有成湯，自彼氐羌，莫敢不來享，莫敢不來王，曰商是常。」[19]正是在政治、經濟、軍事、文化迅速發展的基礎上，商代的學校得到了進一步發展。

商代學校的發展主要表現在如下幾個方面：

首先，商代已經有了基本成熟的文字可以作為學校教育的基本手段。商代的文字主要是著名的金文和甲骨文，其次還有陶文、石文、玉文以及墨書、朱書等。這些文字都已相當成熟，漢字的基本結構「六書」：象形、指事、會意、假借、形聲、轉注，在金文和甲骨文中都已具備，這是中國進入文明時代的重要標誌之一。所謂金文，即青銅銘文，又稱鐘鼎文。其形狀類似甲骨文，但比甲骨文筆劃顯明剛勁。甲骨文是刻在龜甲、獸骨上的文字，習慣上稱為甲骨卜辭。它雖然是占卜吉凶的記錄，但也反映了當時的歷史情況。通過對甲骨文的研究，已經

---

19 《詩經·商頌·殷武》。

大體證實了《竹書紀年》、《史記・殷本紀》和《世本》等書所記載的商代的歷史。因此也可以說，甲骨文實際上是商朝的歷史檔案，到了商朝，中國的歷史就開始有了當時人留下的文字記錄。到目前為止，從安陽出土的甲骨已有十五萬多片，卜辭記錄有一百六十多萬字。據一九六五年出版的《甲骨文編》統計，單字數量有四千六百七十二個，目前已經辨認出二千多個。

文字是書寫的工具。有了成熟的文字自然可以作一些占卜之外的其他記載。有關商朝的歷史文獻目前保存下來的雖然不多，但《尚書》和《詩經》中的部分篇章卻反映了當時的情況，《尚書》中的《商書》可能部分保存了商朝的典冊。《尚書・多士篇》曾說：「惟殷先人，有典有冊。」它從一個側面說明商朝已經有了文字記載的典籍，這些典籍正是對學生進行教育的主要教材和參考資料。在這一方面，商代的學校已遠遠超過了夏代的學校。

其次，正是在商代，學校教育逐漸趨於定型與成熟。甲骨文中多次出現「教」、「學」、「師」等字樣。教與學是學校教育的兩個方面，而學生與老師又是學校中的主要成員。這時的「教」字不僅是指教孝道，教人倫道德，而且還包括教育學生「習刻文字」，掌握卜筮之術等重要內容。「學」，《說文解字》為「斅」，其中解釋說：「斅」，覺悟也。從教……篆文省作學。」而在甲骨文中，「學」字寫作「𣃠」。一些專家認為，這個字包括三個方面的意思：「╳是算籌交錯的形式，表明了學的內容；ㄣㄅ表明了教與學的活動；ㄇ則表示房屋，說明教學要有一定的場所。」[20]中國古代出現「學」字，正是從商朝開始。而「學」字本身又包含了學校教育的基本特徵，這正是商朝學校教育逐漸趨於定型與成熟的標誌之一。《爾雅・釋法》說：「師，眾也。」人眾為師。後來演化為軍隊，首都則稱為「京師」，也含有人眾之意。人才是集眾人之長者，是可以成為人們學習的榜樣的人，因此也稱為「師」，即為人師表之意。商代出現了「師」字，說明當時對老師的重視。

而從商朝學校的類型看，商朝不僅繼承了虞舜與夏朝，其中有「庠」，有

---

20 毛禮銳：《中國教育史簡編》第一章。

「序」，而且還有「右學」與「瞽宗」，還明確出現了大學與小學之分。《禮記·明堂位元》記載說：「殷人設右學為大學，左學為小學，而作樂於瞽宗。」據一些學者考證，小學乃地方學校，包括「庠」和「序」；大學則是中央政府舉辦的學校，包括「右學」和「瞽宗」。有的學者則認為，「右學」與「瞽宗」名異實同。殷人尚右尚西，把大學設在西郊，以表尊崇，故而稱為「右學」，又稱為西學。根據郭沫若先生的考證，商代的學校不僅類型較多，分兩級施教，而且還吸收了不少鄰國的留學生。在《殷契粹編》日本東京文求堂書店一九三七年版《考釋》頁一四九，郭沫若先生對「丁酉卜，其呼以多方小子小臣其教戒」進行了考釋，他認為：「多方」指的是多國。「據此，可知殷時鄰國，多遣子弟遊學於殷也。」商朝是當時世界上的一個文明帝國，鄰國子弟前來遊學也不足為奇。而所有這些都說明，商代的學校的確比夏朝發達。

再次，商代的學校不僅重視軍事教育，而且重視宗教教育。孟子將商代的學校概括為「殷曰序」[21]，正說明商代也像夏代一樣，十分重視射箭訓練，注意讓自己的子弟學習狩獵和打仗的本領。而商代大學中的瞽宗則是夏代卻沒有的又一種新型學校。《禮記·明堂位》記載說：「瞽宗，殷學也。」其注釋則說：「樂師瞽矇之所宗也，古者有道德者使教焉。死則以為樂祖，於此祭之。」它說明，商代的這種大學是以禮樂教育為主，樂師即這類大學的教師。這些樂師尊崇他們的先師為樂祖，在學校中對其進行祭祀，於是學校又成為樂師的宗廟，這正是「瞽宗」一詞的來歷。由此可見，「瞽宗」是傳授禮樂、造就士子的高等學府，是為祭祀服務的，目的是對貴族及其子弟進行尊崇鬼神和祖先的宗教教育。這種教育是由殷人治國的指導思想決定的。

《禮記·表記》記載說：「殷人尊神，率民以事神，先鬼而後禮，先罰而後賞，尊而不親。其民之弊，蕩而不靜，勝而無恥。」用神權作為刑罰的補充，這是商代的一個突出特點。商王和貴族們的活動，事無大小都求告於上帝和祖先，對上帝和祖先的祭祀是商朝國事活動的重要內容，因此古書上說：「國之大事，

---

21 《孟子·滕文公上》。

在祀與戎。」對祖先和上帝的祭祀擺在了與戰爭同等重要的地位，甚至比戰爭更重要。正是在這種情況下，商朝統治者才十分重視占卜，才有意識地保存了大量的甲骨卜辭，才不惜殺死大量奴隸進行人祭和人殉，而負責祭祀和占卜的「巫」和「史」才在政治上具有舉足輕重的地位，同時又肩負著教育後人的任務。商朝的學校教育正是在這一指導思想下進行的，因此其教育內容以軍事和宗教為主，目的是為了培養軍事人才和祭祀人才，這就是一些學者所說的宗教武士教育。它反映了商代的學校正是對夏代學校的繼承與發展。

三、西周的學校及其教育制度

西周是中國進入階級社會後的第三個王朝。按某些史學家的看法，中國的奴隸制在這時發展到全盛階段。經濟上實行井田制，政治上實行分封制和宗法制，這是西周經濟基礎與上層建築的基本特徵。與商朝統治者相反，西周統治者更重視政治思想統治。他們認為烝民是上天生下來的，皇天上帝是烝民的宗主。天子的任務是「代天保民」。通過商朝的滅亡，他們進一步認識到人心的向背是政權得失的關鍵，因此提出：「順乎天而應乎人」[22]，甚至提出要「弔民伐罪」[23]。周武王曾說：「天視自我民視，天聽自我民聽。」[24]進一步把民心當作天意的本原，這說明西周統治者與人民的關係與商代相比已發生了重大變化。他們不像商代那樣一味地尊神尚鬼，而是強調要注意民心；不是一味地迷信刑罰，而是主張「明德慎罰」，主張加強思想統治；不是像商代那樣一味地「貴富」，而是講究義和禮，講貧富也講貴賤。正是在這種情況下，西周的教育才從商朝的宗教武士教育轉變為以「明人倫」為主的、以六藝為基本內容的文武並重、德智體美全面發展的教育。而從教育系統上看，西周比商朝更為完備，而且「學在官府」、「學術官守」的特點更加突出了。

---

22 《易・革卦・彖》。
23 《尚書・周書・泰誓》。
24 同上。

（一）西周的學校系統

西周學校教育的對象是貴族和平民子弟，因此在貴族和平民居住的地方才設有學校。在王都郊外的六鄉之內設有地方級學校，總稱為鄉學；在王都及其近郊則設有小學和大學，總稱為國學。

據《周禮》與《禮記》記載，西周的鄉學是分級設立的。西周郊外的地方行政組織分為六級，即：「五家為比，使之相保；五保為閭，使之相愛；四閭為族，使之相葬；五族為黨，使之相救；五黨為州，使之相賓；五州為鄉，使之相賓。」[25]這種記載雖然有些理想化和絕對化，但西周地方級組織大致分級設置卻也並非子虛烏有。正是在這種行政組織的基礎上，相應地設立了名稱不同、級別不同的學校。

《周禮》記載說：「鄉有庠，州有序，黨有校，閭有塾。」而《禮記·學記》則記載說：「家有塾，黨有庠，術有序，國有學。」據有些學者考證，「術」乃「州」字之誤。西周地方級學校大致分為四類，即家塾、黨庠、州序、鄉校。《漢書·食貨志》曾對這種先王的學制進行過解釋，其中說：「先王制土處民，富而教之」，「於里有序而鄉有庠，序以明教，庠則行禮而視化焉」。每年冬季，兒童和青少年到序室去學習，「八歲入小學，學六甲、五方、書計之事，始知室家長幼之節；十五入大學，學先聖禮樂，而知朝廷君臣之禮。其有秀者移鄉，學於庠序；庠序之異者移國，學於少學。諸侯歲貢少學之異者於天子，學於大學，命曰造士。」這些記載說明，鄉學與國學擔負著不同的教育任務，平民八歲時只能入鄉間小學，學習成績優秀者才能逐級上升，由鄉學被選拔到國學。先入國學中的「少學」，又稱「小學」，這是國家級的初等學校，其中的優秀者才能進入大學深造，被稱為「造士」。它說明，鄉學擔負著基礎教育的任務，其中包括「室家長幼之節」和「朝廷君臣之禮」；國學則擔任著中等與高等教育的任務，即提高的任務。

---

25 《周禮·地官司徒》。

王都中的小學是貴族學校，《禮記·王制》說：「小學在公宮南之左」，即小學設在王宮的東南方。貴族子弟根據身份地位的高低，入小學的年齡也有不同規定。《大戴禮記·保傅》說：「古者八歲而出就外舍。」這裡說的是周天子和諸侯的兒子，八歲時可以進入王都小學學習。因此《白虎通·辟雍》篇也說：「八歲毀齒，始有識知，入學學書計。」《春秋公羊傳》在注釋中則說：「禮，諸侯之子八歲受之少傅，教之以小學，業小道焉，履小節焉。」而公、卿、大夫、士的嫡長子入小學的時間則分別是十歲和十三歲，這就是《禮記·內則》所說的「十年出就外傅」，《尚書大傳》所說的「十有三年始入小學。」而貴族的眾子以及平民之子，入小學的時間還要晚，「餘子年十五始入小學」。對於鄉間的學生則是擇優錄取，與年齡無關。據有關文獻記載，當時小學的學制為七年。

　　大學是西周的高等學府。《禮記·王制》說：「大學在郊，天子曰辟雍，諸侯曰泮宮。」蔡邕在《明堂章句》中對「辟雍」作過解釋：「取其周水圜轉如璧，則曰辟雍。」西周的大學四周環水，中間高地上建造了學宮，樣子像一個被水環繞的玉璧，因此被稱為「辟雍」。諸侯國的大學規模雖然比王室的要小些，但建築形式也與王都的大學類似，也是由水池與學宮交錯輝映而成，於是被人們形象地稱為「泮宮」。關於西周大學的建制，自古以來學者們眾說紛紜，沒有一致的看法。有人認為，西周的大學有五所，南學稱成均，北學稱上庠，東學稱東序或東膠，西學稱瞽宗或西雍，只有大學即設在中央部位的大學才稱為「辟雍」。但有的學者卻認為，以上的五個學校實際上是一所學校，其中辟雍建築在四周環水的高地上，被人們稱為學宮、澤宮，由於周朝在那裡教育學生射箭，並通過比賽射箭選拔人才，因此又被稱為「射宮」。而其他四學則建築在辟雍的周圍，而不是在周王都的四郊。東邊的教室稱為東序，又稱東膠與東學，繼承夏朝的學制，「干戈羽籥在東序」，由樂師主持。西邊的教室稱瞽宗，又稱西雍，繼承商朝學制，乃演習禮儀的場所，由禮官主持。南邊的教室稱成均，又稱南學，是學樂的場所，由大司樂主持。北邊的教室稱上庠，又稱北學，繼承虞舜時上庠的傳統，乃學習書寫的場所，由詔書者主持。以上這種解釋比較符合歷史實際，在西周的王都很難建立五所大學，但建立一所繼承虞舜、夏、商之制的兼收並蓄的大學則是可能的。

在西周，並不是所有貴族子弟都能進入大學。一般貴族子弟只能在小學接受基本的道德行為準則和社會生活知識的訓練，只有極少數社會地位較高或者出類拔萃的人才有資格進入大學深造。《禮記・王制》篇記載說：「王大子、王子、群後之大子，卿大夫元士之嫡子、國之俊選皆造焉。」進入大學學習的只有周王的太子和諸位王子，以及公、侯及其他貴族的嫡長子，他們是根據社會地位的高低和血緣關係的遠近入學的。另一類則是平民中的佼佼者，他們只有經過個人奮鬥，經過層層篩選才有機會邁進大學的門檻。所有這些人入大學的年齡也因人而異：由於王太子十五歲即舉行冠禮，標誌著他已經長大成人，因此十五歲就可以入大學。而其他貴族子弟二十歲才能行冠禮，因此他們二十歲才能入大學。而從平民中推薦上來的優秀者，年齡自然還會更大些。據《學記》記載，西周大學的學制為九年。

（二）西周學校的主要教育內容

西周辦學的目的是「化民成俗」、「建國君民」[26]，即培養俯首貼耳的奴才和奴隸主貴族的各級接班人。因此，各級各類學校都將德育放在首位，都十分注意德、行人倫教育，同時也注意軍事教育和其他實際技能的教育，其中主要是六藝教育。比如鄉學由大司徒主持，他從三個方面對鄉學學生進行教育，「一曰六德：知、仁、聖、義、中、和。二曰六行：孝、友、睦、姻、任、恤。三曰六藝：禮、樂、射、御、書、數。」[27]鄉學雖然是基礎教育，但內容卻是全面的，它包括德、行、藝三個大的方面，實際上是包括周朝各級學校教育的初步內容。鄉學學生受到這種教育後，由鄉大夫支持，「三年則大比，考其德行道藝，而興賢者能者」[28]。其優秀者則推薦到國學，到小學學習。

小學學生由地方推薦的只占少數，其中主要是「國之貴遊子弟」，即居住在國都的各級貴族的子弟。師氏、保氏擔任小學教師。師氏「以三德教國子：一曰

---

26 《禮記・學記》。
27 《周禮・地官司徒》。
28 《周禮・地官司徒》。

至德，以為道本；二曰敏德，以為行本；三曰孝德，以知逆惡。教三行：一曰孝行，以親父母；二曰友行，以尊賢良；三曰順行，以事師長。」[29]「保氏掌諫王惡，而養國子以道。乃教之六藝：一曰五禮，二曰六樂，三曰五射，四曰五御，五曰六書，六曰九數。乃教之六儀：一曰祭祀之容，二曰賓客之容，三曰朝廷之容，四曰喪紀之容，五曰軍旅之容，六曰車馬之容。」[30]鄭玄在注釋中對「六藝」作了詳細解釋，他指出：「五禮：吉、凶、賓、君、嘉也。六樂：《雲門》、《大咸》、《大韶》、《大夏》、《大濩》、《大武》也。」「五射：白矢、參連、剡注、襄尺、井儀也。五御：鳴和鸞、逐水曲、過君表、舞交衢、逐禽左。六書：象形、會意、轉注、處事、假借、諧聲也。九數：方田、粟米、差分、少廣、商功、均輸、方程、贏不足、旁要。今有重差、夕桀、勾股也。」小學教育的內容除德、行之外，主要還有六藝、六儀，其中六書是學習識字、寫字；九數是學習算術、數學，這是民生日用所需，不可不講。而禮、樂、射、御則是比較高深的知識，是為培養各級統治人才作準備的。六儀主要也是學習貴族階層所應掌握的禮儀。因此，西周的小學教育雖然是關於奴隸主貴族德行準則和社會生活知識技能的基本訓練，但也是德、智、體、美全面發展，文武並重、知能兼求的教育。

西周大學的課程主要是詩、書、禮、樂、射、禦。《禮記‧王制》說：「春秋教以禮樂，冬夏教以《詩》、《書》。」《禮記‧文王世子》則說：「凡學，世子及學士必時。春夏學干戈，秋冬學羽籥，皆於東序。小樂正學干，大胥贊之；籥師學戈，籥師丞贊之，胥鼓《南》。春誦，夏弦，大師詔之瞽宗。秋學禮，執禮者詔之。冬讀書，典書者詔之。禮在瞽宗，書在上庠。凡祭與養老、乞言、合語之禮，皆小樂正詔之於東序。大樂正學舞干戚。語說、命乞言，皆大樂正授數。大司成論說在東序。」「凡三王教世子，必以禮樂。樂所以修內也，禮所以補外也。禮樂交錯於中，發形於外，是故其成也懌，恭敬而溫文。」

禮樂從廣義上講是指西周的政治經濟思想文化等各項制度，古書上講的周公制禮作樂主要是對此而言。從狹義上講，禮是指西周的各項禮儀或儀式，其中包

---

29 同上。
30 同上。

括有關祭祀、喪葬、軍旅、朝覲盟會和婚冠喜慶等各種典禮、儀式，即所謂五禮。樂則是與禮相輔相成，凡是行禮的場合都配有一定的音樂。禮的特點是貴賤有等、長幼有序、朝廷有位、男女有別、貧富輕重皆有稱。其作用在於「定親疏，決嫌疑，別同異，明是非」[31]，它是維護奴隸主貴族的政治經濟利益、維護社會秩序的重要工具。因此禮樂教育成為西周大學教育的核心。當時的大學生們不僅要弄懂各種禮儀的內容和實質，而且要進行實習，要反覆演練。對樂教也是邊學邊練，其中包括詩歌、音樂、舞蹈，這就是鄭玄所說的：「古者教以詩書，誦之、歌之、弦之、舞之。」[32]

對於射、御，大學也是側重於演習與考核。《禮記・射義》說：「古者，天子以射選諸侯、卿、大夫、士。射者，男子之事也，因而飾之以禮樂也。天子之制，諸侯歲獻貢士於天子，天子試之於射宮。」《禮記・王制》則說：「大司徒教士以車甲，凡執技論力，適四方，贏股肱，決射御。」目的是培養「執干戈以衛社稷」的武士。

綜上所述可以看出，西周的學校教育既繼承了夏、商的傳統，又有很大的發展與進步。從鄉學、小學到大學，它都十分重視思想品德教育，同時也很重視文化教育和實際技能教育；既注意學生的文化修養，又不忽視軍事訓練。這種學校教育具有鮮明的階級性和政治性，目的是為了培養和造就各級政治、軍事、經濟、文化人才，根本目的則是為了維護以禮治為核心的西周的政治經濟制度。這種教育比商朝的教育更符合實際需要，也能培養出一些有利於社會發展的有用之才。

（三）學術官守與學在官府

「學術官守」與「學在官府」是奴隸社會學校教育的又一個突出特點，這個特點在周朝表現得尤其鮮明，而且有不少文字記載可資證明。章學誠在《校讎通

---

31 《禮記・曲禮上》。
32 《詩・鄭風・子衿》鄭玄注。

義・原道第一》中對這個問題作過精闢的論述：古代「立官分守，而文字從而紀焉。有官斯有法，故法具於官。有法斯有書，故官守其書。有書斯有學，故師傳其學。有學斯有業，故弟子習其業。官守學業，皆出於一，而天下同文為治，故私門無著述文字。」

黃紹箕在《中國教育史》中對這個問題也專門進行過分析，他說：「古代惟官有學，而民無學。其原：一則惟官有書，而民無書也。典、謨、訓、誥、禮制、樂章，皆朝廷之製作，本非專為教民之用。故金縢玉冊，藏之秘府，悉以官司典之。士之欲學者，不知本朝之家法及歷代之典制，則就典書之官而讀之。……秘府之書，既不刊布，而簡策繁重，筆墨拙滯，又不便於迻寫傳副本於民間，故民間知有書名者，僅賴外史達之，至其全書，則非身入清秘不能窺見，此學術之所以多在官也。一則官有其器，而民無其器也。古代學術如禮、樂、舞、射諸科，皆有器具，以資實習，如今之學校試驗格致器具，非一人一家所能畢備。故十三舞勺，成童舞象，其器甚簡。二十而冠，身入鄉校，始學禮，舞大夏。《周官》：鄉師掌鄉器，比共吉凶二服，閭共祭器，黨共射器，州共賓器，鄉共吉凶禮樂之器。可見禮樂之器，鄉官始能鳩集。學者之始學禮者，如未入鄉校，則無學習之器也。至成均樂器，鐘、鼓、管、籥、鞀、祝、敔、塤、簫、管、琴、笙、磬、竽、笛之倫，以供國家祭祀享燕之用者，尤其里黨所可致。故在官者以肄習而愈精，在野者以簡略而愈昧，此學術之所以多在官也。」

以上兩位學者從唯官有書、唯官有器兩方面分析了「學在官府」的客觀原因，這種分析是符合歷史實際的。另外，由於當時政教未分，無論是鄉學、小學還是大學，實際上都沒有純粹的教師，各級教師基本上都是由職官兼任，其中有樂師、師氏、保氏、大胥、小胥、大師、小師、籥師等；只有一小部分教師由年老退休的官

殷墟婦好墓陶塤

員擔任。比如，西周的鄉學歸大司徒主管，《周禮・地官司徒》說：「大司徒之職，掌建邦之土地之圖與其人民之數，以佐王安撫邦國。……而施十有二教

焉。」《尚書大傳·略說》則說：「大夫、士七十而致士，老于鄉里，大夫為父師，士為少師。」《周禮·春官宗伯》則記載了國學的情況：「大司樂掌成均之法，以治建國之學政，而合國之子弟焉。凡有道者有德者，使教焉。」

學術官守、學在官府，以及由現任或退休的官員擔任教師，這都是社會經濟和文化事業不發達的表現。由於科學落後，當時的文字只能刻寫在竹簡、木片或絲帛上，竹、木笨重，絲帛珍貴，一般平民百姓家無力承擔。同樣由於經濟落後，大多數禮器、樂器、教學儀器，一般人民也很難承辦。而政教未分、學科單一，又使得現任或退休官員有條件勝任教學任務。西周的學校教育雖然比夏朝、商朝有所進步，但它畢竟還是奴隸社會的教育，是人類社會最初的學校教育，它的最基本的功能還是為統治階級培養政治、軍事、文化人才，還不是直接推動社會生產和科學的進步，這是西周學校的又一特點。

第三節·

春秋戰國
私學的興盛

夏、商、周「學在官府」，教育被少數人所壟斷。通過官辦的學校培養政治、軍事、文化人才，成為人才成長的主要途徑。春秋戰國，王室衰微，諸侯強大，禮崩樂壞，政治舞臺上出現了五霸七雄的激烈鬥爭，思想文化領域出現了諸子百家。當時「聖賢不明，道德不一」[33]，新舊交替，無所遵循。「時君世主，

---

33 《莊子》。

好惡殊方，是以九家之術，蜂出並作，各引一端，崇其所善。」[34]各級各類官辦的學校，從地方的庠序，到諸侯的泮宮，乃至天子的小學、大學大都日益衰落，廢墜無聞。「學校不修」，「人廢學業」[35]。「天子失官，學在四夷。」[36]私人講學和私人養士之風日益興盛。政教合一、官師合一的局面被打破了，學校教育從政治活動中分離出來。學者聚徒講學，士人擇師從學成為一種新的社會風尚，中國歷史上的學校教育進入了一個頗具特色的歷史階段。

一、孔子辦私學

人們常說：「孔子（西元前 551-前 479 年）是中國歷史上第一個辦私學的人。」其實不然。大概早在春秋中葉，私學就已經出現。到了孔子生活的春秋末期，私學已有相當的數量和一定的規模。

據《呂氏春秋‧離謂篇》記載，法家的先驅鄧析為了宣傳自己編著的《竹刑》，就曾在鄭國辦過私學：「民之獻衣、襦袴而學訟者，不可勝數。」只要交納一定的學費，他就可以向他們傳授法律知識。鄧析死於西元前五〇一年，他辦的這所私學很可能早於孔子的私學，或者與孔子的私學大致同時舉辦。

據王充的《論衡‧講瑞篇》記載，魯國的少正卯是與孔子同時同地的一位著名的私學教師。他講課很有煽動性，他辦的私學「聚徒成群」，「與孔子並」。不僅規模很大，而且名聲很高，致使「孔子之門，三盈三虛」。雙方爭奪生源幾乎到了勢不兩立的地步，這正是孔子誅少正卯的一個重要原因。

孔子曾說：「吾十有五而志於學」[37]，他在少年時代除了跟隨母親學習之外，很可能在私學中受到過比較系統的訓練。據《史記》記載，孔子曾「適周問禮，

---

34 《漢書‧藝文志》。
35 《毛詩‧鄭風‧子衿》序與鄭玄注。
36 《左傳‧昭公十七年》。
37 《論語‧為政》。

蓋見老子」；「與齊太師語樂，聞《韶》音，學之，三月不知肉味」；還曾「學鼓琴師襄子」[38]。其中老子、師襄子很可能是當時的私學老師；而孔子跟隨齊太師學樂，粗茶淡飯，刻苦求學，這至少等於讀了幾個月的自費講習班。由於「孔丘年少好禮」，估計在二十歲左右，魯大夫之子懿子與魯國人南宮敬叔就曾「往學禮焉」[39]。大概從這時起孔子就開始收徒講學了。而自從向老子問禮以後，孔子又大有長進，辦學的規模逐步擴大，這就是《史記》所說的：「孔子自周反於魯，弟子稍益進焉。」[40]孔子曾親口說過，他「三十而立」[41]，這時他不僅已經開始收徒講學，而且已經成為一名聞達於諸侯的著名學者了。因此當齊景公與晏嬰到魯國後，還曾親自向孔丘請教秦穆公稱霸當時的原因。[42]

宋代陈元靓《事林广记》中的孔子及其弟子杏坛弦诵图

孔子杏壇弦誦圖

孔子三十五歲時，魯國發生政變，魯昭公逃亡到齊國。孔子隨後也來到齊國。齊景公向孔子問政，孔子提出了著名的「君君，臣臣，父父，子子」的理論。齊景公十分欣賞孔子的儒家學說，「將欲以尼谿田封孔子」。晏嬰對儒家學說作了如下評論：「夫儒者滑稽而不可軌法；倨傲自順，不可以為下；崇喪遂哀，破產厚葬，不可以為俗；遊說乞貸，不可以為國。……今孔子盛容飾，繁登降之禮，趨詳之節，累世不能殫其學，當年不能究其禮。」[43]從這一評論看，當

---

38 《史記‧孔子世家》。
39 同上。
40 同上。
41 《論語‧為政》。
42 《史記‧孔子世家》。
43 同上。

時以孔子為首的儒家學派已經形成，並對各諸侯國的政治發生了重大影響。孔子用禮樂道德教育學生已經成為儒家的鮮明特點。

從四十二歲到五十歲之間，孔子由「不惑」之年逐漸進入「知天命」的年華。當時不論近在魯、齊，或者遠在吳、越，各諸侯國的君臣對孔子都相當崇拜。有些疑難不解的問題，往往派人向孔子討教。不少人對孔子都十分佩服，甚至稱孔子為「聖人」。由於魯國發生了三分公室、四分公室的變故，甚至出現了「陪臣執國政」的狀況，孔子對這種局面十分不滿。「故孔子不仕，退而修詩書禮樂，弟子彌眾，至自遠方，莫不受業焉。」[44]估計在這時，孔子私學的規模已經很大了，教學內容也日益完備。

當孔子五十歲時，魯國政局發生了有利於公室的變化。於是魯定公任命孔子為中都宰即魯國首都市長。後來又由中都宰提拔為司空、大司寇，先後負責魯國的土木工程建築和司法工作。後來還曾一度「由大司寇行攝相事」[45]。但由於與執政的季氏政見不同，孔子的仕途很快就終結了。

從此之後，孔子開始周遊列國，有幾十個弟子與他同行。他們一面尋找出仕的機會，一面進行教育活動。他們先後到過七、八個諸侯國，在外奔波十四年。孔子的私學變成了一個遊學集團，變成了一所流動學校。對於這一時期的作為，孔子曾經有一個自我評價：「其為人也，學道不倦，誨人不厭，發憤忘食，樂以忘憂，不知老之將至。」[46]可見他主要還是從事教學活動，而且以「發憤忘食」的精神進行某些研究工作。

孔子六十八歲那年，由於孔子的弟子冉求率軍打敗了齊國，魯國執政的季康子改變了對儒家的成見，「以幣迎孔子，孔子歸魯」[47]。「然魯終不能用孔子，孔子亦不求仕。」[48]他一方面繼續招徒講學；另一方面則集中精力修訂、編輯了

---

44 《史記・孔子世家》。
45 同上。
46 同上。
47 同上。
48 同上。

《詩》、《書》、《禮》、《樂》、《易》和《春秋》等重要歷史文獻。從此儒家有了正式的教材。

《詩》又稱《詩經》，這是中國最早的一部詩集。現存三百零五篇，包括風、雅、頌三部分。「風」即十五國國風，共一百六十篇，這是民間歌謠；「雅」分為大雅、小雅，共一〇五篇；「頌」分為周頌、魯頌、商頌，共四十篇。

《書》又稱《書經》或《尚書》，這是中國最早的一部文集。其中分為《虞書》、《夏書》、《商書》、《周書》四部分。主要記述商、周兩代的一些重大政治事件，有很高的史料價值。

《易》又叫《易經》或《周易》，這是中國古代的一部哲學著作，後來演變為占卜用書。它包括《經》、《傳》兩部分內容。大概出於商、周之際，孔子曾對它進行過整理和闡釋。

《禮》又叫《儀禮》、《士禮》、《禮經》。古文經學家也有稱《周禮》為《禮經》的。《周禮》主要記載西周以來的官制，又稱《周官》，分為六部分，即《天官塚宰》、《地官司徒》、《春官宗伯》、《夏官司馬》、《秋官司寇》、《冬官司空》。

《春秋》又叫《春秋經》，這是中國最早的一部編年體歷史著作。當時各諸侯國都有自己的歷史記載，統稱為「春秋」。孔子修訂的是魯國春秋，它以魯國歷史為主，兼記當時各有關國家和周王室的大事。其中共記載了從魯隱西元年（前722年）至魯哀公十四年（前481年）共二百四十二年的史事。

六經中唯《樂經》失傳。司馬遷曾對孔子的教育活動給以很高的評價，他說：「孔子以詩書禮樂教，弟子蓋三千焉，身通六藝者七十有二人。」[49]又說：「孔子布衣，傳十餘世，學者宗之。自天子王侯，中國言六藝者折衷於夫子，可謂至聖矣！」[50]孔子一生主要從事教育活動，他收的弟子累計有三千餘人，其中有成就的大概有七十人。這幾千個學生主要出身於「士」這一階層，其中還包括一些

---

49 《史記·孔子世家》。
50 同上。

放牛的、種菜的等出身低微的人。他的施教原則是「有教無類」，打破了貴族對文化的壟斷，反映了「學術下移」的歷史趨勢。他的教育內容以詩、書、周禮為主，目的是傳授奴隸主階級的文化，但結果卻保存了大量文化遺產和歷史材料。他讓自己的學生學習禮、樂、射、御、書、數六藝，希望他們學而優則仕，學好以後出去做官。因此他反對學生參加生產勞動，也不傳播自然科學知識。但他所教出的學生也不都是搞克己復禮的，這些人擠進當時的統治階層，本身就是對世卿世祿的一種否定。尤其是他的後學弟子，在他死後分成了幾派，其中一派就是主張革新的，幫助魏國改革的李悝、吳起，幫助秦始皇改革的李斯以及韓非等，都與儒家有一定的關係。

在教育方法和學習方法方面，孔子也有許多獨到之處。司馬遷評論說：「孔子以四教：文，行，忠，信。絕四：毋意，毋必，毋固，毋我。所慎：齊，戰，疾。子罕言利與命與仁。不憤不啟，舉一隅不以三隅反，則弗復也。」[51]以上這些論述雖然有的是講教學內容，有的是講孔子為人處世的原則，但其中主要還是概括了孔子關於教學方法的寶貴經驗。孔子要求自己的學生要「博學於文」[52]，要好學多思；要「訥於言而敏於行」[53]，要勤學之，篤行之；要忠於國君，忠於所事，忠於國家與民族；與朋友交往要講信用。正如子夏所說的那樣：「事父母，能竭其力；事君，能致其身；與朋友交，言而有信。雖曰未學，吾必謂之學矣。」[54]這裡所講的雖然主要是教學內容和為人處世的原則，但也包括一部分教學方法。而「毋意，毋必，毋固，毋我」，則主要是教育學生要用正確的態

孔子學琴師襄

---

51 同上。
52 《論語·雍也》。
53 《論語·里仁》。
54 《論語·學而》。

度對待學習，看問題不要先入為主，不要只憑主觀猜測，要尊重客觀事實；不要主觀認定必然如何如何，而要認真研究客觀事物多方面的因果關係；不要固執己見，總自以為是，而要虛心考慮各種不同意見，隨時修正自己的缺點和錯誤；不要總以為自己絕對正確，而應該服從真理，還要善與人同。所有這些都是說，學習要有一個實事求是的態度，要虛心向一切人學習。

在教學活動中，孔子主張採用啟發誘導的教學方法，這就是《史記》所說的「不憤不啟」和《論語‧述而》所說的「不憤不啟，不悱不發」。朱熹在《四書集注》中解釋說：「憤者，心求通而未得之意；悱者，口欲言而未能之貌。啟謂開其意，發謂達其辭。」意思是說，在教學過程中應該先讓學生認真思考，當他們經過反覆思考還得不出結論時，才可以去啟發他們；或者當他們已思考成熟，但還沒有找到恰當的言詞表達時，才去開導他們。也就是說，不是採用灌輸的方式告訴學生現成的結論，而是啟發他們動腦子認真想問題，然後才教給他們正確的答案。孔子要求自己的學生能夠舉一反三，老師已向你解釋了四方形的一個角，你如果不能以此類推出其他三個角的情形，對這種學生就不能再多講新的知識了。總之，孔子不僅要求學生認真思考，要求教師在學生思考的基礎上去「開其意」、「達其辭」，而且要求學生通過具體事例，概括出普遍原則，不斷增強自己的思維能力，擴大知識面。

另外，孔子還主張「學而不厭，誨人不倦」，主張「學而不思則罔，思而不學則殆」。「知之為知之，不知為不知，是知也。」主張「溫故知新」，「敏而好學，不恥下問」，以及主張「因材施教」等等，所有這些都對後人有啟發作用。

孔子所辦的私學是春秋時期私學的典型，它繼承了夏、商、周三代重視道德教育和重視六藝教育的傳統，但卻突破了三代「學在官府」、貴族壟斷教育的局面，同時又整理編輯了一整套私學的教材，還總結了一系列教育方法和學習方法，從而為儒家的學校教育乃至此後兩千多年的封建社會教育打下了基礎，孔子的確不愧為一位偉大的教育家。

二、墨家的私學集團

自孔子辦私學之後，墨家的私學集團也成為著稱於世的學術團體，因此韓非子說：「世之顯學，儒、墨也。」[55]從春秋末期到戰國中期，「周室衰而王道廢，儒、墨乃始列道而議，分徒而訟」[56]。「孔墨之弟子徒屬，充滿天下。」[57]

墨子名翟，宋國人（一說魯國人）。生當春秋末年到戰國初年（西元前 468-前 376 年）。墨子自稱「賤人」、「鄙人」，看來出身低賤。他原是一個善於製造器械的工匠，後與魯班齊名。他曾跟隨儒家學習，「學儒者之業，受孔子之術」[58]。但他反對儒家重禮厚葬的繁文縟節，於是自成一家，創立了一個與儒家對立的墨家學派。墨子一生「上說下教」，主要進行思想宣傳和講學活動，「徒屬彌眾，弟子彌半，充滿天下」[59]。墨家集合了社會上的小生產者，代表「農與工肆之人」的利益，形成了一個有比較嚴格的組織紀律的團體。墨子生前，自稱有弟子三百人。《淮南子·泰族訓》則說：墨子有學生百八十人，「皆可使赴火蹈刃，死不旋踵」。墨子死後，墨家的首領稱為「鉅子」，代代相傳。墨家學派成為一個有綱領、有領導、有組織、有紀律的群眾團體。

墨子十分重視教育的作用，並把教育培養人才作為三大治國措施之一，在《尚賢》下篇中他說：「有力者疾以助人，有財者勉以分人，有道者勸以教人。」只有這樣，社會才能由亂而治，人們才能由貧而富、由賤而貴。他認為：「天下匹夫徒步之士，少知義，而教天下以義者功亦多。」[60]以道以義教人的人是有很大功勞的。

墨家私學的教學內容與儒家有明顯區別：他們雖然也重視道德教育，但不是教學生熟悉那些維護統治階級利益的「仁」和「禮」，而是主張兼愛，提倡非

---

55 《韓非子·顯學》。
56 《淮南子·俶真訓》。
57 《呂氏春秋·有度》。
58 《淮南子·要略》。
59 《呂氏春秋·尊師》。
60 《墨子·魯問》。

攻，反對親親，主張尚賢，提倡節用、節葬、非樂、非命，主張天志、尚同等。用墨子的話說，就是希望人們學習那些符合天意民心的學問，「天之所欲則為之，天所不欲則止」[61]。

墨子既重視文史知識教育，又重視社會實踐。他認為：「士雖有學，而行為本焉。」[62]因此他主張要讓學生學習和掌握有利於國計民生的生產知識、軍事知識和科學知識。在《墨子》一書中不僅講到過造車、造木牛木馬、造竹木飛鳥的技術，而且講到過製造雲梯、製造攻城器械的技術，甚至還講到過不少有關數學、光學、聲學、力學乃至心理學的知識。墨子是一個多才多藝的人，他也希望自己的學生努力掌握各種有用的知識，用自己平生所學造福於人民。

墨子在教學方法上也與儒家有明顯區別。首先，墨子不承認有生而知之的聖人，反對孔子所講的先驗論和天命論，他說：「教人學而執有命，是猶命人葆而去其冠也。」[63]讓人家學習又鼓吹聰明愚笨是天生的，就好比讓人包裡其髮又去掉人家的帽子一樣，同樣達不到目的。也就是說，鼓吹天命論是人為地為學習設置障礙，不利於調動人們學習的積極性。其次，他不同意儒家所主張的「來者不拒」的被動教育方針，而主張實行「強說人」的主動送教上門的教育方針。他說：「今夫世亂，求美女者眾。美女雖不出，人多求之。今求善者寡，不強說人，人莫之知也。」[64]意思是說，「好德不如好色」，你不主動宣傳正確的主張，無論國君和人民就都不了解。而且墨子主要教育農與工肆之人，因此並不擺架子，並不強調別人主動登門求教，而主張教師登門送教，用「強說人」的辦法積極傳播各種有用的知識，推廣教育。

在認識路線和學習方法上，墨子也提出了自己獨具特色的主張，這就是判斷是非的三表法。第一表，「本之於古者聖王之事」，即接受前人的歷史經驗；第二表，「原察百姓耳目之實」，即了解當前百姓的需要；第三表，「發以為刑政，

---

61 《墨子‧法儀》。
62 《墨子‧修身》。
63 《墨子‧公孟》。
64 同上。

觀其中國家百姓人民之利」[65]，即制定政策措施，看對國家和百姓是否有利。這三表法以人們的實踐經驗和現實需要作為真理的標準，根據前人的間接經驗，群眾的直接經驗以及實際效果來判斷是非，這是對唯心主義天命思想的批判，也是人們學習和掌握知識的正確途徑。

總之，墨子的私學的確不愧為與儒家相對立的顯學，無論從教育目的、教育內容、教學方法乃至教育物件方面，墨家都別具特色並提出了不少發人深省的教育理論。可惜這些教育理論在階級社會中很難實行，因此被壓制被淹沒了兩千多年。但對於掌握了政權的勞動人民來說，這卻是一份十分難得的文化遺產，研究中國古代的學校和書院，絕不能忽視墨子的教育思想和墨家的學校教育。

三、儒家思孟學派的教學活動

孔子死後，儒分為八，有子張之儒，子思之儒，顏氏之儒，孟氏之儒，漆雕氏之儒，仲良氏之儒，孫氏之儒，樂正氏之儒。儒家思孟學派是指曾參、子思、孟軻一派儒家，這是儒家中對後世影響最大的派別。曾參以提倡忠孝著稱，《孝經》是曾參一派的代表作。子思是孔子之孫，相傳是曾參的學生，《中庸》一書是子思一派所作。孟軻（西元前 371-前 289 年）是魯國孟孫氏的後裔，曾受業於子思的門人，是孔子死後儒家的著名代表，因此儒家學說又稱孔孟之道。

《史記·孟子荀卿列傳》記載說：「孟軻，鄒人也，受業子思之門人。道既通，游事齊宣王，宣王不能用。適梁，梁惠王不果所言，則見其迂遠而闊於事情。當是之時……天下方務於合縱連橫，以攻伐為賢，而孟軻乃述唐、虞、三代之德，是以所如者不合。退而與萬章之徒序《詩》、《書》，述仲尼之意，作《孟子》七篇。」

孟子幼年喪父，其母一心一意教子成才。為了受到良好的環境影響，孟母曾

---

65 《墨子·非命上》。

三次遷居：從墓地之側遷到市場之旁，又從市場之旁遷到學校之鄰，這就是著名的「孟母三遷」。

　　孟子將學習孔子作為自己的最高志向，他說：「乃所願，則學孔子也。」[66]他曾周遊列國，招徒講學，著書立說，其一生的經歷也與孔子大同小異。由於他生活於商鞅變法的前後，他的仁義道德說教與時代不合，被諸侯視為迂闊之說，無論是齊宣王還是魏惠王都沒有對他予以重用。孟子曾到齊國的稷下學宮講學，齊宣王給他以很高的禮遇，使他「位為上卿」，俸祿一萬鍾，每次出門，「後車」多乘，相當威風。但他所闡述的「唐、虞、三代之德」離現實太遠，因此在政治舞臺上孟子一直沒有站穩腳跟。到晚年時，他回到家鄉，專門著述並從事教育事業。

　　哲學上主張性善論，政治上主張王道和仁政，這是孟子學說的核心。正是在這一學說的指導下，孟子十分重視教育的作用。他認為，作為一個國家的統治者，要治理好國家，關鍵在於爭取民心，即爭取人民的擁護。而爭取民心，主要不應依靠政權的力量，而應借助於教化的作用，也就是政治、思想、倫理教育的作用。因此他明確指出：「善政不如善教之得民也。善政民畏之，善教民愛之；善政得民財，善教得民心。」[67]同時，他還認為，人之生，性本善。只是由於人們出生後受到不同的社會影響，才出現了好人與壞人、聖賢與小人之分。一個人只有經過教育、學習，才能克服外界的干擾，保持住自己的善性。他說：「人之有道也，飽食、煖衣，逸居而無教，則近於禽獸。」[68]一個人若只知道吃飯、穿衣、睡覺、玩樂就與禽獸沒有多大區別了。相反，一個人若能虛心接受教育、刻苦學習、不斷磨煉，則「皆可以為堯舜」[69]。因此孟子一生中都非常熱愛教育事業，他認為「君子有三樂」：「父子俱存，兄弟無故，一樂也；仰不愧於天，俯不怍於人，二樂也；得天下英才而教育之，三樂也。」[70]孟子弟子很多，只是跟

66　《孟子·公孫丑上》。
67　《孟子·盡心上》。
68　《孟子·滕文公上》。
69　《孟子·告子下》。
70　《孟子·盡心上》。

隨他遊學於齊國的就有「從者數百人」[71]。《孟子》一書就是他的弟子萬章之徒記述的孟子周遊列國和從事教學活動的言行錄，其中著名的弟子除萬章之外，還有公孫丑、樂正子、公都子、屋廬子以及孟仲子等人。他雖然不像孔子那樣「弟子三千，賢人七十」，但畢竟還是孔子死後儒家的第二位大師，因此後代儒生都稱孟子為亞聖。

思孟學派的教學內容與孔子的私學大體類似，但又具有自己鮮明的特點，其中最主要的是傳「五經」、法先王。孟子本人就是在儒家經典「五經」的薰陶下成長起來的，這就是趙岐所說的，孟子「長師孔子之孫子思，治儒術之道，通《五經》，尤長於《詩》、《書》」[72]。而當他收徒講學之後，也是師承儒家的教學傳統，繼續將「五經」作為教學的主要內容，這就是《史記》所說的「退而與萬章之徒序《詩》、《書》，述仲尼之意」[73]。據《孟子‧滕文公上》記載：「孟子道性善，言必稱堯舜。」他認為：「規矩，方圓之至也；聖人，人倫之至也。欲為君，盡君道，欲為臣，盡臣道，二者皆法堯舜而已矣。」[74]無規矩不成方圓，無聖人難明人倫。不論為君為臣，都應該學習先王之道，效法堯舜。他主張：「『不愆不忘，率由舊章』。遵先王之法而過者，未之有也。聖人既竭目力焉，繼之以規矩準繩，以為方圓平直，不可勝用也；既竭耳力焉，繼之以六律，正五音，不可勝用也；既竭心思焉，繼之以不忍人之政，而仁復天下矣。故曰：『為高必因丘陵，為下必因川澤。』為政不因先王之道，可謂智乎？」[75]由此可以看出，孟子所講的「法先王」，主要是強調後人要學習前人總結出來的知識和經驗，其中包括「規矩準繩」、「六律」、「五音」以及為政之道等。這在教育學上屬於「昨天的教育」，其核心是：過去的一切都是美好的，教育的作用就是把人類已有的知識經驗傳授給下一代，讓下一代像老一代那樣去學習、思考和生活。對這種主張應該一分為二，學習人類已有的知識和經驗應該說是正確的，人們的學習一般

---

71 《孟子‧滕文公下》。
72 趙岐：《孟子題辭》。
73 《史記‧孟子荀卿列傳》。
74 《孟子‧離婁上》。
75 《孟子‧離婁上》。

從此開始；但主張「不愆不忘，率由舊章」，一切都按老規矩辦事，不許學生超過前人，不許越雷池一步，這就是一種保守主義的教育了。這是思孟學派在教育內容方面的第一個特點。

　　倡仁政、行王道是思孟學派教給學生的主要政治理論，而明人倫、重道德則是思孟學派的主要倫理思想。孟子認為，「不以仁政，不能平治天下」[76]，而「仁者無敵」[77]，「以德行仁者王」[78]，實行仁政，則可以無敵於天下。他曾對魏惠王全面闡述過仁政的作用：「今王發政施仁，使天下仕者皆欲立於王之朝，耕者皆欲耕於王之野，商賈皆欲藏於王之市，行旅皆欲出於王之塗，天下之欲疾其君者，皆欲赴愬於王。其若是，孰能禦之？」[79]孟子所說的仁政，歸納起來有以下幾點：一是「夫仁政必自經界始」[80]，要恢復井田制，使「民有恆產」，每家農戶有百畝之田，五畝之宅。因為「有恆產者有恆心，無恆產者無恆心」[81]，使人民家家戶戶有一份固定的田產，這是孟子仁政的經濟基礎。二是要「分田制祿」[82]，即恢復世卿世祿和宗親分封制。三是「親親，仁也」，「未有仁而遺其親者也」[83]。在用人政策上，他既講尊賢，又講「親親」，主張在「親親」的圈子中用人。他說：「為政不難，不得罪於巨室」[84]，建議執政者不要侵犯有封邑的貴族們的利益。四是反對一切戰爭和改革，他公然提出「善戰者服上刑，連諸侯者次之，辟草萊、任土地者次之」[85]。五是「省刑罰，薄稅斂」[86]，努力做到「不違農時」，使「民不饑不寒」，「以不忍人之心，行不忍人之政」[87]。六是講仁義不講利。

---

76 同上。
77 《孟子‧梁惠王上》。
78 《孟子‧公孫丑上》。
79 《孟子‧梁惠王上》。
80 《孟子‧滕文公上》。
81 《孟子‧梁惠王上》。
82 《孟子‧滕文公上》。
83 《孟子‧梁惠王上》。
84 《孟子‧離婁上》。
85 同上。
86 《孟子‧梁惠王上》。
87 《孟子‧公孫丑上》。

孟子主張王道，反對霸道，即主張實行堯、舜、禹、湯、文、武、周公、孔子所提倡的所謂聖人之道。他指出，如欲平治天下，必須實行先王之道。孟子認為：「民為貴，社稷次之，君為輕。」[88] 又說：「諸侯之寶三：土地、人民、政事」，「得乎丘民而為天子」[89]。只有得到人民的擁護才能當天子。相反，國君如果暴虐其民，則會失去民心，輕者「身危國削」，重者身死國亡。他主張建立一種新型的君臣關係：「君之視臣如手足，則臣視君如腹心；君之視臣如犬馬，則臣視君如國人；君之視臣如土芥，則臣視君如寇仇。」[90] 他認為：「賊仁者謂之『賊』，賊義者謂之『殘』。殘賊之人謂之『一夫』。」[91] 對不行仁政的暴君可以流放，可以誅殺，周武王討伐商紂王，不是弒君，不過是誅一獨夫而已。孟子教育他的學生要「立天下之正位，行天下之大道」[92]。要為施仁政、行王道而努力奮鬥。

孟子認為，教育的一個重要目的是「明人倫」。他說：「夏曰校，殷曰序，周曰庠，學則三代共之，皆所以明人倫也。人倫明於上，小民親於下。」[93] 所謂「人倫」，指的是人與人之間的各種關係，其中主要是指人民內部的五種關係，即父子、君臣、夫婦、兄弟與朋友關係，習慣上稱為五倫。孟子指出：「父子有親，君臣有義，夫婦有別，長幼有序，朋友有信。」[94] 在處理這五種關係時，應該遵循五種道德準則，即仁、義、禮、智、信，這就是後世所謂的「五常」。而在五倫、五常中，孟子認為處理好父子、兄弟關係是處理好其他各種關係的基礎。處理父子關係主要講孝，處理兄弟關係主要講悌，因此孝悌又成為五倫、五常的核心。「壯者以暇日修其孝悌忠信，入以事其父兄，出以事其長上。」[95] 年輕人有意識地培養孝悌忠信的優良品質，不僅可以處理好父子、兄弟關係，而且可以處理好上下級關係。

---

88 《孟子・盡心下》。
89 同上。
90 《孟子・離婁下》。
91 《孟子・梁惠王下》。
92 《孟子・滕文公下》。
93 《孟子・滕文公上》。
94 同上。
95 《孟子・梁惠王上》。

從性善論出發，孟子認為教育的一個主要作用是幫助被教育者排除外界的干擾，保持自己的善性，並不斷發展自己的善性。因此，他為受教育者安排了一個重要的教育內容，即存心養性，反求諸己。他說：「惻隱之心，人皆有之；羞惡之心，人皆有之；恭敬之心，人皆有之；是非之心，人皆有之。惻隱之心，仁也；羞惡之心，義也；恭敬之心，禮也；是非之心，智也。仁義禮智，非由外鑠我也，我固有之也，弗思耳矣。故曰求則得，捨則失之。」[96]又說：「萬物皆備於我，反身而誠，樂莫大焉。」[97]由於每個人生下來就具備仁義禮智四種特性，人們只要不為外物所動，存好自己天生的善性，經過反省改正自己的缺點和毛病，就可以不斷提高自己的道德水準。這就是所謂「存心養性」。所謂「反求諸己」則是孟子設計的一種改正錯誤的手段。金無足赤，人無完人，每個人都有自己的缺點和不足。人才培養的過程實際上也是幫助他們克服缺點、錯誤，發揚優點、長處，不斷進步的過程。孟子認為，改正錯誤的主要方法是以聖人為師，「反求諸己」[98]。「愛人不親，反其仁；治人不治，反其智；禮人不答，反其敬。行有不得，皆反求諸己。」[99]你想愛人，人家卻不買你的帳，對你不親近，那就應檢查一下你是怎樣去愛的，是否用仁德去愛人；你去治理一個地方，但卻治理不好，那就應檢查一下你自己的智慧能力如何；你主觀上想以禮待人，結果人家卻不理睬你，你就應檢查一下你是否畢恭畢敬。凡是做一件事沒有達到預期效果的，都應該「反求諸己」，做自我反省。孟子還進一步論證說：「仁者如射，射者正己而後發，發而不中，不怨勝己者，反求諸己而已矣。」[100]仁者好比射箭的人，射者要擺正姿勢然後再射箭，如果沒有射中，不能埋怨比自己高明的人，而應從自己身上找原因。總之，孟子認為人的一切優良本性都存在於自身之中，只要閉門修養，排除一切外界的干擾，認真從自己主觀上去找原因，各種美德就會具備了。

---

96 《孟子・告子上》。
97 《孟子・盡心上》。
98 《孟子・離婁上》。
99 同上。
100 《孟子・公孫丑上》。

孟子的教學方法也有他的獨到之處，簡言之不外乎以下幾點：首先，他主張逆境成才，主張持志養氣，動心忍性。孟子認為，人們生活和成長的道路往往不會一帆風順，古往今來的不少聖人和賢人都是在逆境中成才的，於是他概括出了一條人才成長的特殊規律：「舜發於畎畝之中，傅說舉於版築之間，膠鬲舉於魚鹽之中，管夷吾舉於士，孫叔敖舉於海，百里奚舉於市。故天將降大任於斯人也，必先苦其心志，勞其筋骨，餓其體膚，空乏其身，行拂亂其所為，所以動心忍性，曾益其所不能。人恆過，然後能改；困於心，衡於慮，而後作；徵於色，發於聲，而後喻。入則無法家拂士，出則無敵國外患者，國恆亡。然後知生於憂患而死於安樂也。」[101]人在逆境中，身體、思想、能力將會受到全面的鍛煉考驗，增益許多原來沒有的本領；可以認真總結自己的弱點、缺點和錯誤，有機會進行反思，將失敗的教訓變為成功的借鑒；還可以加深對社會、人生的認識和思考，這樣才能擔負起歷史重任。而為了能夠經受住逆境的考驗，孟子主張要持志養氣。孟子認為，能否樹立高尚的志向，是一個人能否成才的關鍵。一個人樹立了高尚的志向，還必須堅持這種志向，這就叫作「持志」；而能否「持志」又與一個人的思想、意氣、感情包括興趣、愛好有著密切的關係。那些有利於「持志」的興趣、愛好、思想、意氣、感情需要在平時就注意積累、培養，這就叫作「養氣」；那些不利於「持志」的興趣、愛好，思想、意氣、感情則要注意加以排除，這就叫作「持其志，無暴其氣」[102]，即堅持正確的志向，切不可只憑意氣、感情用事。後來，孟子進一步提出了一個命題：「善養吾浩然之氣。」[103]他的這些教育思想對後世都起過積極作用。

其次，孟子十分強調學習要專心致志，不能三心二意，心不在焉。他曾講過這樣一個故事：全國的下棋能手弈秋同時教兩個人下棋，其中一人專心致志，聚精會神地聽講，目不斜視，思想不開小差；另一個人裝作認真聽講，但一心卻想著大雁快飛來了，時刻準備拿弓箭去射大雁。雖然兩人一起學習，但後者卻比不

---

101 《孟子·告子下》。
102 《孟子·公孫丑上》。
103 同上。

上前者。[104]下棋本是一種平常的技藝，不專心致志，也不能學好，更何況學習其他更高深的知識了。

孟子認為，學習不僅要專心，而且要有恆心，要持之以恆，既不能一曝十寒，也不能有頭無尾。他說：「雖有天下易生之物也，一日曝之，十日寒之，未有能生者也。」[105]一曝十寒的天氣任何植物也無法生長，用這種態度去對待學習，自然也不會學到多少東西。他還說，路是由人走出來的，一經間斷，路上就會長出茅草，使道路阻塞不通；人的心如果間斷不用，也會長出茅草的。[106]心上長草，毛毛躁躁，這樣的人怎麼能取得優良的學習成績呢？孟子還教育人們無論做什麼事都要有頭有尾，不要功虧一簣：「有為者，辟若掘井，掘井九軔而不及泉，猶為棄井也。」[107]一軔等於八市尺，掘井九軔即七點二丈，二十四米，這已經很深了，再努一把力就見到泉水了，如果這時卻不能堅持了，結果還等於沒有掘井，使整個勞動都變成了無用功。在學習上，在事業上，往往也會出現這種情況：勝利在望的時候，往往也是最艱苦的時候，這就是人們常說的黎明前的黑暗，能否再堅持一下將決定自己的成功或失敗。

第三，孟子像孔子一樣，也主張因材施教。他說：「君子之所以教者五：有如時雨化之者，有成德者，有達財（同材）者，有答問者，有私淑艾者。此五者，君子之所以教也。」[108]學生的素質不同，教育內容和教學方法也應有所區別。對於那些聰明好學的學生，只要像時雨對草木那樣，稍一點化他們就能迅速成長；對於那些品德優良、才能不足的學生，則應側重於培養他們的人倫道德，促使他們成德；而對於德行不足、才能有餘的人，則應努力使他們發揮自己的專長，成為某一方面的人才；另外有些學生在德、才方面都比較欠缺，對他們採取有問必答的態度就可以了；有些人經過努力還不及格，那就只好讓他們間接地接受教育了。

---

104 《孟子・告子上》。
105 同上。
106 《孟子・盡心下》。
107 《孟子・盡心上》。
108 《孟子・盡心上》。

第四，孟子主張學習要像流水一樣「盈科而後進」[109]。流水源源不斷，它總是注滿一個坑窪後再注滿另一個坑窪，「不盈科不行」，沒有注滿前一個坑窪時絕不會往下流。這與孔子主張的循序漸進含義相同。比孔子前進一步的是，孟子特別反對學習上的急於求成，他尖銳地指出：「其進銳者，其退速。」[110]前進太快的人，退步也會很快，因為他們基礎不扎實。他還寫了一個「揠苗助長」的寓言，告誡人們注意遵循教學規律，不要用揠苗助長的辦法去培養人才，因為那樣「非徒無益，而又害之」[111]。

第五，孟子還提出了「由博反約」和「存疑」的學習方法。他說：「博學而詳說之，將以反說約也。」[112]廣泛地學習知識又能詳細地解釋它，進而達到能在博學的基礎上提煉精華要點，這樣才能真正做到融會貫通，真正掌握知識的精髓。孟子還說：「盡信《書》，則不如無書。」[113]他主張對書本上的某些知識要進行推敲，對於那些明顯不合情理的記載不應該完全相信，而應該多方考證，進一步研究。

四、荀子的教學活動

荀子（約西元前 313-前 238 年），名況，戰國末期趙國人，又稱荀卿或孫卿，儒家八派中的孫氏之儒就是指荀子這一派。他向孔子的再傳弟子子弓學習過，後來遊學於齊，在稷下學宮「三為祭酒」，成為當時的學術領袖。「處列大夫康莊之位，而皆為其所尊。」田駢等人死後，「荀卿最為老師」[114]，在齊國荀子成為一位最受人尊崇的老師和學者。他曾西行入秦，進行訪問，並會見了秦昭王和秦相範雎。他支持自己的學生李斯出仕秦國，以為秦國民風樸實，法令嚴

---

109 《孟子・離婁下》。
110 《孟子・盡心上》。
111 《孟子・公孫丑上》。
112 《孟子・盡心上》。
113 同上。
114 《史記・孟子荀卿列傳》。

明，政府工作效率高，最有希望統一全國。但同時又指出秦國恃武力、輕德教，不注意爭取民心，難以久安。後赴楚國，春申君任命他為蘭陵（今山東蒼山蘭陵鎮）令。春申君去世後，他終老蘭陵，著書立說，收徒講學。他的學生除李斯、韓非外，見於記載的還有浮邱伯、毛亨、張蒼等人。「荀卿嫉濁世之政，亡國亂君相屬，不遂大道而營於巫祝，信禨祥，鄙儒小拘，如莊周等又滑稽亂俗，於是推儒、墨、道德之行事興壞，序列著數萬言而卒。」[115]現存《荀子》一書大部分出自荀子本人的手筆。他推儒、墨，兼名法，繼承並發展了孔子思想中的唯物主義因素，兼採先秦諸子百家之長，成為先秦時期最大的唯物主義思想家和教育家，是戰國末期與孟子齊名的一位儒家大師。

荀子反對孟子的性善論，主張性惡論。他認為，「人之性惡，其善者偽（人為）也」[116]。人生下來就目好色，耳好聲，口好味，心好利，只關心自己的利益，本性都是壞的。有些人之所以能從性惡變成性善，全靠後天的教育、學習和不斷實踐。因此荀子十分重視教育和學習的作用，他認為人們不學習就無法改變先天的惡性。「為之，人也；捨之，禽獸也。」[117]同時他又進一步指出：「我欲賤而貴，愚而智，貧而富，可乎？曰：其唯學乎！」[118]學習與否不僅決定了一個人是做人還是當禽獸，而且關係到一個人的貴賤貧富和聰明愚蠢。

荀子注意到環境對人的成長起著重大作用，他甚至認為生活環境、社會教育能決定一個人的好壞和優劣。他說：「干越夷貉之子，生而同聲，長而異俗，教使之然也。」[119]又說：「蓬生麻中，不扶而直；白沙在涅，與之俱黑。蘭槐之根是為芷，其漸之滫，君子不近，庶人不服。其質非不美也，所漸者然也。」[120]蓬草長在地上，會在地上爬；長在麻中，則會不扶而直；白沙混在黑水裡，自己也染黑了。蘭槐的根白芷本是一種香草，若把它浸在汙臭的水中，君子就不去接近

---

115 同上。
116 《荀子‧性惡》。
117 《荀子‧勸學》。
118 《荀子‧儒效》。
119 《荀子‧勸學》。
120 同上。

它，普通人也不會佩戴它，誰也就不喜歡了。這就是「近朱者赤，近墨者黑」的理論，認為環境對人的成長起決定作用。於是荀子主張：「故君子居必擇鄉，遊必就士，所以防邪僻而近中正也。」[121]又說：「取友善人，不可不慎，是德之基也。」[122]

另外，荀子認為知識在於積累，棄惡從善也貴在堅持。一個人如果能以聖者王者為師，不斷努力，日積月累，不僅可以學到許多知識，而且可以改掉天生的惡性，形成某一方面的善性。在《勸學》篇中，荀子提出了一個著名的論斷：「積土成山，風雨興焉；積水成淵，蛟龍生焉；積善成德，而神明自得，聖心備焉。故不積跬步，無以至千里；不積小流，無以成江海。騏驥一躍，不能十步；駑馬十駕，功在不捨。鍥而捨之，朽木不折；鍥而不捨，金石可鏤。」聚沙成塔，集腋成裘，積少成多，世上的事物都有一個從量變到質變的過程，量的增加就需要積累。學習和修養都是如此，「慎終如始」，積累不斷，總有一天會達到爐火純青的地步。到那時就可以乘風雨、騰青雲，「神明自得」，進入自由境界了。荀子指出，聖人正是「人之所積」，是人們不斷努力，日積月累的結果。他說：「性也者，吾所不能也，然而可化也；積也者，非吾所有也，然而可為也。注錯習俗，所以化性也；並一而不二，所以成積也。習俗移志，安久移質。並一而不二，則通於神明，參於天地矣。」[123]荀子認為，人的本性不是人為地形成的，但是可以改變它；積習，不是生來固有的，但是可以通過學習、實踐而得到它。實行一種良好的風俗習慣，目的是為了改變人的本性。如果能夠專心致志，不三心二意，則可以逐步養成良好的習慣。風俗習慣能夠改變人的思想，長久地受良好的風俗習慣的影響也可以改變人的素質，甚至可以收到「通於神明，參於天地」的效果，達到最高的智慧，可以和天地的作用相輔相成。正是從這一理論出發，荀子認為：「塗之人百姓，積善而全盡謂之聖人。彼求之而後得，為之而後成，積之而後高，盡之而後聖；故聖人也者，人之所積也。人積耨耕而為農夫，積斲削而為工匠，積反（販）貨而為商賈，積禮義而為君子。……居楚而

---

121 《荀子·勸學》。
122 《荀子·大略》。
123 《荀子·儒效》。

楚，居越而越，居夏而夏；是非天性也，積靡使然也。」[124]荀子強調教育可以改變人的本性，可以使人們掌握一方面的技術成為農夫、工匠、商賈，也可以使人們具備崇高的道德品質，成為君子乃至聖人。他這種思想在教育史上占有崇高的地位。

荀子十分重視文化知識的學習與傳授，他教育學生的主要內容還是古代的典籍，尤其是儒家的經典。在《勸學》篇中，荀子全面分析了學習儒家五經的重大作用：「故《書》者，政事之紀也；《詩》者，中聲之所止也；《禮》者，法之大分，類之綱紀也，故學至乎《禮》而止矣。夫是之謂道德之極。《禮》之敬文也，《樂》之中和也，《詩》、《書》之博也，《春秋》之微也，在天地之間者畢矣。」他指出，《尚書》是記載政事的，《詩經》將符合樂章標準的詩歌都收集起來了，《禮經》講的是制定各種法律制度的總綱，是以法類推的各種條例的綱要，因此人們學習知識只有學會了《禮經》才算完成了學業。這才叫作具備了最高的道德標準。總而言之，《禮經》所規定的敬重禮節儀式的準則，《樂》所培養的和諧一致的感情，《詩》、《書》所記載的廣博的知識，《春秋》所包含的微妙的道理，儒家五經將天地間的事情完全包括了。因此，作為一個學生，必須「始乎誦經，終乎讀禮」[125]，必須認真學習儒家的經典。

事實上，荀子正是戰國後期儒家的傳經大師。據某些學者考證，荀子的門人「著書遍天下」，秦漢儒生所傳的《詩》、《禮》、《樂》、《易》、《春秋》多出於荀子及其門人之手。[126]比如：《詩經》到漢代有三家傳本，即浮邱伯的《魯詩》，毛亨的《毛詩》，韓嬰的《韓詩》。浮邱伯、毛亨都是荀子的門人，韓嬰與荀子也有間接的師承關係。《春秋》三傳，其中兩家均經荀子傳授，他曾以《穀梁傳》傳授浮邱伯，以《左傳》傳授張蒼。另外《禮記》、《易經》的傳授也與荀子有關。荀子是整理與傳播儒家經典的功臣，這正說明他收徒講學時是以儒家經典為基本教材的。

---

124 同上。
125 《荀子·勸學》。
126 皮錫瑞：《經學歷史》，北京，中華書局，1959。

結合一生的教學實踐，荀子寫作了《勸學》、《修身》、《儒效》、《性惡》等重要篇章，總結出了一系列教學規律和學習方法。首先，他主張學而不厭、學無止境。他說：「學問不厭，好士不倦，是天府也。」[127]搞學問不產生厭倦情緒，見賢思齊，好士不倦，這就是知識的天府，自然會收穫很多，成就很大。在《勸學》篇中，他開宗明義提出了一個著名的論點：「學不可以已。」學習不能中止，不能半途而廢。然後又說：「學至乎沒而後止也。」知識本身是沒有止境的，對每個人來說生命結束之時才是他終止學習之日，這就是人們通常說的活到老、學到老。

　　其次，荀子主張好學多思、勤學好問，還主張努力付諸實踐，即主張學、思、行要有機地結合起來。他指出，一個人首先要勤學好問：「人之於文學也，猶玉之於琢磨也。《詩》曰：『如切如磋，如琢如磨。』謂學問也。」[128]又說：「吾嘗終日而思矣，不如須臾之所學也。」[129]但學習還應該付諸行動，「君子之學也，入乎耳，箸（貯）乎心，布乎四體，形乎動靜」[130]。看到聽到的東西要經過思考消化，又要用來指導自己的行動，這樣才能成為君子，也就是成為一個人才。在《儒效》篇中，荀子系統分析了學習、思考與實踐的完整的過程，提出了中國古代有關知行關係的正確論斷，他說：「不聞不若聞之，聞之不若見之，見之不若知之，知之不若行之，學至於行之而止矣。行之明也，明之為聖人。聖人也者，本仁義，當是非，齊言行，不失毫釐，無它道焉，已乎行之矣。故聞之而不見，雖博必謬；見之而不知，雖識必妄；知之而不行，雖敦必困。不聞不見，則雖當，非仁也，其道百舉而百陷也。」[131]

　　再次，荀子也像孟子一樣，十分強調學習的專一和有恆，特別批評了那些興趣廣泛、見異思遷的人，他說：「天下無二道，君子無兩心。」[132]天下正道只有

---

127 《荀子·大略》。
128 同上。
129 《荀子·勸學》。
130 同上。
131 《荀子·儒效》。
132 《荀子·解蔽》。

一個，聖人對道不能三心二意。又說：「君子結於一也」，「不以夫一害此一，謂之一。」[133] 不用這個一去妨礙那個一，才叫專一。意思是說，一個人在同一時間內，只能把注意力集中於一件事情，不要三心二意，受其他事情干擾。在《勸學》篇中，他舉了一個生動的例子：「蟪（蚓）無爪牙之利，筋骨之強，上食埃土，下飲黃泉，用心一也；蟹六跪而二螯，非蛇鱔之穴無可寄託者，用心躁也。……目不能兩視而明，耳不能兩聽而聰，螣蛇無足而飛，鼫鼠五技而窮。」蚯蚓沒有銳利的爪牙、強健的筋骨，但由於用心專一，因此能上食埃土，下飲黃泉；螃蟹有六條腿，兩個大鉗子，但除了蛇鱔的洞穴之外就無處安身，就是因為它們用心太躁。人的眼睛不能同時看清兩樣東西，耳朵不能同時聽清兩種聲音，螣蛇雖然無足但卻會飛，鼫鼠雖有五技，但能飛不能上屋，能緣不能窮木，能泅不能渡瀆，能走不能絕人，能藏不能覆身，貪多求全，沒有一樣技術是精通的。貪求五技不如精通一技，用心不一，就會導致「五技而窮」，這就是人們常說的貪多嚼不爛、一心不可二用。搞學問的人不能像螃蟹那樣橫行霸道，只想竊據別人的成果；也不應像鼫鼠那樣，什麼都會一點兒，什麼也不精通。而應學習一點蚯蚓的鑽研精神，專心如一，不斷努力，這樣才能融會貫通，收到「上食埃土，下飲黃泉」的效果。因此荀子說：「今使塗之人伏術為學，專心一志，思索孰察，加日縣（懸）久，積善而不息，則通於神明，參於天地矣。」只要專心一志，不斷奮鬥，每個人都有希望「通於神明，參於天地」，即弄通一種學問，成為一個方面的專家學者，成為有造詣、有成就的人才。

最後，荀子十分重視教師的作用，主張一個國家、一個學生必須貴師而重傅。他認為師是禮的化身，其主要職責是正禮。「禮者所以正身也，師者所以正禮也。」[134] 沒有老師就不可能弄通艱深難懂的《禮》、《樂》、《詩》、《書》、《春秋》等古代的經典，就不能掌握君子之道，成為對國家有用的人。[135] 這是從政治人才的成長方面強調師的作用。同時，他又指出：「人無師無法，而知則必為盜，勇則必為賊，云能則必為亂，察則必為怪，辯則必為誕。人有師有法，而知則速

---

133 同上。
134 《荀子·修身》。
135 《荀子·大略》。

通，勇則速威，云能則速成，察則速盡，辯則速論。故有師法者，人之大寶也；無師法者，人之大殃也。」[136] 從正反兩個方面說明了師對人才成長的重大影響，有老師、有效法的榜樣就可以使人很快具備知、勇、能、察、辯等各種美德和才能，沒有老師、沒有效法的榜樣則會適得其反，成為盜、賊、亂、怪、誕等不堪造就的人。因此，有師對一個人來說是最可寶貴的，無師則是最大的禍殃。另外，他還從治理國家的角度突出了師的重大作用：「天地者生之本也，先祖者類之本也，君師者治之本也。」[137] 沒有天地就沒有人類，沒有先祖就沒有自己，沒有君師就無法治理天下，從而把天、地、君、親、師提到了同樣崇高的地位。正是從這一思想出發，荀子強調一個國家必須尊重教師，提高教師的社會地位：「國將興，必貴師而重傅」，「國將衰，必賤師而輕傅」[138]。對老師是否尊重，關係到一個國家的盛衰興亡，因為師是為治之本，是禮的化身。他還明確要求樹立老師的絕對權威，將老師與弟子的關係視為君臣關係：「言而不稱師，謂之畔（叛）；教而不稱師，謂之倍（背）。倍畔之人，明君不內（納），朝士大夫遇諸塗（途）不與言。」這是戰國後期君主專制主義思想在師生關係上的反映。將師生關係絕對化，這並不利於調動學生學習的主動性和積極性。但荀子強調尊師重道的基本思想還是應該予以肯定的。

五、《大學》、《學記》對古代學校教育的論述

　　《大學》本是《禮記》中的一篇，可能作於戰國時期，寫定於秦統一全國以後不久。作者不詳，《漢書·藝文志》認為是「七十子後學者所記也」，即與孔子的後學弟子有關。《大學》的思想一般認為屬於思孟學派，但其中也有荀子一派的主張，可以說是戰國至西漢初年儒家教育思想的總結之一。北宋的程顥、程頤曾將《大學》的章次作了些變動，後來朱熹作《大學章句》，又根據二程所

---

136 《荀子·儒效》。
137 《荀子·禮論》。
138 《荀子·大略》。

定，另行編定次序。從此，《大學》便從《禮記》中分立出來，單獨成書，成為四書[139]之一，宋朝以後成為封建教育的基本教材。

《大學》是儒家論大學教育的文章，它提出了進行大學教育的完整體系，規定了大學教育的總目標、基本原則和教育程式，習慣上稱為三綱八目。

《大學》篇開宗明義就提出了封建社會進行大學教育的三個綱領：「大學之道，在明明德，在親（新）民，在止於至善。」作者認為，人出生時本來具有高尚的「明德」，入世以後，「明德」被掩蓋，需要經過大學教育，重新發揚明德，革新民心，達到道德完善的境地。這是大學教育的主要任務和基本目的。為了完成這一總任務，《大學》列出了進行具體教育的程式和步驟，即所謂八條目：格物、致知、誠意、正心、修身、齊家、治國、平天下。作者指出，這八個條目環環相扣，緊密關聯：「古之欲明明德於天下者，先治其國；欲治其國者，先齊其家；欲齊其家者，先修其身；欲修其身者，先正其心；欲正其心者，先誠其意；欲誠其意者，先致其知；致知在格物。物格而後知至，知至而後意誠，意誠而後心正，心正而後身修，身修而後家齊，家齊而後國治，國治而後天下平。」「格物」是大學學習的起點，何謂「格物」？《大學》篇本身未作詳盡解釋，後世儒家也眾說紛紜。孔穎達在《禮記正義‧大學》中指出：「致知在格物者，言若能學習，招致所知。」在這裡，格物指的是學習儒家經典，包括五經、六藝之類。只有經過這樣的學習，才能獲得知識，這就叫作格物、致知。

所謂「誠意、正心」，主要是指學習者對所學知識的領會過程，是實踐行為發生之前的心理活動。「誠意」是說人的意念、動機要純正，「君子必慎其獨也」，「毋自欺也」[140]。要準確地體會與把握所學知識。「正心」則是指要努力排除七情六欲的干擾，擺脫各種情緒對自己的影響，始終保持認識的不偏不倚。以上四目都是屬於「學」的階段，自「修身」起則進入「用」的過程。

《大學》篇認為：「自天子以至於庶人，壹是皆以修身為本。」這就是說，

139 四書：指《大學》、《中庸》、《論語》、《孟子》。
140 《大學》。

在八條目中，「修身」是根本，前四目「格物、致知、誠意、正心」不過是「修身」的方法，而後三目「齊家、治國、平天下」則是「修身」的目的。

孟子在講到儒生的生活目的時曾經說過一句著名的話：「窮則獨善其身，達則兼善天下。」[141]這句話包含了《大學》篇的後四個條目：「修身、齊家、治國、平天下。」孟子認為，作為一個儒生在「不得志」之時，應該「修身見於世」；在「得志」之後，則應該「澤加於民」[142]，即應該為治國、平天下盡忠效力。

《大學》提出的「修身」的標準是什麼呢？這就是《大學》的三綱：「在明明德，在親（新）民，在止於至善。」何謂「止於至善」？即「為人君，止於仁；為人臣，止於敬；為人子，止於孝；為人父，止於慈；與國人交，止於信。」[143]這是儒家大學教育的最高目的，也是儒生自我修養的最高目標。作者認為，一個人經過格物、致知、誠意、正心等幾個步驟長期的學習、思考，再經過由內及外、由己及人、由此及彼的修身養性，就可以排除忿懥（音至）、恐懼、好樂和憂患的干擾，逐步達到「止於至善」的境地，逐步成為一個符合最高的封建道德的完人。

「身修而後家齊，家齊而後國治，國治而後天下平。」[144]一個人只有修養好自己的品德，才有條件、有能力治理好一個家族，「此謂身不修不可以修其家」[145]。要齊家就必須實行孝、悌、慈。孝是協調下輩對上輩的關係；悌是協調同輩之間長與幼的關係；慈是協調上輩對下輩的關係。作者認為，這種孝、悌、慈的原則同樣適用於協調國家中君與臣，臣與臣，君、臣與民的關係。「孝者，所以事君也。悌者，所以事長也。慈者，所以使眾也。」[146]一個儒生當有機會去治國時，則應該將齊家的原則運用到治國的實踐中去。

---

141 《孟子‧盡心上》。
142 同上。
143 《大學》。
144 同上。
145 同上。
146 同上。

「國治而後天下平。」一個儒生一旦有機會處於「平天下」的地位時，則應該遵循儒家的忠恕之道，公平合理地對待一切人和事。尊重老者，敬愛長輩，撫恤孤兒。既要能愛人，不要能惡人，「民之所好，好之；民之所惡，惡之」[147]。要努力成為民之父母。要「慎乎德」，要「仁親以為寶」，要「以義為利」[148]，首先考慮人民的得失，不能與民爭利。

自從《大學》篇概括出封建社會大學教育的總目標、基本原則和教育程式之後，兩千多年來，中國封建社會的大學教育基本上都是遵循這一原則進行的。另外，這一原則不僅影響了大學教育，而且影響了整個知識分子階層。可以說中國封建社會的知識份子大都自覺或不自覺地以「修身、齊家、治國、平天下」作為自己的生活志向和奮鬥目標，按照封建統治階級「修己治人」的原則去修身、去成長、去奮鬥。應該承認，《大學》篇提出的教育原則對中國古代知識份子的治學成才發生了十分重大的作用。

《學記》也是《禮記》中的一篇，它是中國古代專門論述教育、教學問題的論文，可以看作是《大學》的姊妹篇。《學記》的作者一般觀點也認為是屬於思孟學派，有人甚至說是孟子的學生樂正克。《學記》對教育的作用與目的，教育制度與學校管理，教學原則與方法，乃至教師的作用與地位等進行了精闢論述。

《學記》綜合了春秋戰國時儒家的思想，開宗明義首先強調了教育的極端重要性，它指出：政策法令、獎勵懲罰乃至禮賢下士等雖然是治理國家的重要手段，但它們有的「不足以動眾」，有的雖然「足以動眾」，但卻「未足以化民」。「君子如欲化民成俗，其必由學。」隨後又進一步論證說：「玉不琢，不成器；人不學，不知道。是故古之王者，建國君民，教學為先。」作者認為，教育與學習不僅對一個人成才而且對鞏固國家的統治和精神文明建設都是至關重要的。

隨後，《學記》又高度概括了古代的教育制度與學校管理：「古之教者，家有塾，黨有庠，術（遂）有序，國有學。」這種論述雖然不盡符合古代的教育情

---

147 同上。
148 同上。

況，是一種理想化的說法，但它對後世的學校建制卻產生了深遠的影響。

《學記》規定，當時大學的學制為九年。前七年謂之「小成」，後兩年謂之「大成」。學校採取隔年考查的制度，「一年視離經辨志，三年視敬業樂群，五年視博習親師，七年視論學取友」。第一年考查閱讀經典、分析章句的能力以及是否確立了正確的志向；第三年考查學習是否專心致志，與同學能否友好相處；第五年考查學識是否廣博，對老師是否尊敬；第七年考查學術上是否有獨到見解，選擇朋友的標準是否正確。考查合格就叫作「小成」。「九年知類通達，強立而不反」，第九年考查知識上能否融會貫通，政治方向能否堅定正確。考查合格叫作「大成」，即可以算作大學畢業：「夫然後定以化民易俗，近者說（悅）服，而遠者懷之，此大學之道也。」

難能可貴的是，《學記》還用較大的篇幅論述了教育教學的原則和教學方法，它指出：「大學之法，禁於未發之謂豫，當其可之謂時，不陵節而施之謂孫，相觀而善之謂摩。此四者，教之所由興也。」這就是我們平常所說的預防性原則、及時施教原則、循序漸進原則及學習觀摩原則等。《學記》還從反面論述了違背以上原則的害處：「發然後禁，則扞格而不勝；時過然後學，則勤苦而難成；雜施而不孫，則壞亂而不修；獨學而無友，則孤陋而寡聞。」

同時，《學記》還指出，學生學習有四種缺點需要引起老師的重視，老師的責任則是幫助他們發揚優點，克服缺點，這就是著名的「長善救失原則」：「學者有四失，教者必知之。人之學也，或失則多，或失則寡，或失則易，或失則止。此四者，心之莫同也。知其心，然後能救其失也。教也者，長善而救其失者也。」學生學習時，有的貪多嚼不爛，有的知識面太窄，有的不重視學習、視同兒戲，有的又被困難嚇倒、畏懼不前。學生心理素質不同，缺點也各不相同。但缺點中包含著長處，「多者便於博，寡者易於專，易者勇於行，止者安其序」[149]。教師的責任則是引導學生「長善救失」，這樣才能進一步提高教學品質。

---

149 王夫之：《禮記章句・大學》。

在教學方法上，《學記》主張要實行啟發式教學，它說：「故君子之教，喻也。道（導）而弗牽，強而弗抑，開而弗達。」既要注意引導學生，但又不要牽著學生的鼻子走；要注意督促鼓勵，不要壓制打擊、強人所難；要注意打開學生的思路，但卻不要急於告訴學生現成的答案。「善歌者，使人繼其聲；善教者，使人繼其志。」在具體講解時，它要求老師努力做到：「其言也約而達，微而藏，罕譬而喻。」即語言簡約明瞭，道理微妙深刻，例子很精當，意思卻明白易懂。

最後，《學記》繼承了荀子的思想，主張要十分重視教師的作用，要尊師重道，實行師道尊嚴。作者認為，教師是學問淵博、能明辨是非美惡、了解知識的難易深淺、能啟發誘導別人的人，「能為師，然後能為長；能為長，然後能為君。故師也者，所以學為君也。」孔子把學而優則仕當作培養人才的目標，他的後代弟子們也把為長為君當作人生最大的榮耀，這無疑是打上了儒家烙印的教育思想。但在原始社會，為人師表的人確實也是各級首領，他們是一身而二任焉。儒家認為，師不僅有資格做官，而且有資格當國君，只有尊師好學的人，才能成為各級統治者，這主要是強調一切政治人才都要受教育，接受教育就要重視師的作用，因為他們正是帝王之師。

在如何處理師生關係的問題上，《學記》提出了兩個重要原則，一是「教學相長」，二是「師道尊嚴」。它說：「學然後知不足，教然後知困。知不足，然後能自反也；知困，然後能自強也。故曰：教學相長也。」這個原則符合客觀實際，在中國教育史上發揮了積極作用。但第二個原則則值得推敲，它說：「凡學之道，嚴師為難。師嚴然後道尊，道尊然後民知敬學。」我們常說：「嚴師出高徒。」老師嚴格要求學生，學生尊敬自己的老師，這都是無可非議的。但將師生關係說成是父子關係、君臣關係，要求學生俯首貼耳地服從教師的指揮，這種「師道尊嚴」的思想卻是不值得提倡的。

第四節·
齊國的稷下學宮
和法家的教育主張

　　戰國時期，「諸侯並爭，厚招遊學」[150]，各國國君及貴族權臣不惜花費大量錢財養士，禮賢下士成為一種社會風氣。所謂禮賢下士，就是依靠有政治、經濟、軍事才能的知識分子來治理國家，破除官吏的終身制和世襲制。魏文侯、齊威王、齊宣王、燕昭王等人的變法圖強，都得力於士人的支持。而秦國自穆公起即注意求賢養士，後來竟出現了一股人才西流的趨勢，它對秦國的強盛發生了重大作用。在戰國的貴族權臣中則出現了四君子和呂不韋的食客集團，據史籍記載，當時齊國孟嘗君田文、楚國春申君黃歇、趙國平原君趙勝、魏國信陵君魏無忌以及秦國文信侯呂不韋等都有「食客三千」[151]，盛極一時。這種養士之風，一方面促進了私學的發展、學術的繁榮；另一方面對官辦學校的發展也有重大影響。齊國的稷下學宮就是這種養士之風的產物，作為當時一所由官家出錢操辦、私家出面主持的最高學府，它的存在和發展在中國教育史上具有特殊的意義。

---

150 《史記·秦始皇本紀》。
151 同上。

一、稷下學宮的創建與發展

　　所謂「稷下」，是指齊國都城臨淄（今山東淄博市）西南門稷門之下。田氏代齊之後，為了進一步對內改革、對外爭霸，齊國統治者繼續採用禮賢下士的方式爭取各國的人才。據東漢徐幹所說，從桓公田午起，就開始在稷門外蓋房立館，「立稷下之官（宮），設大夫之長，招致賢人而尊寵之」[152]。到齊威王時，經過鄒忌變法，孫臏、田忌連敗魏軍，「齊國大治」[153]，當時齊、魏並霸，齊國成為東方強國。齊威王不愛珠寶愛人才，稷下學宮初步興盛。威王死後，齊宣王繼位。齊宣王也很有作為，他的特點是「好士」，即重視知識分子，喜歡文學遊說之士。他繼承了齊桓公和齊威王的傳統，從各國招納了許多學者，「自如鄒衍、淳于髡、田駢、接子、慎到、環淵之徒七十六人，皆賜列第，為上大夫，不治而議論。是以齊稷下學士復盛，且數百千人。」[154]到齊湣王時，齊國被燕趙韓魏秦五國聯軍打敗，首都臨淄陷落，稷下學宮也遭到破壞。直到齊襄王上臺後，稷下學宮才得以恢復。正是在這時，荀子來到稷下學宮，三為祭酒，最為先生，成為稷下學宮的學術領袖。襄王死，齊王田建繼位，他在政治上採取無所作為的保守主義政策，在文化事業上也沒有多大建樹，稷下學宮雖存，但社會影響卻大不如前了。齊國稷下學宮前後共存在一百五十餘年，這在中國教育史上無疑是一件大事。

二、稷下學宮的特點和學術地位

　　與當時諸子百家的私學相比，稷下學宮是一所特殊的學校。一方面，它繼承了夏、商、周官辦學校的傳統，由國家出錢建立學堂，從這種意義上說，它是一所官辦學校。因此劉向曾記載說：「齊有稷門，齊之城西門也。外有學堂，即齊宣王所立學宮也。」[155]另一方面，它又深受戰國時期禮賢下士的影響，尊重士人

---

152 《中論・亡國》。
153 《史記・田敬仲完世家》。
154 《史記・田敬仲完世家》。
155 劉向：《別錄》。

的學術自由，並聘請各諸侯國著名的學者主持學宮的工作。因此慎到、田駢、環淵、鄒衍乃至孟子、荀子等都曾受到學宮的尊寵。從這種意義上說，稷下學宮則是一所由私人主持的學校。

正因為稷下學宮是齊國由國家出錢開辦的一所最高學府，因此學宮的規模相當可觀。它不僅建有高門大屋，而且建有康莊之衢、寬廣的大道。著名的學者都享有優厚的待遇，「皆賜列第為上大夫」，乃至被尊為卿，可以食祿萬鍾。各派學者雲集，弟子成千上萬。其校舍之幽雅、待遇之豐厚、師生之眾多遠遠超過了孔、墨的顯學，更不用說其他小的學派了。

從另一方面看，正因為稷下學宮是由私人主持的一所學校，因此它又具有相容並包、來去自由的特點。對於各派學者，齊國統治者都是採取來者不拒的態度，因此曾先後到稷下學宮講學的不僅有道家、法家、名家、陰陽家，也有儒家、墨家乃至農家。有的學者曾說，稷下學宮是戰國百家爭鳴的中心與縮影，這一說法並不過分。

齊宣王時，孟子到齊國後位為上卿，每次出門，後車多乘，從者數百人，相當威風。《孟子》一書中就有許多孟子與齊宣王的對話，儘管他那一套仁政的方案並不合齊宣王的口味，但齊宣王對他還是十分尊重，對其中一些意見也是擇其善者而從之。

齊襄王時，荀子又來到稷下學宮。他的思想主張與孟子針鋒相對，他對其他學派的批判也毫不客氣。但稷下學宮仍然聘請他講學傳道，還使他三為祭酒，名震當時。

而稷下先生中有姓名可考的，還有道家的彭蒙、宋鈃、尹文、接子、環淵，法家的慎到、田駢，名家的田巴、兒說，陰陽家的鄒衍、鄒奭，以及博學而無所歸屬的淳于髡、魯仲連等。

當然，稷下先生也不是毫無主見，人云亦云，稷下學宮中也有居於主導地位的學派，這就是著名的黃老刑名學派。他們名義上屬於道家，實際上是由道向法轉變的一個派別。由於他們把道家的創始人老子同田齊尊奉的始祖黃帝撮合在一

起，所以被稱為稷下黃老學派。這一派別又分為三支，其中一支「本於黃老而主刑名」[156]，稱為黃老刑名之術，代表人物有宋鈃、尹文、申不害等。一九七三年在長沙馬王堆三號墓中發現的《十大經》、《經法》等反映的就是這種黃、老思想。宋、尹等人不僅講道德，而且將道德與禮、義、法聯繫起來，認為「德者道之舍」，「化育萬物謂之德。君臣父子之間之事謂之義。登降揖讓，貴賤有等，親疏之體謂之禮」。「殺僇禁誅謂之法。」[157]這就是說，道和德像精神和形體一樣不可分。禮義法度貫穿著道的精神，都是用來處理人和人之間的關係的：義講君臣父子的地位，禮定等級名分，法則是對違反禮義的行為進行處置。「故事督乎法，法出乎權，權出乎道。」[158]他們從道出發，最後卻歸結於法，同法家已有了密切的聯繫。《十大經》在政治上主張法治，認為治理國家的根本，是要有一套成法。《經法》則認為，一國的王、霸、強弱、存亡的關鍵在於法度貫徹得如何，而且強調重農思想。法家重視耕戰的主張在這裡已經產生了。申不害在韓國變法就是根據這一派的黃老思想，而側重於「術」。因此這一派被稱為黃老刑名學派。西漢前期，黃老政治曾經實行了六、七十年，它對於鞏固西漢的封建統治、恢復和發展社會經濟、緩和階級矛盾、穩定社會秩序都發生了重大作用。

田駢、慎到也是稷下學宮的著名學者，當時人稱田駢為「天口駢」，著有《田子》二十五篇。慎到著《十二論》，劉向刪定為《慎子》四十一篇。他們「皆學黃老道德之術，因發明序其指意」[159]。但在哲學上他們具有唯物主義色彩，在政治上則直接從黃老道德之術轉變為法家。慎到第一次提出了系統的封建法學理論，他認為「法」是治國的標準，「法雖不善猶愈於無法，所以一人心也」[160]。人民要「以力役法」，按法的規定出力氣；官吏要「以死守法」，君長則要「以道變法」[161]。他主張「官不私親，法不遺愛，上下無事，唯法所在」[162]。「治國

156 《史記·老子韓非列傳》。
157 《管子·心術上》。
158 同上。
159 《史記·孟子荀卿列傳》。
160 《慎子·威德》。
161 《慎子·佚文》。
162 《慎子·君臣》。

無其法則亂，守法而不變則衰，有法而行私謂之不法。」[163]一切都要依法辦事，「事斷於法」[164]。這種主張制定法度，主張變法的思想顯然是屬於法家思想了。在法家中，慎到屬於講「勢」的一派，即強調政權和權位的作用。他提出了集權的主張，認為對國家有害的是權力分散。權輕位卑什麼都不行，權重位尊就能治天下。他說：「故賢而屈於不肖者，權輕也；不肖而服於賢者，位尊也。堯為匹夫，不能使其鄰家；至南面而王，則令行禁止。」[165]他的這一思想被韓非子吸收改造，成為封建專制主義的理論基礎。

在稷下黃老學派中，環淵（關尹）真正繼承了老子的學說。郭沫若先生說：「老子的《道德經》原來是不成文的，由他整理成『上下篇』，流傳於世。」

以上就是稷下學宮中占主導地位的學派，他們的思想和學說無論在當時還是在後世都曾發揮了相當大的作用，在學術界占有相當高的地位。除此之外，稷下學士們大量著書立說，據《漢書‧藝文志》記載，與稷下學士有關的著作就有以下諸部：《孫卿子》、《公孫固》、《蜎（環）子》、《四子》、《捷（接）子》、《鄒子》、《鄒子終始》、《鄒奭子》、《尹文子》、《宋子》等。據有的學者考證，《管子》、《晏子春秋》、《司馬兵法》乃至《考工記》等，也可能是稷下先生的著作。稷下學宮對中國文化事業的發展作出了不可磨滅的貢獻。

另外，稷下學宮並不是只重學術，脫離政治，而是努力做到直接或間接地為政治服務。齊宣王舉辦學宮的目的十分明確：「寡人憂國愛民，固願得士以治之。」[166]對於來自各國的賢士，齊王「皆命曰列大夫，為開第康莊之衢，高門大屋，尊寵之」[167]。但他們並不當政，而是「不治而議論」，專門對當時的政治經濟制度以及其他一些社會問題發表議論，相當於一個政治設計院和智囊團。其中某些人的議論雖然有的「迂遠而闊於事情」，有的「迂大而閎辨」，有的「文具

163 《慎子‧佚文》。
164 《慎子‧君人》。
165 《慎子‧感德》。
166 《戰國策‧齊策四》。
167 《史記‧孟子荀卿列傳》。

難施」，但其中某些人也「時有得善言」，不少見解對齊王也頗有啟發，因此稷下學派在當時的政治活動中也發揮了不小作用。劉向在《新序》中曾評論說：「齊稷下先生喜議政事」，「以干世主」，這正是稷下學宮的另一個特色。

三、早期法家的教育活動

鄭國的鄧析和子產一般被視為法家的先驅，鄧析辦私學已見上節所述，而子產作為鄭國的執政，卻是一位堅持官辦學校、重視教育的難得的政治家。據《左傳》記載，在子產執政期間，鄭人遊於鄉校，以論執政，大夫然明建議子產毀掉鄉校，以防民口。當時處於亂世，「學校不修」，「人廢學業」[168]。社會上流傳著一種「可以無學，無學不害」[169]的輿論。而鄭國人居然在鄉校議論執政，這就更為廢除官學製造了藉口。子產即使就坡下驢，廢掉鄉校也無可厚非。但子產並沒有這樣做，他說：「何為？夫人朝夕退而遊焉，以議執政之善否。其所善者，吾則行之；其所惡者，吾則改之；是吾師也。若之何毀之？我聞忠善以損怨，不聞作威以防怨。」[170]於是鄭國的鄉校作為春秋期間為數不多的幾所官辦學校被保存下來了，它的作用不僅在於教育後代，而且變成了鄭國貴族議政的諮詢機構，這正是子產的高明之處。當時的鄭國人對子產十分推崇，他們稱頌說：「我有子弟，子產誨之。我有田疇，子產殖之。子產而死，誰其嗣之？」[171]孔子對子產不毀鄉校也評價很高，說：「以是觀之，人謂子產不仁，吾不信也。」[172]

管仲是協助齊桓公稱霸中原的早期法家，他的後學弟子根據他的主張和活動編輯了一本法家論著《管子》，其中有不少篇章講到了管仲重視教育的情況。在《權修》篇中，管子說：「一年之計莫如樹穀，十年之計莫如樹木，終身之計莫

---

168 《毛詩·鄭風·子衿》序。
169 《左傳·昭公十八年》。
170 《左傳·襄公三十一年》。
171 《左傳·襄公三十年》。
172 《左傳·襄公三十一年》。

如樹人。一樹一獲者，穀也。一樹十獲者，木也。一樹百獲者，人也⋯⋯凡牧民者，使士無邪行，女無淫事。士無邪行，教也。女無淫事，訓也。教訓成俗，而刑罰省數也。」這裡所講的培養和教訓不僅包括社會教育、家庭教育，也應包括學校教育。在教育目的和教育內容方面，法家與儒家有明顯區別，《管子‧形勢解》曾明確提出：「教民以時，勸之以耕織。」教育人民掌握耕織技術，這當屬於社會教育。管子還主張士、農、工、商都要督促自己的子弟學習掌握本行的技藝和本行的職業道德：「教其子弟，少而習焉，其心安焉，不見異物而遷焉，是故其父兄之教不肅而成，其子弟之學不勞而能。」[173]這就是《周禮》所說的：「以世業教能，則民不失職。」它既屬於代代相習的家技，又是一種「族有世業」的行業教育。在《五輔》篇中，管子又論述了對政治人才的培養情況：「得人之道，莫如利之；利之之道，莫如教之以政。」總之，法家教育的目的是為了培養耕戰之士，培養各行各業的勞動者和熟悉、遵守法律制度的人，因此他們並不強調受教育者要學習什麼倫理道德。

在《弟子職》中，《管子》一書詳盡地解釋了作為一個學生應該遵守的原則，被稱為「學則」，估計這是齊國法家官辦學校的學生守則。其中說：「先生施教，弟子是則。溫恭自虛，所受是極。見善從之，聞義則服。溫柔孝悌，毋驕恃力。志毋虛邪，行必正直。遊居有常，必就有德。顏色整齊，中心必式。夙興夜寐，衣帶必飭。朝益暮習，小心翼翼。一此不解，是謂學則。」隨後，作者又詳盡列舉了一個弟子從早到晚應該如何對待老師，如何對待同學，以及如何對待學習等，其中包括：「先生已食，弟子乃撤。」「先生有命，弟子乃食。」「先生既息，各就其友。相切相磋，各長其儀。周則變始，是謂弟子之紀。」這顯然是一份官辦住宿學校的學生守則，其尊師重道的情況與儒家已經沒有太大區別了。

李悝是戰國時期協助魏文侯實行變法的法家政治家，他本是孔子的弟子子夏的學生。子夏是儒家中向法家轉化的一派，他主張「君尊臣卑」，主張加強中央集權。魏文侯將他視為賢德之士，曾經跟隨他學習過經藝。李悝出任魏相，大刀

---

173 《管子‧小匡》。

闊斧地進行改革，頒布了中國歷史上第一部刑法法典——《法經》，在魏國普及法制教育。同時在經濟上主張「盡地力之教」[174]，在政治上主張「奪淫民之祿，以來四方之士」[175]。對於李悝如何在魏國進行學校教育雖然史無明文，但李悝在魏國變法的成功、新法之深入人心，從一個側面說明李悝是重視教育工作，重視知識份子的。

四、商鞅、韓非的教育主張

商鞅是戰國中期著名的法家政治家。他出生於衛國，本名公孫鞅，又稱衛鞅。年輕時曾在魏相公叔痤家當家臣。他總結了李悝、吳起等人的變法理論和變法實踐，成為一名很有見地的年輕法家。公叔痤臨死前將他推薦給魏王，魏王不肯任用。於是他在西元前三六一年來到秦國，由於主張變法取得成功，被封為商君，因此歷史上稱為商鞅。

商鞅變法是戰國時期各國變法的一次總結，是戰國時期最全面最徹底的一次變法。它從經濟基礎到上層建築，從法律制度到風俗習慣都進行了深刻的變革。其中包括對文化教育政策的改革：公開提出要焚毀詩書，禁止遊學。

商鞅認為，儒家所宣導的禮樂、詩書、孝悌、誠信、仁義、修善等不過是禍國殃民的「六虱」，儒學不過是一些「高談偽議」，不切實際的「浮學」。因此他主張「燔詩書而明法令」[176]，主張「禁遊宦之民而顯耕戰之士」[177]。他認為，詩書「無益於治」。因此他主張：「為辨知者不貴，遊宦者不任，文學私名不顯」[178]，「賤遊學之人」[179]。他提出了「壹教」的教育綱領，即執行統一的教育

---

174 《史記·孟子荀卿列傳》。
175 劉向：《說苑·政理》。
176 《韓非子·和氏》。
177 同上。
178 《商君書·外內》。
179 《商君書·壹言》。

政策，凡是不符合法家路線政策的做法堅決取締。他說：「所謂壹教者，博聞、辯慧、信廉、禮樂、修行、群黨、任譽、清濁，不可以富貴，不可以評刑，不可獨立私議以陳其上。堅者破，銳者挫。」[180]這是與儒家教育思想針鋒相對的教育政策，凡是儒家提倡的，商鞅就堅決禁止；凡是儒家擁護的，商鞅就堅決反對。他認為儒家搖唇鼓舌，遊手好閒，不事生產，因此他們說得再漂亮，也不能允許他們富貴，不能讓他們掌握法律大權，評說刑罰的得當與否，更不能允許他們著書立說向國君陳述。對那些頑固不化者、鋒芒畢露者，都要堅決予以打擊，要徹底挫敗他們。

商鞅還主張：「言談者必軌於法。」這實際上是要求普及法律教育，大家不僅要依法辦事，而且要根據法律的要求去思考、去進行言談交往。為了達到這一目的，商鞅最早提出了「以吏為師」的思想。他說：「必為法令置官也，置吏也，為天下師，所以定名分也。」[181]他主張從上到下都要設置「主法令之吏」，嚴格挑選那些通曉法令者來擔任，由他們向人民進行法制教育。因此商鞅之法在秦國深入人心，家喻戶曉，這是商鞅死後其法未敗的一個重要原因。

韓非子是戰國後期法家理論的集大成者。在哲學上，他對老子的「道」作了唯物主義的解釋，批判了孔子的天命論。在認識論方面，他提出了「循名實而定是非，因參驗而審言辭」的著名論斷，主張通過實踐檢驗是非真偽。在歷史觀上，他認為歷史在不斷進步，祖述堯舜，憲章文武，主張法先王是違背歷史潮流的，人們應該「不期修古，不法常可，論世之事，因為之備」。在法治理論上，他將法、術、勢三者結合在一起，建立了一套封建專制主義中央集權的學說。在教育思想上，他從性惡論出發，提出了一整套禁止私學、禁止思想自由、反對思想教育的主張，沿著商鞅的思想繼續前進，走向了極端。

首先，韓非繼承了荀子的性惡論，認為人生下來就是自私自利的，為了自己的利益不惜去損害別人：做馬車的人希望人們去做官，做棺材的人卻希望人死，

180　《商君書‧賞刑》。
181　《商君書‧定分》。

包括父母子女也是利害關係，生兒祝賀，生女溺死。為了利，人們甘願去犯罪，因此刑法必不可少。他認為教育不起什麼作用，父母溺愛孩子，孩子不聽，刑法人員拿刀子、繩子來了，孩子就害怕了。由此他得出結論說：「父母之愛不足以教子」，「民固驕於愛，聽於威矣」[182]。又說：「夫嚴家無悍虜，而慈母有敗子。吾以此知威勢之可以禁暴，而德厚之不足以止亂也。」[183]因此他主張「不務德而務法」，不要搞什麼道德教化，而應嚴格實行法制。

其次，他明確地提出要禁止私學。他認為：「儒以文亂法，俠以武犯禁」[184]，諸子百家的私學正是導致社會混亂的一個主要因素。他說：「凡亂上反世者，常士有二心私學者也。」[185]他主張對各家私學都應當「禁其行」，「破其群」，「散其黨」，即禁止辦私學者的行動自由，不能讓他們為所欲為；禁止他們結黨營私，不允許他們私自集會結社。既不允許辦二心私學，也不允許口是心非。為此他提出了一個文化專制主義的政策：「禁奸之法，太上禁其心，其次禁其言，其次禁其事。」

另外，韓非明確提出了「以法為教」，「以吏為師」的教育思想。韓非子認為：儒家那一套禮、樂、詩、書的教條和仁、義、孝、悌的倫理說教，都是愚誣之學、亡國之言、貧國之教；那些朝秦暮楚的遊客，上躥下跳的學者不過是寄生在國家身上的五種蛀蟲（五蠹）。因此國家不應該信用他們，人民也不應該尊敬他們，「故明主之國無書簡之文，以法為教；無先王之語，以吏為師。」[186]這種主張對普及法制教育曾經起過積極作用，但他從根本上否定其他文化知識，否定學校教育和老師的作用，這對於中國古代教育事業和文化事業的發展都帶來了不少消極的影響。

---

182 《韓非子·顯學》。
183 同上。
184 《韓非子·五蠹》。
185 《韓非子·詭使》。
186 《韓非子·五蠹》。

第九章

奠基階段
的史學

　　中國自古有重史的傳統，史學素稱發達。在先秦時期，史官和史學在殷商和西周時代還處於萌芽時期；到春秋時代，以記載歷史大事與年代的史官人員和史學著作（如《春秋》一類）才正式出現，標誌著史學正式形成。

　　先秦史學，既反映了這一時期史學的基本特點，也奠定了中國兩千多年史學著述的基調。先秦史學，首先是記述古史成敗、存亡、禍福之多之盛，從歷史中總結經驗教訓並提升其道德水準，這是其時史學的一個共同特點；另外一個特徵是史學家的直筆書史，在當時君主的行為言語、諸侯盟會以及執政正卿的行為都由史官記述下來，

秉筆直書歷史是當時史官所共同遵守的原則，這種直書的原則保證了史學記述的可靠性。

先秦時期史學論著十分豐富，史學的興旺發達是與史學思想的進步、史職人員獨立於其他職官分不開的。

史官和史學

在商代，巫史人員在政治上具有舉足輕重的作用。在巫史集團中，以巫為首的祝宗卜史組成一個龐大的機構。史在卜辭中已經出現，其地位僅次於巫職人員，或主祭祀、或為君王之大使。卜辭中有「卿史」、「御史」、「東史」、「西史」、「北史」，還有「帝史」，這些是作為史官身份出現的。也許在當時已出現專門書寫的史官。《書·多士》篇云：「惟爾知，惟殷先人，有冊有典，殷革夏命。」但是這些史職人員附屬在巫職機構之下，為王室神權服務。

周代的史職人員有太史、外史、左史、右史等官。在西周春秋時代，史籍文獻便逐漸豐富起來了，傳說老聘便任周守藏室史官，《史記·老子列傳》謂老子為「周守藏室之史也」，守藏室史官又謂「柱下史」。《史記·張丞相列傳》索隱說：「周、秦皆有柱下史，謂禦史也，所掌及侍立，恆在殿柱之下，故老聘為周柱下史。今〔張〕蒼在秦代，亦居斯職。」周代史官有作冊、大史、小史、內史、外史、禦史、女史、左史、右史等等。而史官職務，則是專門掌管藏書、讀古志古典古法及約劑等書籍檔案文獻、策命書記等等工作。

周人在總結殷人的經驗教訓中，一種歷史意識油然而生。殷人認為自己是上帝的兒子，受上帝之命而為下界之王；周人認為帝改其命，改厥子而授周文王之命。但商周在上帝授天命的認識上是有區別的：殷人認為受帝命後則一成不變，

不管善惡，不管德行如何，殷王紂說「我生不有命在天」[1]則反映了這種思想；而周人眼中的皇天上帝則是公平的、不偏不倚的至上神形象，選明德以授天命。《詩・大雅・文王》曰：「殷之未喪師，克配上帝，宜鑒於殷，駿命不易」；「穆穆文王，於緝熙敬止。假哉天命，有商孫子。商之孫子，其麗不億，上帝既命，侯於周服。侯命於周，天命靡常」。從這裡可知周人從殷人喪天命、自己得天命中得出「天命靡常」、「惟德是輔」這樣的歷史經驗來。這也是周人的史學思想，在《詩》、《書》中用這種史學思想來教育後嗣王，歷史經驗的警鐘長鳴：「善則得之，不善則失之。」[2]周代初年這種歷史意識、歷史經驗也常為後代有為皇帝去繼承、學習。

春秋戰國是中國史學發展的一個里程碑階段。在殷商、西周時代，所有的文字記錄還不屬於史學論著，甲骨文是卜辭貞卜記錄，金文是賞賜頌功記功銘辭，《書》是官府檔案文書，《詩》是文學作品，等等，而且這些多屬官方所有。從春秋以來，各諸侯國均有了正式的國史。《孟子・離婁下》云：

> 孟子曰：王者之跡熄而《詩》亡，《詩》亡然後《春秋》作。晉之《乘》，楚之《檮杌》，魯之《春秋》，一也。其事則齊桓、晉文；其文則史；孔子曰：「其義則丘竊取之矣。」

這說明史書《春秋》之類的撰述是從「王者之跡熄」後的春秋時期才產生的；而且這時各諸侯國均有《春秋》之類的史書，不過名稱不大一樣。孔子所作的《春秋》，只不過是依據魯國史官世世代代所書寫的史料和編寫體例，加以編纂和文字加工，此即後人所謂「寓褒貶，別善惡」，以一字之殊，表示不同的觀點和史事的評價。這一工作是前所未有的，故孟子引述孔子之語說「其義則丘竊取之矣」。不過我們認為大概在春秋時代各國的《春秋》史書均有揚善而抑惡的作用與目的，只不過「善」、「惡」的標準不同罷了。《國語・楚語上》中申叔時曰：「教之《春秋》，而為之聳善而抑惡焉，以戒勸其心。」

1　《書・西伯戡黎》。
2　《禮記・大學》。

在春秋戰國，有關歷史方面的記載不止《春秋》一種。《楚語上》載申叔時對楚莊王說：

教之「春秋」而為之聳善而抑惡焉，以戒勸其心。教之「世」而為之昭明德而廢幽昏焉，以休懼其動。……教之「語」，使明其德，而知先王之務，用明德於王也。教之「故志」，使知廢興者，而戒懼焉。教之「訓典」，使知族類，行比義焉。

申叔時所說的這些教學內容之中，除「春秋」之外，「世」是記載先王先公世系的，相當於《世本》之類；「語」，韋昭注《楚語上》謂「治國之善語」，是記述各種評論及交際辭令的，如傳世的《國語》；「故志」，韋昭注云「謂所記前世成敗之書」，相當於《逸周書》中的《史記》篇；「訓典」韋昭注謂「五帝之書」，實際上是文書誥命檔案之類，如《尚書》之類。在這些之中，「春秋」、「世」、「故志」都是比較專門化的史書，而且內容各有側重，「春秋」相當於現當代史，是當代人記當代事；「世」是專記先公先王世系；「故志」是專記古代人與事，相當於古代史。而春秋戰國時代的現當代史與古代史功能各不一致，《春秋》之類的現當代史是「聳善而抑惡以戒勸其心」；而「故志」一類的古代史是讓人了解廢興成敗的原因與結果。這是政治逐漸走向成熟的標誌。因此歷史經驗十分可貴有用。諸侯各國統治者從歷史的往事中吸取教訓，總結經驗，明辨是非，增長智慧和統治才幹，提高治國能力，一時蔚然成風。而這一時期的史官則掌握這種歷史王朝興衰盛敗的史實最多。《漢書·藝文志》曰：「道家者流，蓋出於史官。歷記成敗、存亡、禍福、古今之道，然後知秉要執本，請虛以自守，卑弱以自持，此君人南面之術也。合於堯之克攘〔讓〕，《易》之嗛嗛，一謙而四益。此其所長也。」據班固看來，道家學派是出自於史官——其創始人老子便是周守藏室史官，因此他們「歷記成敗、存亡、禍福、古今之道」，看透了強者的弱點，創立了以卑弱、謙讓為特徵的道家學派。從此可見，在當時的史官記述古史成敗、存亡、禍福之多之盛，才能從中總結出歷史性的規律來。

從歷史中總結經驗教訓並提升其道德水準，可以說是春秋戰國時諸子的一個共同特點。孔子「述而不作，信而好古」，自謂「我非生而知之者，好古，敏以

求之者也」[3]；墨子也說他的思想來源「本之於古者聖王之事」[4]；荀子也提出「法先王」的主張。可見諸子一方面面向社會現實中的問題。而另一方面則把手伸向傳統，要知識，討經驗，提高評價現實問題、處理現實問題的能力。《易·大畜·象傳》謂「君子以多識前言往行以畜其德」。只要多記多習前人的言行便可以提高自己的德行和認識能力。《國語·晉語七》記載說：「公曰：『何謂德義？』對曰：『諸侯之為，日在君側，以其善行，以其惡戒，可謂德義矣。』公曰：『孰能？』對曰：『羊舌肸習於春秋。』」正因為羊舌肸（叔向）「習於春秋」，了解歷史，能以歷史的經驗教訓，勸其君之善行，戒其君惡習，並被稱為「德義」。

春秋時期的歷史著述中有一個十分寶貴的史學傳統就是史學家的直筆書史。《孟子·滕文公下》：「世道衰微，邪說暴行有作，臣弒其君者有之，子弒其父者有之。孔子懼，作《春秋》。」其實孔子的做法是史家的歷史傳統。《左傳·宣公二年》記載，晉國大夫趙盾殺了晉靈公，太史董狐寫道「趙盾弒其君」，並把書寫的冊簡拿到朝廷讓大家看。趙盾認為不符合事實，董狐回答說：「子為正卿，亡不越竟，反不討賊，非子而誰？」孔子評價董狐是「古之良史也，書法不隱」。這說明當時的良史標準是「書法不隱」，秉筆直書。另外《左傳·襄公二十五年》記載齊國大夫崔杼殺了齊莊公之後，「太史書曰：『崔杼弒其君。』崔子殺之。其弟嗣書，而死者二人。其弟又書，乃捨之。南史氏聞太史盡死，執簡以往。聞既書矣，乃還」。太史及兩個弟弟秉筆直書崔杼弒齊君莊公的史實，連死二人，而南史氏亦奮不顧身，執簡秉筆前往。這種據實書史、前仆後繼的精神的確感人。在當時君主的行為言語、諸侯盟會以及執政正卿的行為都要由史官記述下來。秉筆直書歷史是當時史官所共同遵守的原則，這種直書的原則保證了史學記述的可靠性。

春秋戰國時期史學論著十分豐富，除魯《春秋》之外，還有《左傳》、《國語》、《竹書紀年》、《世本》、《戰國策》等等，史學的興旺發達是與史學思想的進步、史職人員獨立於其他職官分不開的。

---

3 《論語·述而》。
4 《墨子·非命》。

第二節·

中國最早的王室文誥彙編
——《尚書》、《逸周書》

　　《尚書》是中國古代最重要的一部經典，它記錄了離現在二千年到三千年間王室的誥命、訓令、誓言和其他的大事，二千多年來是學者時常誦讀學習的經典。早在先秦時士大夫談論政事、著書立說時皆視為思想與行為的典範而加以援引、使用。但秦以前經傳諸子中，凡引《尚書》，皆稱《書》，到漢代之初始有《尚書》一名。孔穎達《尚書正義》釋《尚書》之名說：「尚者，上也。言此上代以來之書。」《尚書》自漢代立為官學之後，便成為歷代統治階級的政治課本，並把它作為尋求政治思想、政治經驗、治理國家的理論工具、思想範式。因此，在漫長的封建社會中，它受到統治階級的重視和尊崇。在經學史上，它成為今古文學派爭論的開端；在辨偽學史上，它又成為群書辨偽析疑的第一批園地。依「六經皆史」之說，它是先秦時期尤其是史料缺乏的西周春秋時代的最重要的史料之一。

　　現流傳的《尚書》共有五十八篇，分別按朝代編輯，稱為《虞書》、《夏書》、《商書》和《周書》。其中《虞書》五篇，《夏書》四篇，《商書》十七篇，《周書》三十二篇。這五十八篇是東晉初年豫章內史梅賾向朝廷貢獻的並謂是孔子後裔孔安國的《孔傳古文尚書》。其中有三十三篇與西漢初年伏生傳授的今文《尚書》二十八篇相同。這今文《尚書》二十八篇有《堯典》（包括《舜典》，但

無《舜典》篇首的 28 字）、《皋陶謨》（包括《益稷》）、《禹貢》、《甘誓》、《湯誓》、《盤庚》、《高宗肜日》、《西伯戡黎》、《微子》、《牧誓》、《洪範》、《金縢》、《大誥》、《康誥》、《酒誥》、《梓材》、《召誥》、《洛誥》、《多士》、《無逸》、《君奭》、《多方》、《立政》、《顧命》（包括《康王之誥》）、《費誓》、《呂刑》、《文侯之命》、《泰誓》。而梅氏孔傳《古文尚書》則變為三十三篇：從《堯典》中分出《舜典》，從《皋陶謨》中分出《益稷》，《盤庚》分為上、中、下三篇，從《顧命》中分出《康王之誥》。孔傳《古文尚書》出現不久便立於學官，從東晉到隋唐，學者都相信梅氏所獻《尚書》便是孔壁本《古文尚書》和漢孔安國所作的傳。唐孔穎達依此為底本完成了《尚書正義》，便被作為官方所定本而頒行。到宋代又把它選入《十三經注疏》，從此廣為流行以至於今。

　　除了上面三十三篇與伏生今文《尚書》二十八篇相同之外，梅賾所獻本還有二十五篇是多增出的，這也叫「晚書」。到宋代，吳棫撰《書稗傳》開始懷疑這二十五篇及孔安國的《傳》是偽作。朱熹在《朱子全書》與《朱子語類》中也同意吳棫的說法。吳、朱二氏的懷疑是從今、古文詞句深淺難易不同開始的。朱熹認為伏生所傳《尚書》皆難讀，而這二十五篇卻十分平易，「如何伏生偏記得難底（的），至於易記底（的）全記不得」[5]。到了明代，梅鷟作《尚書考異》，從漢代關於古文《尚書》的有關記載和傳授情況與晚出的篇數、文體和來源等方面進行分析考證，明確斥之為偽作，但證據尚不確切。清代初年閻若璩作《古文尚書疏證》八卷，他潛心研究了二十多年，列舉了一百二十八條證據，分析有力，證據詳備。自此，梅賾所獻的後出二十五篇為偽作之說便成為絕大多數學者所接受的定論。這二十五篇是《大禹謨》、《五子之歌》、《胤征》、《仲虺》、《湯誥》、《伊訓》、《太甲》（上中下三篇）、《咸有一德》、《說命》（上中下三篇）、《泰誓》（上中下三篇）、《武成》、《旅獒》、《微子之命》、《蔡仲之命》、《周官》、《君陳》、《畢命》、《君牙》、《冏命》。這二十五篇都是晚出的偽書，但各篇所記不少有一定來源，並不全是向壁虛造，有一定的參考價值，不過引用時應採取慎重的態度。

5　《朱子語類》卷七十八。

漢代的今、古文學派的爭論首先是從《尚書》開始的。漢代《尚書》的傳本有二，一是今文本，一是古文本。今文《尚書》本由伏生傳授。伏生曾任秦代博士，秦始皇焚書時，伏生把《尚書》藏在牆壁中，後來兵亂流亡。到漢惠帝時，伏生搜尋他的藏書，已經亡佚了幾十篇，只得到二十九篇，後來伏生便用這些在齊魯之間教授弟子。他的弟子是用漢代通行的文字隸書書寫的，故稱之為今文《尚書》。

古文本《尚書》是從孔子故居的牆壁得到的古文字寫本。據《漢書·藝文志》和《說文·敘》記載，漢武帝末年，魯恭王擴建宮室時毀孔子故居牆壁中得到一部《尚書》，共有四十五篇，其中二十九篇和伏生今文本同，另外，還多出了十六篇，其後孔子的後裔孔安國把這些壁中古文《尚書》獻給朝廷。這部《尚書》是用不同於隸書的古文字寫成的，故稱古文《尚書》。因為得自孔壁中，又叫作孔壁本，或壁中本。今文和古文《尚書》除篇數與字體有別之外，其實內容上並無多大區別。劉向曾用流傳了一百多年的今文《尚書》比勘校訂古文《尚書》，僅得七百多字的異文，相差三簡，可知二者並無很大的差別。然而就是由於古文《尚書》與今文《尚書》兩種本子的不同，傳習也就有別，傳授今文《尚書》的稱今文學家，傳授古文《尚書》的稱古文學家。由於他們的研究方法不同，便形成了《尚書》的今文學派和古文學派。今文學派偏重闡釋微言大義，古文學派則側重文字訓詁，考訂名物制度；今文學派解說煩瑣，而古文學派言簡意賅。西漢時期今文《尚書》長期立於學官，大多數今文學家在政治上很有勢力，一直處於統治地位。王莽新政時劉歆提倡古文《尚書》，東漢時又經杜林、賈逵、許慎、馬融等古文家的努力，終於確立了古文《尚書》學在學術界的優勢地位。東漢末年，馬融、鄭玄兼通今文與古文《尚書》，為古文《尚書》作了注釋。使今文和古文《尚書》學達到了統一。自此兩家界限便大致泯滅，而其他各家的注釋也逐漸消失。

《尚書》的內容十分豐富，《尚書序》分為「典、謨、訓、誥、誓、命」六種，而唐孔穎達《堯典正義》分為典、謨、貢、歌、誓、誥、訓、命、征、範十種。若依《尚書序》的分法，則可再合併為四大類：（1）典謨類：主要記載古代典章制度和議論軍國大事之類。《堯典》、《舜典》、《皋陶謨》、《益稷》、《禹

貢》、《洪範》、《呂刑》等均屬這一類。（2）訓誥類：主要為訓誡誥令之類。《盤庚》、《高宗肜日》、《西伯戡黎》、《金縢》、《大誥》、《多士》、《多方》、《召誥》、《顧命》等都是這一類。（3）誓詞類：主要是王侯的戰前動員令與誓詞。《甘誓》、《湯誓》、《牧誓》、《費誓》、《泰誓》均屬這一類。（4）冊命類：主要是君王賞賜諸侯或任官命爵之時的冊命。《君陳》、《畢命》、《君牙》、《冏命》、《文侯之命》等篇都是這一類。

今文二十八篇中《堯典》、《皋陶謨》、《禹貢》、《甘誓》四篇，當是春秋戰國時人據代代相傳的傳說而整理後書之於簡冊之上的。《堯典》首句云「曰若稽古」，「曰」為「越」，「若」為「彼」，「稽」可訓為「考」。則此句明言不是堯舜時代的實錄，而是考察往古之事。《商書》中《湯誓》、《盤庚》、《高宗肜日》、《西伯戡黎》、《微子》五篇大致均作於春秋時代，其中以《盤庚》篇寫成最早，史料文獻價值也最大。尤其值得注意的是，其中所言商代神權觀念與周代不同而與殷墟甲骨卜辭中十分相近，雖成文約在春秋早期，而史事內容自有依據來源。《周書》共有十九篇，除《洪範》、《文侯之命》、《泰誓》是春秋作品，《呂刑》的時代待考外[6]，其餘十五篇基本上可肯定是西周時代的作品。

《尚書》的《周書》部分對研究西周史特別是西周初年的寶貴資料。周初八誥——《大誥》、《康誥》、《酒誥》、《梓材》、《召誥》、《洛誥》、《多士》、《多方》，記載了周初的幾件重大事件：周公東征、封邦建國、營建洛邑、安置殷遺民、安撫百國諸侯等活動，反映了周初姬周統治集團征服武庚及東夷叛亂、營洛邑鎮撫東方，加強對殷民及東方地區的思想目的和具體措施。《無逸》、《君奭》、《立政》反映了周初姬周統治集團的統治思想及其選官立政的思想和措施。《顧命》與《呂刑》等則反映了西周時期的喪葬制度與法律制度。《周書》部分的核心思想可以概括為「敬天」、「保民」、「明德」、「慎罰」，後代帝王將相以此安邦定國，文人學士以此為準則議論時事政治。因此，我們必須認識到《尚書》對

6　《書·呂刑》篇郭沫若以為是春秋時呂國某王所造的刑書，並經後來的儒家潤色過（見《郭沫若全集》歷史編第 2 冊，頁 4-5，北京，人民出版社，1982）。但我們從語言及刑法方面看，其篇應為西周中晚期作品，而且應是周王而非諸侯之君所造。

中國漫長封建社會的影響作用，要了解、研究封建社會，也必須首先閱讀《尚書》。

《逸周書》，原名《周書》，有七十一篇。晉代汲郡所出竹書中有《周書》一種，其名與上面七十一篇相同。以至於唐宋時代的書目中誤把《逸周書》稱為《汲塚周書》，其說是不對的。《逸周書》七十一篇寫成時代參差不齊，其中《世俘》、《商誓》、《度邑》、《作雒》、《克殷》、《嘗麥》等篇所記可信為周初史事，其中《世俘》、《商誓》、《嘗麥》等篇的語言文字亦似周初文字，來源甚早。朱右曾《周書集訓校釋·周書目錄》曾證明《左傳·文公二年》中《周志》之語見於《大匡》篇，《左傳·襄公十一年》魏絳引《書》之語見《武稱》篇，《四庫全書總目提要》引《左傳·襄公二十五年》衛大叔引《書》之語即今《逸周書·常訓》，《左傳·昭公六年》叔向引《周書》之語在今《逸周書·祭公》篇。這說明《逸周書》中《大匡》、《武稱》、《常訓》、《祭公》在《左傳》成書前已存在，大概成書在春秋或西周之時。不過大多數篇目成文於戰國時代。其書內容十分豐富，是研究周代歷史、文化的一部有價值的文獻資料。

第三節·

中國第一部編年史《春秋》及其三傳

殷商西周時代一年只有兩季，如甲骨卜辭中只有「春」、「秋」，而無「夏」、「冬」二季。所以那時的人們便用「春秋」來表示一年的時間。西周晚期儘管已增加了「夏」、「冬」二季，但人們表示年歲之義時仍常用「春秋」來表示。如

《詩·魯頌·閟宮》說：「春秋匪解〔懈〕，享祀不忒」；《莊子·逍遙遊》說：「朝菌不知晦朔，蟪蛄不知春秋，此小年也。楚之南有冥靈者，以五百歲為春，五百歲為秋；上古有大椿者，以八千歲為春，八千歲為秋，此大年也。」從這些說法中可知過去曾把一年分為兩個半年，上半年稱「春」，下半年稱「秋」。正因為「春」、「秋」是季節之名，合起來則表示年歲之名。古代最早出現的史書是編年體，便用「春秋」二字來表示這種編年體史書的名稱。《墨子·明鬼》篇謂周、燕、宋、齊等國的史書名稱均叫《春秋》。魯國的史書名稱也叫《春秋》，《孟子·離婁下》說：「晉之《乘》，楚之《檮杌》，魯之《春秋》，一也。」大概春秋時代名史書為《春秋》的諸侯國不少，只是因孔子據魯《春秋》而修《春秋經》後遂為專有名稱。

現流傳本《春秋》，分年紀事，上起魯隱西元年（西元前 722 年），下止魯哀公十四年（西元前 481 年），共計十二公，二百四十二年。為《春秋》作傳的據《漢書·藝文志》說共有五家：《左氏傳》三十卷，《公羊傳》十一卷，《穀梁傳》十一卷，《鄒氏傳》十一卷，《夾氏傳》十一卷。據《藝文志》說「《鄒氏》無師，《夾氏》未有書」，因為《鄒氏傳》沒有師傳之人，而《夾氏傳》未寫成書，所以這兩家均失傳了。故流傳下來的只有《左氏傳》、《公羊傳》、《穀梁傳》。

一、《春秋》

《春秋》是魯國史官世世代代按年、時、月、日秉筆書記的官方檔案，《左傳·昭公二年》記晉國韓宣子聘魯，在魯太史之處看見此書。《禮記·坊記》及《韓非子》引述魯《春秋》共四條，都和今本《春秋》相同，可見《春秋》基本上繼承了原來的魯《春秋》。但有的學者據此認為孔子並無筆削魯之《春秋》的痕跡，則就不對了。《公羊傳·莊公七年》曰：「不修《春秋》曰：『雨星，不及地尺而復。』君子修之曰：『星隕如雨。』」「不修《春秋》」應是未加以修改的魯國《春秋》原文，「君子修之」是指修改過的《春秋》。依此可知，司馬遷謂

《春秋》「論史記舊聞」，「約其辭文，去其煩重」[7]是可信的。這些雖然只是在文詞方面的修改，看不出什麼微言大義，更不能證明《孟子·滕文公下》所說的「孔子作《春秋》而亂臣賊子懼」；但是，孔子修定《春秋》，「筆則筆，削則削，子夏之徒不能贊一詞」[8]，應是可信的。比較「雨星，不及地尺而復」與「星隕如雨」，前者語詞冗贅囉唆，後者十分精煉，確是筆削的結果。

《春秋》是中國現存的最早的一部編年史。《春秋》「以事繫日，以日繫月。以月繫時，以時繫年」[9]，這樣依時間順序便可把史事串聯排列在一起，線條清晰，時間關係十分明顯，可以用較少的文字表示頭緒繁多的歷史事實。這正好說明了「屬辭比事而不亂，則深於《春秋》者也」[10]。《春秋》用辭十分準確，有的用不同的語詞反映同中有異，如記戰爭的方法，有鐘有鼓的、有理由或上對下的公開戰爭用「伐」，沒有正當理由、沒有鐘鼓的侵犯、侵略稱「侵」，不用輜重、輕裝偷襲的攻擊戰爭稱「襲」。有的用不同語詞反映等級差別，如同樣是「死」，天子之死稱「崩」，魯侯稱「薨」，卿大夫稱「卒」，其他各諸侯國爵位稱作公侯伯子男者皆稱「卒」。又，《春秋》中周天子稱「天王」，其諸侯國按爵制分別稱公、侯、伯、子、男，如《春秋經·莊公十五年》：「冬，十有二月，會齊侯、宋公、陳侯、衛侯、鄭伯、許男、滑伯、滕子，同盟於幽。」《史記·十二諸侯年表序》說《春秋》「王道備，人事浹」，王道指的應該就是周代的禮制，和春秋時其他諸侯國相比，魯國的遵守周禮還是比較好的，因此孔子有「魯一變，至於道」[11]的說法，《左傳·昭公二年》記晉侯派韓宣子聘魯，在太史處觀書，見到《易象》與《魯春秋》，謂「周禮盡在魯矣」。從上面所見《春秋》中用不同語詞反映的等級差別正可見魯國保存周禮的情況。孟子謂「孔子作《春秋》而亂臣賊子懼」[12]，也正說明《春秋》依周禮嚴格的等級差別來遣詞用字、評價人事，暗含著對僭位的「亂臣賊子」的譴責、批判。《春秋》不僅對人事的

7　《史記·十二諸侯年表序》。
8　《史記·孔子世家》。
9　杜預：《春秋經傳集解序》。
10　《禮記·經解》。
11　《論語·雍也》。
12　《孟子·滕文公下》。

善惡寓以褒貶，還用自然災害來顯示人事善惡得失所造成的結果。《春秋》中所記水災、旱災、下雪、降霜、地震等等，都認為是人事善惡得失造成的。

《春秋》因為是當代人記錄的當代史，因此它的史料價值很高。有兩點可以證明。（1）《春秋》所記載的天象，以近代和現代天文學的方法去檢驗，證明是可靠的。如莊公九年所記「星隕如雨」，就是西元前六八七年三月十六日發生的天琴星座流星雨的記事，而且是世界上最早的一次記載。確是當時史官的實記，誰也無法偽造。還有文公十四年秋七月「有星孛入於北斗」，這是世界上最早的一次關於哈雷彗星的記載，也不可能是偽造的。另外，以日蝕來看，《春秋》記載日蝕三十六次，襄公二十一年九月朔十月朔的一連兩次日蝕和二十四年七月朔、八月朔的兩次日蝕，相連兩月初一都有日蝕，雖然不是絕無可能，但在一地兩次都能看到，是不可能的。襄公二十一年十月朔的日蝕可能是誤記或誤認，襄公二十四年八月朔的日蝕可能是錯記。除了這兩次，實記日蝕三十四次，有三十三次是可靠的。《春秋》所記的天象，根據近代和現代科學家研究，證明這些基本上是實際存在的，這也就證明《春秋》作為歷史資料是可信的。（2）用從古墓中發掘出來的古代文物有銘文的青銅器來與《春秋》史實相比勘，不少是可以相互印證的，這也足以證明《春秋》的史料價值是可信的。[13]

《春秋》基本上把春秋時期二百四十二年的重要事件記載下來了，但還有一些重要事件和人名並未記載下來。這其中有的屬於失記，有的則因其書在流傳過程中脫落了一些簡冊。三國曹魏時張晏和晚唐時徐彥作過統計，《春秋》在這個時期字數共有一萬八千字[14]，然目前所見不過一萬六千多字。從晚唐到現在已脫掉一千多字。儘管如此，先秦時期，正是由於《春秋》及其三傳的存在，所以只有春秋時期的歷史事件、人物保存得最多、最完善，也最有系統。其他時代則相形見絀。即使是戰國時代，諸子百家著述者甚眾，但由於沒有一部像《春秋》那樣的系統記載及像《左傳》那樣以大量史料來為之作注的史書，故戰國史書缺乏

---

13 楊伯峻：《〈春秋左氏傳〉淺講》，見王力等：《中國古代文化史講座》，北京，中央廣播電視大學出版社，1984。
14 見《史記‧太史公自序》集解引張晏說及《公羊傳》昭公十二年正義引徐彥說。

系統性與完善性，給今日的研究帶來了許多不便。

另外，《春秋》在歷史編纂學上也作出了重要的貢獻，它開啟了後來編年史體例的先河。

二、《左傳》及《公羊傳》、《穀梁傳》

《春秋》以事件繫屬於日、月、時、年，分條記事，互不相連。而且其書文字簡約，多的不過四十七字，少則僅有一字，因此使人難以了解事件的前因後果以及具體情況。於是從《春秋》流傳不久的戰國早期，便有學者為之作傳，就出現了《左氏傳》、《公羊傳》、《穀梁傳》、《鄒氏傳》和《夾氏傳》五家傳注《春秋》的著作。《夾氏傳》無書，《鄒氏傳》無師，所以都失傳了。所以傳世的只有《左氏傳》、《公羊傳》、《穀梁傳》三家。《左氏傳》後改稱《春秋左氏傳》，簡稱《左傳》。這三傳後來皆收入《十三經注疏》本之中。

（一）《左傳》

《左傳》一書，據統計有十九萬六千八百萬多字，在《十三經》中篇幅最大。它上迄於魯隱西元年，同於《春秋》經，一直到魯哀公二十七年，最後還有魯悼公四年一條，為時二百五十九年。如果不計後一條，為時也有二百五十五年，比《春秋》經多十三年。《左傳》中所記述的晉事最多，魯事、楚事次之，鄭事、齊事又次之，衛、宋、周、吳、秦、越、陳各國事更次之。[15]這種情況與《春秋》經以魯國事件為主的情況便有所不同。另外《左傳》所記史事與《春秋》經也不盡相同，有的《春秋》經有而《左傳》沒有，有的《春秋》經沒有而《左傳》卻有。

---

15 白壽彝：《中國史學史》第 1 冊，228 頁，上海，上海人民出版社，1986。

《左傳》一書的作者及成書年代歷來說法不一。傳統的說法認為《左傳》的作者是與孔子同時代的左丘明，司馬遷就說左丘明「成《左氏春秋》」[16]。但《左傳》一書記事止於孔子死後二十七年時智伯被消滅並分其封地，特別是書中的卜筮預言應驗的時代已到達戰國魏惠王時代，因而此說是明顯不對的。近人康有為、崔適等人認為《左傳》為西漢末年劉歆偽作，此說並無確實證據，懷疑過了頭，是不可信的。

《左傳》的作者好預言因果休咎而以卜筮作為征驗。這些預言有驗的也有不驗的，凡是預言靈驗的，是作者耳聞目見的歷史事實；而預言不靈的，是作者據當時形勢所作的預測，並認為是應當實現的事，而實際上後來事實卻非如此。由此來推定《左傳》的成書年代，大致可斷定其書寫成於西元前四〇三年之後，西元前三八六年之前。理由是：（1）據《左傳·莊公二十二年》「懿氏卜妻敬仲」的卜辭，只談了「五世其昌，並於正卿；八世之後，莫之與京」，而沒有談到「十世之後，為侯代姜」。而據昭公三年傳、八年傳，甚至哀公十五年傳，都不能肯定陳氏代齊且為齊王的情況，可見《左傳》的作者不曾看到西元前三八六年田和為齊侯之事。（2）《左傳·閔西元年》敘「畢萬筮仕於晉」時得「公侯之卦」，預言畢萬後代會再度為公侯。到西元前四〇三年，魏斯果然為侯，即魏文侯。《左傳》的作者一定看到了這件事，可見此書作於西元四〇三年之後。（3）《左傳·宣公三年》預言周代傳三十代、七百年。但西周和東周共傳三十四王，或有三十六王，八百多年。若依《左傳》作者所計，《左傳》當作於周安王時代，但看不到周安王之死，可能在周安王十三年——即西元前三八六年以前。依據上述情況我們可斷定作於西元前四〇三至前三八六年之間。[17]

《左傳》一書的作者雖然難以肯定，但是可以肯定《左傳》與三晉尤其是魏國關係最為密切。（1）《春秋》經以魯國史事記述最多，但《左傳》中所記史事卻以晉國最多，而魯國反而次於晉國。（2）春秋時魯國用周正，《春秋》經主要記述魯國史當然要用周正。而《左傳》用夏正，晉為夏墟，為《左傳》提供大量

16 《史記·太史公自序》。
17 楊伯峻：《〈春秋左氏傳〉淺講》，見王力等：《中國古代文化史講座》。

資料的國家也應是晉國。（3）記述春秋時代歷史《國語》與《左傳》互為表裡，韋昭《國語解敘》認為《左傳》為《春秋》經內傳而《國語》為《春秋》經外傳。司馬遷《史記·太史公自序》說左丘明寫成《左氏春秋》，《報任安書》又謂「左丘失明，厥有《國語》」[18]。不管《左傳》、《國語》是否左丘明所作，但兩書的關係確實十分密切。《左傳》以晉史最多，而《國語》也是以《晉語》為最多。按韋昭注本《國語》，全書共二十一卷，而《晉語》就占了九卷，所占超過全書的百分之四十二，而且是從武公、獻公、惠公、文公、襄公、厲公、悼公、平公到昭公止，一公一卷，記述甚詳。這種現象不僅說明兩書的關係密切，而且可知兩書的史料主要來自晉國。（4）《汲塚書》有《師春》一卷，「全錄《左傳》卜筮事，無一字之異」[19]，《汲塚書》出自魏襄王墓，不管是《師春》抄《左傳》，還是《左傳》抄《師春》，說明《左傳》的編寫與流傳與魏國關係極為密切。[20]

　　《左傳》一書內容十分豐富，是研究春秋時期歷史的寶貴資料。《春秋》經文意過於簡約，如果沒有《左傳》等傳文資料，稱《春秋經》是「斷爛朝報」則並不過分。桓譚《新論》謂《左傳》對《春秋經》來說，「猶衣之表裡相持而成，經而無傳，使聖人閉目思之，十年不能知也」。這是對的，如果沒有《左傳》詳載其事，不知具體的歷史事實，正像桓譚所說的即使聖人閉目深思十年也不知所謂的「微言大義」，所謂的「《春秋》筆法」，《春秋》經的歷史功能便不能真正發揮出來。

　　《左傳》比較詳細地記載了諸侯國之間爭霸的謀略和戰爭及各諸侯國貴族階層的爭權鬥爭和升降變遷。它對於統治者兇惡殘暴、驕奢淫逸的情況有比較深刻的揭露，對神權觀念有一定程度的否定，重視人事，否定神事，提倡並強調民本思想。《左傳》還善於揭露社會矛盾，並注意前因後果的內在聯繫。另外，《左傳》以善於描寫戰爭著稱，善於描寫人物辭令尤其是外交辭令。《左傳》在描寫戰爭特別是大國爭霸戰爭中，不僅描寫了戰爭的背景、場面，而且還善於通過戰

18　《漢書·司馬遷傳》。
19　《新唐書·劉貺傳》。
20　徐中舒：《左傳選·後序》，北京，中華書局，1979。

爭來顯示人物的性格特徵，通過戰爭刻畫英雄人物的膽識、謀略和勇氣。如成公二年的齊晉鞍之戰，莊公十年的曹劌論戰等，都具有這種特點。《左傳》也善於描寫人物的辭令尤其是政治外交場合的語言辭令。《左傳》所寫辭令優美而不浮華，謙恭畢至而不失原則、立場，形象生動卻又符合人物的身份和性格特徵，人事紛雜而結構又十分謹嚴。因此《左傳》中有不少篇幅是古代廣為流傳的散文名篇，膾炙人口。

（二）《公羊傳》和《穀梁傳》

《公羊傳》和《穀梁傳》也有相當重要的史料價值。（1）《春秋》經講究「微言大義」，講究「為尊者諱，為親者諱，為賢者諱」，然而這種記錄的歷史卻往往語焉不詳。而《公羊傳》和《穀梁傳》則把所諱之事加以明確的交代，並明確指出所謂的「微言大義」是什麼。如《穀梁傳・莊公二十七年》：「『夏六月，公會齊侯、宋公、陳侯、鄭伯，同盟於幽。』同者，有同也，同尊周也。於是而後授之諸侯也。其授之諸侯，何也？齊侯得眾也。桓會不致，安之也。桓盟不日，信之也。信其信，仁其仁，衣裳之會十有一，未嘗有歃血之盟也，信厚也。兵車之會四，未嘗有大戰也，愛民也。」《穀梁傳》據原《春秋》經中很簡單的一句話中的「同」、「會」和「盟」字，指出齊桓公盟會諸侯「尊周」、「得眾」、「信厚」、「愛民」的微言大義。這些分析引申是否符合《春秋》經原意姑且不論，但《穀梁傳》的作者在分析的同時補充了有關的史事和背景，則可促進人們去進一步思考。（2）《春秋》經的記述往往是一件事的標題式記載，《公羊傳》與《穀梁傳》則對這一「標題」進行了闡述、補充以及說明前因、後果、有關的人物和事件，使人們更能明白其來龍去脈。（3）《公羊傳》、《穀梁傳》和《左傳》這三傳之間對同一件事的記述並不一致，有同有異。比較三者之間的異同，對深入研究春秋歷史有十分重要的作用。

《公羊傳》和《穀梁傳》在語言表述的風格上是獨特的。一是二傳用辭準確、凝煉。它們在辭彙的選用與表述的形式上，要求很嚴，用辭準確簡潔。二是用語簡樸親切，明白易懂。另外，《公羊傳》與《穀梁傳》歷來被認為是講微言大義的，屬於經學研究的範圍，其實這兩部書在史學史上也占有重要地位。

第四節 ·

《國語》、《戰國策》等
史學著作

一、《國語》

《國語》是中國最早的一部國別史。其書分別記載了周、魯、齊、晉、鄭、楚、吳、越八國的歷史。上迄西周時期周穆王討伐西戎，下至三晉滅智伯，所記歷史達五百多年。

《國語》的作者眾說不一，司馬遷在《報任安書》中說：「左丘失明，厥有《國語》」[21]，但他同時又在《史記·太史公自序》中認為《左氏春秋傳》也為左丘明所作。東漢時期韋昭則進一步認為《左傳》為《春秋經》之「內傳」，《國語》為之「外傳」[22]。但多數學者認為《國語》是各國史官的原始記錄，後經史官加工整理而成。

《國語》全書二十一卷，按《周語》、《魯語》、《齊語》、《晉語》、《鄭語》、《楚語》、《吳語》、《越語》依以排列。如前所說，《國語》中以《晉語》最多，

---

21 《漢書·司馬遷傳》。
22 韋昭：《國語解敘》。

有九卷，占全書百分之四十二左右。其他《周語》三卷，《魯語》、《楚語》、《越語》各二卷，《齊語》、《鄭語》、《吳語》各一卷。《國語·楚語上》中申叔時說：「教之『語』，使明其德而知先王之務用明德於民也」，韋昭注：「語，治國之善語。」這說明：（1）當時各國皆有「語」，是用來教育貴族子弟的教材之一。《國語》也正是在這種材料基礎上而形成的。（2）其內容是教育貴族子弟各明其德並先王治民之明德，是用來治理國家的。因此《國語》記述了西周中期以來一些賢明士大夫卿的重要政治言論，並善於評價人物，指陳時政之弊。《國語》取材有失於瑣碎的地方，但它記載了許多重要的歷史事件。如《周語上》記周厲王弭謗言、邵公諫弭謗，王不聽遂流亡於彘，宣王不籍千畝、喪南國之師而料民於太原，幽王時三川皆震等歷史事實，這些反映了西周末年逐漸衰落以至滅亡的歷程。其書在一條記載之後，往往指出這一事件發展的結果或歷史發展的趨勢。如《晉語》記晉文公始霸、悼公時復霸、平公「惑以喪志」而「諸侯叛晉」、霸權於是衰落的情況。像這種記載用語不多，卻指出了事件的發展結果或事件的歷史影響。[23]

　　《國語》與《左傳》相比，是以記言為主。雖然《國語》也記事，但其記事極其簡略，而把筆墨主要集中在記述人物語言上面，通過語言反映人的思想認識。所以《國語》前面記述人物的文字都是長篇大論，而後面記述歷史發展的結果只是寥寥數語。例如《周語》中記載周定王派單襄公出使到宋國，路過陳國，看到陳國農事不治、客館無人管理，陳侯與卿大夫荒淫無禮，歸成周後與定王談了很長一段話，預見陳侯國必亡。而文後所附歷史驗證只有十分簡單的三句話：「六年，單子如楚。八年，陳侯殺於夏氏。九年，楚子入陳。」從這裡可見《國語》以記「語」為主的特點，記「事」反而只是附庸、陪襯。再如《晉語五》記述齊晉鞍之戰時說：「靡笄之役，郤獻子傷，曰：『余病喙！』張侯禦曰：『三軍之心，在此車也。其耳目在於旗鼓，車無退表，鼓無退聲，軍事集焉。吾子忍之，不可以言病。受命於廟，受脤於社，甲胄而效死，戎之政也。病未若死，祇以解志。』乃在〔左〕並轡，右援枹而鼓之，馬逸不能止，三軍從之，齊師大敗。逐之，三周華不注之山。」以此與《左傳·成公二年》鞍之戰的描寫比較，

---

23 白壽彝：《中國史學史》第 1 冊，226 頁。

可見《晉語》有許多省略，如背景人物，齊侯之語和行為，鄭丘緩之語，郤克受傷情況等都省略或簡化了，《左傳》「郤克傷於矢，流血及屨，未絕鼓音」，在《晉語》中只用「郤獻子傷」便代替了。然而張侯的話卻比《左傳》增加了不少，特別是《晉語》「受命於廟，受脤於社，甲冑效死，戎之政也」是《左傳》中完全沒有的內容。這完全突現了《國語》重視記語的特點。而其他的人、其他的事都被省略以便有利於突出主要人物的語言及其思想，正因為《國語》有長篇的言辭，因此它也是周代思想文化史研究的重要史料。

二、《竹書紀年》與《世本》

《竹書紀年》是西晉太康二年（西元 281 年）在汲縣戰國魏襄王墓中出土的一部編年體史書。《晉書·武帝紀》謂：「汲郡人不准掘魏襄王塚，得竹簡小篆古書十餘萬言，藏於秘府。」杜預《春秋經傳集解·後序》也說其書「皆簡編科斗文字」。其書上迄夏代（或言起於黃帝，今依杜預《春秋經傳集解·後序》的說法），下繼殷商西周，春秋時晉國、戰國魏國的歷史，止於魏襄王時。《竹書紀年》與《春秋經》的記述方式與立意原則大體接近。杜預曾說：「其《紀年》篇，起自夏殷周，皆三代王事，無諸國別也。唯特紀晉國，起自殤叔，次文侯、昭侯，以至曲沃莊伯。……晉國滅，獨記魏事，下至魏哀王之二十年，蓋魏國之《史記》也。……古書《紀年》篇，惠王三十六年改元，從一年始，至十六年而稱惠成王卒，即惠王也。疑《史記》誤分惠成之世以為後王年也，哀王二十三年乃卒，故特不稱諡，謂之今王。其著書文意，大似《春秋經》。推此，足見古者國史策書之常也。」[24]

《竹書紀年》在宋代年間已亡佚，清代朱右曾輯成《汲塚紀年存真》，王國維後又據朱本編成《古本竹書紀年輯校》，范祥雍又據王本作《古本竹書紀年輯校訂補》。宋元以來流傳於世的《竹書紀年》，學者稱之為《今本竹書紀年》，是

---

24 杜預：《春秋經傳集解·後序》。

後代人集綴古本《竹書紀年》的佚文及其他古史資料而成，因其書有自相矛盾之處，「且其所出，本非一源，古今雜陳，矛盾斯起」[25]，近人有不少人認為它是偽書，視為無用。王國維說：「今本所載，殆無一不襲他書。其不見他書者，不過百分之一，又率空洞無事實，所增加者年月而已。……既有違異，乃生調停，糾紛之因，皆可剖析。」[26]既然《今本竹書紀年》襲取他書者有百分之九十九，而不見他書者僅有百分之一，而且有許多書在宋元之後也亡佚了，那麼這不見其他古書的百分之一，也可能出自古書，不過王國維時代與我們今天一樣，不能看到這些古書了。因此《今本竹書紀年》也並非是完全向壁虛造，並非宋元人的個人偽作。《今本竹書紀年》還是可以使用的，不過在引用時應謹慎從事。

《竹書紀年》作為先秦時的史學著作有兩大特點值得注意。一是其書記載了夏、商、西周的王世總數和總年數。《史記·夏本紀》集解和索隱均引古本《竹書紀年》謂「自禹至桀十七世，有王與無王，用歲四百七十一年」；《史記·殷本紀》集解引《竹書紀年》曰：「湯滅夏以至於受，二十九王，用歲四百九十六年也。」《周本紀》集解引《竹書紀年》曰：「自武王滅殷以至幽王，凡二百五十七年也。」夏、商、西周各王世數與總年數自古以來說法甚多，但以古本《竹書紀年》的說法最早，所以受到學術界的普遍重視。二是《竹書紀年》所記歷史事實與傳統的一般說法特別是儒家關於夏殷西周的許多重大史實完全不同。例如杜預在《春秋經傳集解·後序》中說：「《紀年》又稱，殷仲壬即位，居亳，其卿士伊尹。仲壬崩，伊尹放太甲於桐，乃自立也。伊尹即位，放太甲。七年，太甲潛出自桐，殺伊尹，乃立其子伊陟、伊奮，命復其父之田宅而中分之。……然則太甲雖見放，還殺伊尹，而猶以其子為相也。此為大與《尚書》說太甲事乖異。」《晉書·束皙傳》也指出了這一點：「夏年多殷。益干啟位，啟殺之。太甲殺伊尹。文丁殺季歷。自周受命至穆王百年，非穆王壽百歲也。幽王既亡，有共伯和者攝行天子事，非二相共和也。」儘管這些記載零散、簡短，但因這些記載與一般的傳說完全不同，因此一直受到學術界的重視，這些材料是

---

25 王國維：《今本竹書紀年疏證·自序》。
26 同上。

十分可貴的。

《世本》是記載世系的書，是為當時奴隸主貴族編修而成的宗譜。《國語·楚語上》申叔時謂「教之『世』，而為之昭明德而廢幽昏焉，以休懼其動」，韋注：「世，謂先王之世系也。……為之陳有明德者世顯，而闇亂者世廢也。」可知春秋戰國有像《世本》之類的書和教科書存在，作為教育貴族子弟的讀本。這樣的書和教材是為了使明德之人的世系顯明，並廢去昏亂之人的世系。《漢書·藝文志》謂《世本》有十五篇。班固注云：「右史官記黃帝以來，訖春秋時諸侯大夫。」按照今天所見到的佚文來看，《世本》所記人事最晚到戰國末年，稱趙王遷為「今王遷」。趙王遷在位年數，相當於秦王嬴政十二年至十九年，距六國的滅亡僅差數年。《世本》儘管以世系宗譜為主，但內容和體裁是多方面的。其書有《帝系》、《王侯世》、《卿大夫世》、《氏族》、《作篇》、《居篇》以及《諡法》等篇，可知除了帝王諸侯卿大夫世系氏族宗譜外，還有「居」，是記王侯歷代都邑變遷的，屬於歷史地理學範疇；有「作」，是記器物、古制初始發明者，是文明史研究的寶貴資料；《諡法》是談諡號名稱的意義。這種史書的體例創建是很有意義的。

《世本》的寫作可能和先秦時其他史書如《國語》、《左傳》一樣，不是一人一時完成的。它綜合了遠古傳說時代以來見聞以及當時可能傳世的文字記載，是屬於通史性質的史書。作者如果不是史官，在當時是不容易掌握這樣多方面的資料的。但這樣的內容，在當時卻不僅屬於史官的職守，還應是屬於史官的私人著作。在這個歷史轉折的階段上，史家醞釀著對以往歷史的總結，這就是《竹書紀年》與《世本》這些書產生的一種社會原因。[27]

《世本》現存的佚文，散見於各書的引述，十分零散，彼此互不相聯。《世本》亡佚於宋代，清代輯本甚多。商務印書館於一九五九年印成《世本八種》，其中以雷學淇、茆泮林兩種輯本較好。

---

27 白壽彝：《中國史學史》第 1 冊，頁 243-244。

三、《戰國策》

　　《戰國策》主要是戰國時代遊說之士的言行彙集，也有一些歷史史實和人物的記錄。其書作者不詳，大概不是一人一時所作，故書中不免有自相矛盾之處。《戰國策》一書名稱為劉向校訂其書時所定，原書錯亂相糅，簡牘紛雜，而且中秘所藏其書，名稱不一，或稱《國策》、或稱《國事》、或稱《短長》、或稱《事語》、或稱《長書》、或稱《修書》，劉向在編定之時定名為《戰國策》。其書所述事件在春秋之後、楚漢相爭之前，有二百四十五年的歷史。全書按國編排，分為東周、西周、秦、楚、齊、趙、魏、韓、燕、宋、衛、中山十二國，共三十三篇。其中齊、秦篇數最多，《齊策》六篇，《秦策》五篇，其餘《楚策》、《趙策》、《魏策》各四篇，《韓策》、《燕策》各三篇，《中山策》一篇，《宋策》、《衛策》合為一篇。除後三國外，前七國正好構成戰國時七個大國。

　　諸祖耿先生說：「殷、周之訓誥，戰國之策書，前者上告下，後者下說上，此千載人文之一大進也。」[28] 這就是說，由《戰國策》開始開創了由下說上的文章體裁，且蔚然成為一時風氣。戰國時代，各諸侯大國獨霸一方，割據稱雄，各個大國都想憑藉自己的實力創建一個統一的中央集權王朝。於是各國之間在政治、經濟、軍事、外交等各個方面展開了錯綜複雜的鬥爭。在這種形勢下，一批又一批的遊說之士應運而生，他們站在各個不同的諸侯國或不同的政治集團立場上，提出各種不同的主張和策略。一時形成一種強大的政治勢力。劉向在總結《戰國策》中策士的作用時說：「是以蘇秦、張儀、公孫衍、陳軫、代、厲之屬生，縱橫短長之說，左右傾側。蘇秦為縱，張儀為橫。橫則秦帝，縱則楚王，所在國重，所去國輕。」也正是蘇秦、張儀、公孫衍、陳軫等策士「所在國重，所去國輕」，一時諸侯王公權卿爭養遊說之士，多則數千，少則數十。他們或連橫事秦，蠶食六國，吞併天下；或合縱為六國，出奇謀異智，轉危為安，轉亡為存。策士後學者為了方便揣摩學習，便把說士遊客異智言行和逸聞收集起來，以資學習。一時簡冊紛出，蔚為大觀。然而《戰國策》作為歷史著作，有些資料不

---

28 諸祖耿：《戰國策集注匯考・自序》，南京，江蘇古籍出版社，1985。

夠真實，往往誇大其詞，在引用資料時應注意這一點。

　　一九七三年在長沙馬王堆三號漢墓中出土了與《戰國策》性質相近的帛書，記載了戰國時期說客辯士的言論行為，共有十七章，其中有十六章不同於《戰國策》，整理者定名為《戰國縱橫家書》，可作為《戰國策》的別本，可補足今本《戰國策》的不足，也是研究戰國時期歷史的寶貴資料。

第十章

衣被百代的
多彩文學

　　文學是以語言文字為工具形象化地反映客觀現實的藝術。

　　先秦文學是中國文化發端時期的文學。由於這一個時期時間跨度極長，文化蓄積又極為豐厚，加上這個時期哲學、文學、史學還沒有完全從整體的文化形態中獨立出來形成單獨的分支，因而這一個時期的文學還具有文、史、哲互相涵容的特點，氣象雄渾、包羅萬象。它涉及的問題，必須放在廣闊的歷史文化背景下通過綜合的動態研究才能審視清楚。

先秦文學是中國文學的第一頁，也是中國文學的第一個高峰期。先秦文學是伴隨著中國文化的開拓、創造、成熟而成熟、定型的。一方面，先秦文學以無比豐厚的歷史傳承和民族文化精神開拓了中國文學之源，奠定了中國文學的基石；另一方面，先秦文學本身也是一座文學的高峰，它的創作思想和創作精神，不僅為後世中國文學所繼承、借鑒，衣被百代，它的表現手法和藝術技巧，也是後世文學學習、取法的楷模。

　　之所以如此，是因為先秦文學產生於人類社會的早年，它集中地凝結了中華民族祖先精神生活的全部成果，而這種在漫長的歷史長河中積澱而成的民族文化傳統，又永遠有著頑強的生命力和感召力。

　　先秦文學可分為遠古口頭文學和上古詩歌、史傳文學、諸子哲理散文兩個階段。遠古口頭文學指遠古文字未產生時期的原始文學；上古時期的文學時間範圍指夏、商、周「三代」至秦統一中國之前。

第一節 ·

遠古口頭文學

文學藝術起源於勞動。

勞動是原始人類最基本的實踐活動，也是原始人社會生活的主要內容。遠在上萬年之前，中華民族的祖先就已經在黃河流域、長江流域、大凌河流域、珠江流域等廣闊的土地上勞動生息。適應自然、改造自然的勞動實踐，促進了自身的變化，發展了思維，創造了語言，增強了感受能力和表現能力，文學藝術也就隨之而出現了。最早、最簡單的文學藝術大概是原始先民為加強勞動協作、減輕疲勞而喊的「勞動號子」和模仿、描繪鳥獸蟲魚動作的「舞蹈」、「繪畫」之類，這些大都是在勞動（採集、漁獵等）中集體創作的。「今夫舉大木者，前呼邪許，後亦應之，此舉重勸力之歌也。」[1]以後，美術、音樂、文學逐步與宗教、巫術、祭祀等結合，在反映勞動內容的基礎上增加人們對改造自然力量的崇拜和希冀，文學藝術創作的規模也就愈來愈大並成為宗教活動的一部分。「昔伏羲氏因時興利，教民田獵，天下歸之，時則有網罟之歌。神農繼之，教民食穀，時則有豐年之詠。」[2]這是遠古文學發展的一個特點。

1　《淮南子·道應訓》。
2　夏侯玄：《辨樂論》。

一、原始歌謠

原始人的文學藝術活動，是人們勞動實踐的再現和美化形式，有著鮮明的實用功能和功利目的。例如原始歌謠，反映的內容大多是原始先民的勞動生活。原始先民結合勞動的節奏反覆歌唱它，或者是再度體驗生產活動的快感，減少疲憊，恢復體力；或者是以崇拜的心情娛神，希望能得到上下神祇的保佑；或者是強化對某些重要活動或事件的記憶，以詩的音律和節奏記憶歷史，實用目的十分清楚。《吳越春秋·勾踐陰謀外傳》裡有一首《彈歌》，大家公認是遠古流傳下來的詩歌：

斷竹，續竹，飛土，逐宍（古肉字）。

斷竹，砍伐竹子；續竹，指製造彈弓；飛土，指射出彈丸；逐肉，是說射中鳥獸。這顯然是直接反映古代狩獵活動的一首詩。詩中記載了從砍竹製造彈弓到射獵的全過程，字裡行間洋溢著勞動生活的歡快和娛樂。還有一首古老的詩歌是《禮記·郊特牲》中記載的《伊耆氏蠟辭》：

土反其宅，水歸其壑，昆蟲勿作，草木歸其澤。

伊耆氏即傳說中的神農氏。蠟辭是歲終蠟祭時的祝辭。這首祝辭祝禱來年土地豐收，水災、蟲災勿作，明顯是巫師溝通天地人神的「咒語」。這種「咒語」帶有宗教的特點，但它無疑又曲折地表達出人類征服自然的理想，帶有強烈的實用功能的特徵。

原始詩歌的實用功能還表現在詩、樂、舞三位一體的形式結構上。

現代詩歌是供人們吟詠、朗誦的，但遠古的詩歌卻是視覺與聽覺的綜合藝術，是詩、樂、舞三位的統一，「詩言志，歌詠言，聲依詠，律和聲。八音和諧，無相奪倫，神人以和。」[3]

3　《尚書·舜典》。

《尚書‧益稷》記載了一個遠古詩歌舞的盛會場面：

夔曰：「戛擊鳴球，搏拊，琴瑟必詠。」祖考來格，虞賓在位，群後德讓。下管鼗鼓，合止柷敔，笙鏞以間。鳥獸蹌蹌，《簫韶》九成，鳳凰來儀。夔曰：「吁，予擊石拊石，百獸率舞。」

「詠」是歌詩，《簫韶》是樂章，琴瑟、鼗鼓、柷敔、笙鏞都是樂器，「鳥獸蹌蹌」、「鳳凰來儀」、「百獸率舞」則是各式各樣的舞蹈。《呂氏春秋‧古樂篇》也記載：

昔葛天氏之樂，三人操牛尾，投足以歌八闋：一曰「載民」，二曰「玄鳥」，三曰「遂草木」，四曰「奮五穀」，五曰「敬天常」，六曰「建帝功」，七曰「依地德」，八曰「總禽獸之極」。

「樂」而「三人操牛尾」、「投足」而「歌」，可見遠古時代的詩歌是有音樂伴奏、且歌且舞的。

這種詩、歌、舞三位一體的結構形式與古代先民的情感表現形式和審美情趣有關。

情感是藝術的推動力。《禮記‧檀弓》說：「人喜則斯陶，陶斯詠，詠斯猶，猶斯舞。」《詩大序》也說：「情動於中而形於言。言之不足，故嗟歎之。嗟歎之不足，故永歌之。永歌之不足，不知手之舞之、足之蹈之也。」詩歌、音樂、舞蹈在發生學上說基本上是同源同步的。它們共同源於人類勞作情感表現的需要，「詩言其志也，歌詠其聲也，舞動其容也，三者本於心」[4]，因此，它們形成的時候，激昂的音樂節奏、興奮的詠唱和跳躍的舞蹈就有機自然地結合在了一起。

以後，隨著音樂和巫術的結合，音樂慢慢又具備了一種更為神秘的精神力量。「在原始人看來音樂是人所獲得的唯一一點神賜的本質，使他們能通過音樂

4　《樂記》。

去規定禮儀方式把自己和神聯在一起，並通過音樂去控制神靈。……好像是在神通過音樂對人說話以後，人才通過音樂對神說話。又通過讚美、諂媚和祈禱去代替對神靈的征服，通過音樂，他們就有支配命運、支配各種因素和支配各種動物的權力。」[5]因此，原始詩歌的詠唱成為一種宗教活動的時候，詩、樂、舞三位一體的結合就更加有了溝通人神的力量，更具備了支配自然和社會的神秘氣息。而這種以溝通人神為目的的神秘氣息，最體現「萬物有靈」時代原始先民的審美感。

原始詩歌是集體創作、集體詠唱的。受生產力發展水準和人們認識客觀世界能力的限制，原始詩歌的語言還很樸拙，節奏也很簡單。如《易》爻辭中記錄的一些反映部族戰爭的短歌：

得敵，或鼓，或罷，或泣，或歌。

突如，其來如；焚如，死如，棄如。

前一首短歌刻畫戰勝敵人後的群體場面：有人擊鼓慶祝，有人趴下休息，有人為陣亡的戰友哭泣，有人引吭高歌。後一首描寫戰爭的激烈和殘酷：戰事突如其來，房屋被焚毀，戰士被殺死，活著的人只好丟下戰友的屍體逃跑。這些詩歌以樸拙的粗線條勾勒出戰爭場面最引人注目的情景，節奏急促而和諧，體現戰爭的悲壯氣氛。

也有一些原始詩歌雖很短小，但表現的感情卻雋永細膩。《呂氏春秋·音初篇》記載了一則古老的愛情故事：

禹行功，見塗山之女。禹未之遇，而巡省南土。塗山之女乃令其妾候禹於塗山之陽，女乃作歌，歌曰：「候人兮猗！」實始為南音。

「候人（等待情人）兮猗！」一句簡單的內心獨白，在「候人」後面加上兩個感歎詞「兮猗」，盪氣迴腸，一唱三歎，把塗山之女思念情人、望眼欲穿的感

---

5 柴勒：《音樂的四萬年》，54 頁，倫敦，1964。

情表現得淋漓盡致。有人說：「帶這類感歎虛字的句子，及由同樣句子組成的篇章，才合乎最原始的歌的性質。」[6]這是正確的。上面說過，原始詩歌是文字產生以前原始先民的口頭創作，這類詩歌要適用於詠唱，表示感歎抒情的虛詞肯定是很豐富的。可惜這類詩歌我們見不到了。我們上邊引用的遠古流傳下來的詩句，都由後人加工過，難免有些走樣兒，我們只取其神似而已。

二、神話

遠古流傳的另一種口頭文學是神話。

神話是「萬物有靈」時代「支配人們日常生活的外部力量在人們頭腦中的幻想的反映」[7]。遠古時代，由於生產力低下，限制了人們的知識水準，他們不了解自然發展的規律，就把自然界各種運動和變化歸之於神的意志。他們以為變幻莫測的世界是由各式各樣的神在控制著、支配著，於是按照他們崇拜的英雄人物的形象創造了許多開天闢地、移山造海、制止洪水旱災的神的故事，在口頭流傳，這就是神話。

神話是人們的幻想構成的，但並不是毫無根據的空想，而是有現實生活做基礎的，是客觀現實和生活鬥爭的反映。神話的產生基於人們對自然和社會的感性認識，比如：原始先民對中國大地西北高、東南窪下的地形特點很清楚，但不知道這是怎樣形成的，就把它解釋為「共工氏與顓頊爭為帝，怒而觸不周之山，折天柱，絕地維，故天傾西北，日月星辰就焉；地不滿東南，故百川水潦歸焉」[8]。原始先民對旱災洪水沒有辦法抵禦，就幻想有神能把多餘的太陽射下來，減低陽光的酷曬；幻想有禹那樣的英雄，「化為熊」來通山洩洪。他們甚至幻想人身上能生翼，嘴上能生喙，能像鳥飛、魚游一樣來增加走路的速度，靈活

6　聞一多：《神話與詩》，182 頁，北京，古籍出版社，1956。
7　馬克思：《〈政治經濟學批判〉導言》。
8　《列子·湯問》。

地在天空和海上活動、生活。可見，「任何神話都是用想像和借助想像以征服自然力，支配自然力，把自然力加以形象化」[9]的，它以直觀的、感情強烈的原始思維認識自然、解釋自然，表現人類的求知精神和奮鬥精神，在人類思維發展史上尤其是藝術思維發展史上占有重要的地位。

神話是集體創作，體現的是群體的意識，具有強烈的地域性、部族性特點。中國現存的神話，已經零星不全，多散見於先秦和漢代的古籍中，大體可分為以下幾大類：

1. 創世神話。內容包括天地的開闢、人的出現等。最著名的創世神話是盤古、女媧神話：

《太平御覽》卷二引三國吳徐整《三五曆紀》：

天地渾沌如雞子，盤古生其中，萬八千歲。天地開闢、陽清為天、陰濁為地。盤古在其中，一日九變，神於天，聖於地。天日高一丈，地日厚一丈，盤古日長一丈。如此萬八千歲，天數極高，地數極深，盤古極長。

《繹史》卷一引徐整《五運歷年紀》：

首生盤古，垂死化身，氣成風雲，聲為雷霆，左眼為日，右眼為月，四肢五體為四極五岳，血流為江河，筋脈為地理，肌肉為田土，發髭為星辰，皮毛為草木，齒骨為金玉，精髓為珠石，汗流為雨澤，身之諸蟲，因風所感，化為黎氓。

《淮南子·覽冥訓》：

往古之時，四極廢，九州裂，天不兼覆，地不周載，火爁炎而不滅，水浩洋而不息，猛獸食顓民，鷙鳥攫老弱。於是女媧煉五色石以補蒼天，斷鼇足以立四極，殺黑龍以濟冀州，積蘆灰以止淫水。

《列子·湯問》：

9　馬克思：《〈政治經濟學批判〉導言》。

其後共工氏與顓頊爭為帝，怒而觸不周之山，折天柱，絕地維，故天傾西北，日月星辰就焉；地不滿東南，故百川水潦歸焉。

2. 英雄神話。內容多是改天換地、戰勝乾旱或洪水的英雄，如羿、禹等。

《淮南子·本經訓》：

逮至堯之時，十日並出，焦禾稼，殺草木，而民無所食。猰貐、鑿齒、九嬰、大風、封豨、脩蛇，皆為民害。堯乃使羿誅鑿齒於疇華之野，殺九嬰於凶水之上，繳大風於青丘之澤。上射十日而下殺猰貐，斷脩蛇於洞庭，禽封豨於桑林，萬民皆喜，置堯以為天子。

《山海經·海內經》：

洪水滔天，鯀乃竊帝之息壤以堙洪水，不待帝命，帝命祝融殺鯀於羽郊。鯀複生禹，帝乃命禹卒布土以定九州。

《繹史》卷十二引《隨巢子》：

禹娶塗山，治洪水，通轘轅山，化為熊。塗山氏見之，慚而去至嵩高山下，化為石。禹曰：「歸我子！」石破北方而生啟。

3. 部落祖先或圖騰神話。如黃帝、蚩尤、祝融、夸父等。

《逸周書·嘗麥解》：

昔天之初，誕作二後，乃設建典，命赤帝分正二卿，命蚩尤於宇少昊，以臨四方，司□□上天未成之慶。蚩尤乃逐帝，爭於涿鹿之河，九隅無遺。赤帝大懾，乃說於黃帝，執蚩尤，殺之於中冀。

《山海經·大荒北經》：

蚩尤作兵，伐黃帝。黃帝乃命應龍攻於冀州之野。應龍畜水，蚩尤請風伯、雨師縱大風雨。黃帝乃下天女曰魃，雨止，遂殺蚩尤。

這些神話，有的通過對部落祖先或英雄人物的歌頌把原始先民的智慧、經驗和勞動成果加以集中、總結，有的通過對創世神靈和英雄人物的歌頌去表現原始先民與自然作鬥爭的偉大力量和信心，有的通過神靈之間的爭戰反映中國古代氏族部落之間的鬥爭，有的通過神靈的系譜表現中國古代部族的兼併和融合，曲折而形象地反映了原始時代先民的生活面貌，為後人研究原始社會提供了不可多得的資料。

神話的創作基礎是現實的，是以人的生存為中心的，但它的創作方法是浪漫的、富於想像力的。這種以現實為基礎的浪漫的、富於想像力的創作方法，促進了中國古代藝術觀念的形成，給後世文學藝術的創作提供了學習的典範。神話是後世作家發掘不盡的文學寶庫，它藝術思維的情感特徵、形象特徵及豐富的想像力，開闢了中國文學的創作道路。它表現的強烈要求改變現實、追求美好生活的願望和積極改造世界的樂觀主義、英雄主義精神，對作家進步世界觀的形成和積極浪漫主義文學流派的形成也是一個推動的力量。

第二節 ·
中國第一部詩歌總集
——《詩經》

中國遠古時代的原始歌謠，已如上述。但是，從原始歌謠發展為成熟的、獨立的詩歌，究竟在什麼時代，卻難以詳考。從現在保留的文獻材料看，中國上古時代第一部詩歌總集是西周至春秋中葉的詩歌集——《詩經》，這部詩歌集裡保留了不少商代祭祀先公先王的頌歌，我們可以把它看作是上古原始歌謠結束、成

熟詩歌形成的重要標誌。

關於《詩經》的編集，先秦古籍中沒有明確的記載。《國語・周語》有「公卿至於列士獻詩」之說：

故天子聽政，使公卿至於列士獻詩，瞽獻曲，史獻書。師箴，瞍賦，矇誦，百工諫，庶人傳語。近臣盡規，親戚補察，瞽史教誨，耆艾修之，而後王斟酌焉，是以事行而不悖。

漢人亦傳「古者天子命史采詩謠，以觀民風」。《詩經》中有不少周代的政治諷諫詩，也有很多各地民間詩歌，而且形式整齊，韻部規整，說明周代公卿獻詩和民間採詩的制度是存在的。統治階級號召公卿獻詩和到民間採詩的目的，除了供自己娛樂和教育子弟外，也是為瞭解人民的反映、考察政治效果，正所謂「觀風俗，知得失」。

《詩經》分為風、雅、頌三個部分。風，包括十五「國風」，有詩一百六十篇；雅，分為「大雅」、「小雅」，有詩一〇五篇；頌，分「周頌」、「魯頌」、「商頌」，有詩四十篇。它們的創作年代很難一一具體指出，但從內容和詩的特點看，「周頌」、「大雅」大部分是西周初年的作品，「大雅」小部分和「小雅」大部分是西周末年的作品。「國風」和「魯頌」大都是春秋時代的作品，「商頌」是殷商後裔宋國保留的殷商宗廟祭歌，具有商民族史詩的特點。

一、雅、頌 —— 宗廟史詩和貴族的時事詩、諷諫詩

風、雅、頌是詩歌音樂上的分類。商周時代，詩、樂、舞還是緊密結合的，詩為樂之詞，樂為詩之聲。宋代鄭樵《通志・昆蟲草木略》說：「風土之音曰風，朝廷之音曰雅，宗廟之音曰頌。」雅是正的意思。雅樂，就是朝廷正樂。大雅、小雅之分大概是因為樂律不同。頌是且歌且舞、節奏緩慢的宗廟祭祀舞曲。《毛詩序》：「頌者，美盛德之形容，以其成功告於神明者也。」風、雅、頌的這些區別，說是音樂上的區別，實際上也是用途上的區別。頌用於祭祀，故帶有凝

重板滯的宗教特點；雅是朝廷正樂，故以雍容典雅見長。與二者相比，民間的土風民謠自然沒有那麼多約束，其特點以清新活潑、質樸剛健為主，富於生活情趣。

《詩經》的《商頌》、《周頌》、《魯頌》是追述商、周、魯先公先王征服天下、立國開邊事蹟的頌歌，具有商周民族史詩的性質。這些詩歌大都出自具有很高文化修養和豐富歷史知識的巫祝之手，可以看作是商代巫祝文化和周代禮樂文化的典型。

《商頌》是春秋前期殷商後裔宋國的宗廟祭歌，《毛詩序》說，宋從微子受封建國，七傳至戴公，禮樂廢壞，「有正考父者，得《商頌》十二篇於周之太師，以《那》為首」。可見《商頌》是有賴於周太師保存的商代詩歌，春秋時可能又經過宋國巫史的修飾增益。《商頌》中的《那》、《烈祖》等是表現宗廟祭祀的詩歌：

猗與那與，置我鞉鼓。

奏鼓簡簡，衎我烈祖。

湯孫奏假，綏我思成。

鞉鼓淵淵，嘒嘒管聲。

既和且平，依我磬聲。

於赫湯孫，穆穆厥聲。

庸鼓有斁，《萬舞》有奕。

我有嘉賓，亦不夷懌？

自古在昔，先民有作：

溫恭朝夕，執事有恪。

顧予烝嘗，湯孫之將！

詩中寫商王宗廟中的迎神大典：鼓樂齊鳴，參與祭祀的王孫跳起了「萬舞」，嘉賓們興高采烈，最後祭者以敬懼之心獻上祭品，祈求商湯的子孫們永遠昌盛，帶有濃重的神秘氣氛。從詩中描寫的器樂和舞蹈氣氛看，商代的樂舞是相當發達的。詩中記載的樂器和舞蹈，不僅見於文獻記載，亦見於殷墟出土的甲骨文，證實了這些詩歌確是商代遺韻。

《玄鳥》、《長髮》、《殷武》等則以極大的驕傲和自豪追溯了商民族的發祥史和英雄業績：

天命玄鳥，降而生商，宅殷土芒芒。

古帝命武湯，正域彼四方。方命厥后，奄有九有。

商之先后，受命不殆，在武丁孫子。

武丁孫子，武王靡不勝。龍旂十乘，大糦是承。

邦畿千里，維民所止，肇域彼四海。

四海來假，來假祁祁，景員維河。殷受命咸宜，百祿是何。

《玄鳥》

撻彼殷武，奮伐荊楚。罙入其阻，裒荊之旅，有截其所，湯孫之緒。

維女荊楚，居國南鄉。昔有成湯，自彼氐羌，莫敢不來享，莫敢不來王，曰商是常。……

《殷武》

這些詩歌，既追述了來源古老的圖騰信仰、神話傳說，又歌頌了殷代先王的豐功偉績，深刻地表現了殷人「尚鬼」、尚武的文化精神。

《周頌》大部分是雍容而板滯的宗廟祭祀樂歌。《大雅》中的《生民》、《公劉》、《綿》、《皇矣》、《大明》等卻是一組敘事完整、情感酣暢、寫作技巧很高的周民族史詩。

厥初生民，時維姜嫄。生民如何？克禋克祀，以弗（祓）無子。履帝武敏歆，攸介攸止。載震載夙，載生載育。時維后稷。

誕彌厥月，先生如達。不坼不副，無菑無害。以赫厥靈。上帝不寧，不康禋祀，居然生子。

誕寘之隘巷，牛羊腓字之；誕寘之平林，會伐平林；誕寘之寒冰，鳥覆翼之。鳥乃去矣，后稷呱矣。

實覃實訏，厥聲載路。誕實匍匐，克岐克嶷，以就口食。蓺之荏菽，荏菽旆旆。禾役穟穟，麻麥幪幪，瓜瓞唪唪。

誕后稷之穡，有相之道，茀厥豐草，種之黃茂。實方實苞，實種實褎，實發實秀，實堅實好，實穎實栗。即有邰家室。

誕降嘉種：維秬維秠，維穈維芑，恆之秬秠，是穫是畝；恆之穈芑，是任是負，以歸肇祀。

誕我祀如何？或舂或揄，或簸或蹂。釋之叟叟。烝之浮浮。載謀載惟，取蕭祭脂，取羝以軷。載燔載烈，以興嗣歲。

卬盛于豆，于豆於登。其香始升，上帝居歆，胡臭亶時？后稷肇祀，庶無罪

悔，以迄於今。

《生民》

篤公劉，匪居匪康，迺場迺疆，迺積迺倉。迺裹餱糧，于橐於囊，思輯用光。弓矢斯張，干戈戚揚，爰方啟行。

篤公劉，于胥斯原，既庶既繁，既順迺宣，而無永歎。陟則在巘，復降在原。何以舟之？維玉及瑤，鞞琫容刀。

篤公劉，逝彼百泉，瞻彼溥原，迺陟南岡，迺覲于京，京師之野，于時處處，于時廬旅，于時言言，于時語語。

篤公劉，於京斯依。蹌蹌濟濟，俾筵俾几。既登迺依，迺造其曹。執豕于牢，酌之用匏。食之飲之，君之宗之。

篤公劉，既溥既長，既景迺岡，相其陰陽，觀其流泉。其軍三單。度其隰原，徹田為糧。度其夕陽，豳居允荒。

篤公劉，于豳斯館。涉渭為亂，取厲（礪）取鍛（碫）。止基迺理，爰眾爰有。夾其皇澗，遡其過澗。止旅迺密，芮鞫之即。

《公劉》

綿綿瓜瓞。民之初生，自土沮漆。古公亶父，陶復陶穴，未有家室。

古公亶父，來朝走馬，率西水滸，至于岐下。爰及姜女，聿來胥宇。

周原膴膴，菫荼如飴。爰始爰謀，爰契我龜。曰止曰時，築室于茲。

迺慰迺止，迺左迺右。迺疆迺理，迺宣迺畝。自西徂東，周爰執事。

迺（乃）召司空，迺（乃）召司徒，俾立室家。其繩（乘）則直，縮版以載，作廟翼翼。

捄之陾陾，度之薨薨。築之登登，削屢馮馮。百堵皆興，鼛鼓弗勝。

迺立皋門，皋門有伉。迺立應門，應門將將。迺立冢土，戎醜攸行，

肆不殄厥慍，亦不隕厥問。柞棫拔矣，行道兌矣。混夷駾矣，維其喙矣。

虞芮質厥成，文王蹶厥生。予曰有疏附，予曰有先後，予曰有奔（本）奏（走），予曰有禦侮。

《緜》

皇矣上帝！臨下有赫。監觀四方，求民之莫。維此二國，其政不獲。維彼四國，爰究爰度。上帝耆之，憎其式廓。乃眷西顧，此維與宅。

作之屏之，其菑其翳。脩之平之，其灌其栵。啟之辟之，其檉其椐。攘之剔之，其檿其柘。帝遷明德，串夷載路，天立厥配，受命既固。

帝省其山，柞棫斯拔，松柏斯兌。帝作邦作對，自大伯王季，因心則友，則友其兄，則篤其慶。載錫之光，受祿無喪，奄有四方。

維此王季，帝度其心，貊其德音。其德克明，克明克類，克長克君，王此大邦，克順克比，比于文王，其德靡悔。既受帝祉，施于孫子。

帝謂文王，無然畔援，無然歆羨，誕先登于岸。密人不恭，敢距大邦，侵阮徂共。王赫斯怒，爰整其旅。以按徂旅，以篤于周祜，以對于天下。

依其在京，侵自阮疆，陟我高岡。無矢我陵，我陵我阿，無飲我泉，我泉我池。度其鮮原，居歧之陽，在渭之將，萬邦之方，下民之王。

帝謂文王，予懷明德，不大聲以色，不長夏以革，不識不知，順帝之則。

帝謂文王，詢爾仇方，同爾兄弟，以爾鉤援，與爾臨衝，以伐崇墉。

臨衝閑閑，崇墉言言。執訊連連，攸馘安安。是類是禡，是致是附，四方以無侮。臨衝茀茀，崇墉仡仡。是伐是肆，是絕是忽，四方以無拂。

《皇矣》

明明在下，赫赫在上。天難忱斯，不易維王。天位殷適，使不挾四方。

摯仲氏任，自彼殷商。來嫁于周，曰嬪于京。乃及王季，維德之行。

大任有身，生此文王。維此文王，小心翼翼。昭事上帝，聿懷多福。厥德不回，以受方國。

天監在下，有命既集。文王初載，天作之合。在洽之陽，在渭之涘。

文王嘉止，大邦有子。大邦有子，俔天之妹。文定厥祥，親迎于渭。造舟為梁，不顯其光。

有命自天，命此文王，于周于京。纘女維莘，長子維行，篤生武王。保右命爾，燮伐大商。

殷商之旅，其會如林。矢于牧野，維予侯興。上帝臨女，無貳爾心。

牧野洋洋，檀車煌煌，駟騵彭彭。維師尚父，時維鷹揚。涼彼武王，肆伐大商，會朝清明。

《大明》

　　這一組史詩，詳細記錄了周民族自母系氏族社會後期至滅商建國這一段時期的歷史，歌頌了周的始祖棄（後稷）和公劉、太王、王季、文王、武王諸先公先王的輝煌業績，有極高的史料價值和文學價值。這組史詩以周民族的發展歷史為線索，通過對後稷發明農業、公劉遷豳、古公亶父遷岐、文王伐密伐崇、武王克商等事件的描繪，集中表現了周人的勤勞和抗爭精神，其目的是給後世統治者提供統治經驗，勉勵後來的執政者勤於政事，告誡他們不要荒逸。這組史詩中也有很多圖騰崇拜和神話傳說，但並不像殷人那樣對上帝無條件地絕對崇拜和信賴。詩中自始至終都貫穿著「天難忱斯」、「帝遷明德」的思想，強調執政者一定要通過自身的德政來鞏固天命，這無疑是周初周公「敬德保民」主導思想的反映。《皇矣》「監觀四方，求民之莫」，甚至可以說已孕育了民本思想的萌芽。

　　這一組史詩敘事、描寫和抒情交融運用，渾然一體，寫得很有氣勢。詩中有

些描寫已有了比較完整的情節性（像《生民》寫姜嫄無夫而孕、生子無災、棄而不死的神異），有些場景描寫也有聲有色（像《公劉》寫周人遷豳後的安居：「于時處處，于時盧旅，于時言言，于時語語。」《縣》寫周人鏟土、倒土、搗土、削土「百堵皆興」的勞動場面）。這組史詩還很講究修辭，運用了很多排比、對比、對仗句式，也很善於用疊音詞摹聲狀態，因而文學性很強。

《周頌》、《大雅》、《小雅》中還有不少農事詩、戰事詩、宴饗詩和政治諷諫詩。農事詩如《周頌》中的《臣工》、《噫嘻》、《豐年》、《載芟》、《良耜》，《小雅》中的《楚茨》、《信南山》、《甫田》、《大田》等，都是一些春夏祈穀、秋冬報賽性質的祭祀詩，但其中也不乏耕種、除草、滅蟲、收穫等農業活動的描寫：

> 噫嘻成王，既昭假爾。率時農夫，播厥百穀。駿發爾私，終三十里。亦服爾耕，十千維耦。
>
> 《噫嘻》

> 於皇來牟，將受厥明。明昭上帝，迄用康年。命我眾人，庤乃錢鎛，奄觀銍艾。
>
> 《臣工》

> 載芟載柞，有噴其耰，思媚其婦，有依其士。有略其耜，俶載南畝。播厥百穀，實函斯活。驛驛其達，有厭其傑。厭厭其苗，綿綿其麃。載穫濟濟，有實其積，萬億及秭。為酒為醴，烝畀祖妣，以洽百禮。
>
> 《載芟》

> 倬彼甫田，歲取十千。我取其陳，食我農人。……曾孫來止，以其婦子，饁彼南畝。田畯至喜，攘其左右，嘗其旨否。
>
> 《甫田》

> 有渰萋萋，興雨祁祁。雨我公田，遂及我私。彼有不獲稺，此有不斂穧。彼有遺秉，此有滯穗，伊寡婦之利。
>
> 《大田》

戰事詩多是反映周人抵禦周邊部族（如西北的玁狁、東南的淮夷）的侵略和侵襲南方荊楚等內容的詩歌，前者如《小雅》的《六月》、《采薇》、《出車》，《大雅》的《常武》、《江漢》，後者如《小雅》的《采芑》。這些詩歌大部分都表現出主體民族抵禦外侮的昂揚鬥志和民族自豪感：

　　六月棲棲，戎車既飭。四牡騤騤，載是常服。玁狁孔熾，我是用急。王于出征，以匡王國。……

　　玁狁匪茹，整居焦穫。侵鎬及方，至于涇陽。織文鳥章，白旆央央。元戎十乘，以先啟行。

　　戎車既安，如輊如軒。四牡既佶，既佶且閑。薄伐玁狁，至于太原。文武吉甫，萬邦為憲。

　　吉甫燕喜，既多受祉。來歸自鎬，我行永久。飲御諸友，炰鱉膾鯉。侯誰在矣，張仲孝友。

《六月》

　　王奮厥武！如震如怒。進厥虎臣，闞如虓虎。鋪敦淮濆，仍執醜虜。截彼淮浦，王師之所！

　　王旅嘽嘽！如飛如翰，如江如漢，如山之苞，如川之流。綿綿翼翼，不測不克，濯征徐國！

《常武》

　　有的詩歌也表現出戰爭頻仍的情況下久戍不歸的戰士對敵人的憤恨和思鄉自傷的心情：

　　采薇采薇，薇亦作止。曰歸曰歸，歲亦莫止。靡室靡家，玁狁之故。不遑啟居，玁狁之故。

昔我往矣，楊柳依依。今我來思，雨雪霏霏。行道遲遲，載渴載饑。我心傷悲，莫知我哀。

《采薇》

政治諷諫詩多是周王朝貴族中地位較高人物的作品，內容多為針砭時弊或感慨人生遭遇，充滿了箴誡規勸的諷喻精神。政治諷諫詩主要集中在二雅之中，寫作時間在西周末年，代表作品有《大雅》的《民勞》、《板》、《蕩》、《瞻卬》、《召旻》，《小雅》的《節南山》、《正月》、《十月之交》等。

瞻卬昊天，則不我惠。孔填不寧，降此大厲。邦靡有定，士民其瘵。蟊賊蟊疾，靡有夷屆。罪罟不收，靡有夷瘳。

人有土田，女反有之。人有民人，女覆奪之。此宜無罪，女反收之。彼宜有罪，女覆說之。哲夫成城，哲婦傾城。

懿厥哲婦，為梟為鴟。婦有長舌，維厲之階。亂匪降自天，生自婦人。匪教匪誨，時維婦寺。……

天之降罔，維其優矣。人之云亡，心之憂矣。天之降罔，維其幾矣。人之云亡，心之悲矣。……

《瞻卬》

十月之交，朔日辛卯。日有食之，亦孔之醜。彼月而微，此日而微。今此下民，亦孔之哀。

日月告凶，不用其行。四國無政，不用其良。彼月而食，則維其常。此日而食，于何不臧？

燁燁震電，不寧不令。百川沸騰，山冢崒崩。高岸為谷，深谷為陵。哀今之人，胡憯莫懲。……

黽勉從事，不敢告勞。無罪無辜，讒口囂囂。下民之孽，匪降自天。噂沓背

憎，職競由人。

悠悠我里，亦孔之痗。四方有羡，我獨居憂。民莫不逸，我獨不敢休。天命不徹，我不敢效，我友自逸。

《十月之交》

政治諷諫詩往往帶有憂心如焚的哀怨悲憤色彩，但又遵守著修德守禮的自覺意識，所以過去古人說它「怨悱而不亂」[10]，這是後世政治抒情體詩歌的濫觴。

二、國風——諸侯各國的民俗歌謠

風，本義是樂調。《左傳·成公九年》載楚囚鐘儀「樂操土風」，「土風」就是地方土樂。國風，是各國以地方土樂配樂的民俗歌謠之詩，與我們現在說的「勞動人民的集體口頭創作」的「民歌」不大一樣。地方土樂配樂的民俗歌謠之詩，是指和朝廷的雅言正樂的區別，並不一定都是勞動人民的作品。從流傳到現在的《詩經》的十五國風看，直接描述勞動人民生活的詩篇只占很小的比例，大部分詩篇可能出自各個階層的貴族，勞動人民集體的口頭創作非常少。

「十五國風」指周南、召南兩個地區和邶、鄘、衛、王、鄭、齊、魏、唐、秦、陳、檜、曹、豳十三個國家的歌謠。周南、召南指周公、召公統治下的南方區域。史載周初周公、召公分陝（今河南陝縣）而治，周公居東，長住東都洛邑；召公居西，長住宗周鎬京。周南、召南在今長江流域中游，十三國在今黃河流域上、中、下游，可見國風涵括的地域是非常廣闊的。

國風的詩歌可分成下列幾類：

---

10 《史記·屈原賈生列傳》。

（一）農事詩

描寫農業生活的詩，以《豳風・七月》為代表。《七月》是西周時期王室樂官搜集整理的豳地農民創作的生活詩。它全面細緻地描寫了豳地農民一年十二個月的生活，把農民一年到頭的勞作和哀苦與封建貴族的享樂鮮明對比，「敷陳其事而直言之」，再現了西周時期階級對立的社會本質，是一首不可多得的現實主義的優秀詩篇。

七月流火，九月授衣。一之日觱發，二之日栗烈。無衣無褐，何以卒歲。三之日于耜，四之日舉趾。同我婦子，饁彼南畝，田畯至喜。

七月流火，九月授衣。春日載陽，有鳴倉庚。女執懿筐，遵彼微行，爰求柔桑。春日遲遲，采蘩祁祁。女心傷悲，殆及公子同歸。

七月流火，八月萑葦。蠶月條桑，取彼斧斨，以伐遠揚，猗彼女桑。七月鳴鵙，八月載績。載玄載黃，我朱孔陽，為公子裳。

四月秀葽，五月鳴蜩。八月其穫，十月隕蘀。一之日于貉，取彼狐狸，為公子裘。二之日其同，載纘武功。言私其豵，獻豜于公。

五月斯螽動股，六月莎雞振羽。七月在野，八月在宇，九月在戶，十月蟋蟀入我牀下。穹窒熏鼠，塞向墐戶。嗟我婦子，曰為改歲，入此室處。

六月食鬱及薁，七月亨葵及菽。八月剝棗，十月穫稻。為此春酒，以介眉壽。七月食瓜，八月斷壺，九月叔苴。采荼薪樗，食我農夫。

九月築場圃，十月納禾稼：黍稷重穋，禾麻菽麥。嗟我農夫，我稼既同，上入執宮功。晝爾于茅，宵爾索綯，亟其乘屋，其始播百穀。

二之日鑿冰沖沖，三之日納于淩陰。四之日其蚤，獻羔祭韭。九月肅霜，十月滌場。朋酒斯饗，曰殺羔羊，躋彼公堂，稱彼兕觥，萬壽無疆！

詩中描寫農民無冬無夏的勞動，但衣食卻不得溫飽，「無衣無褐」、「采荼薪

樗」，一年四季還要為貴族服各種各樣的勞役，勞動婦女還時時會遭到貴族子弟的欺凌，「春日遲遲，采蘩祁祁。女心傷悲，殆及公子同歸」，真實再現了周代的階級壓迫和當時農民的真實生活，使我們對周初的農業經濟和生產情況有了清楚的了解。

（二）戰爭徭役詩

《國風》中的戰爭徭役詩，大多是平民階層或下層貴族以戰爭或徭役為主要題材的敘事抒情詩。這些詩，有的表現了戰士（多由士或平民擔當）同仇敵愾的必勝信心：

> 豈曰無衣，與子同袍。王于興師，脩我戈矛，與子同仇。
>
> 豈曰無衣，與子同澤。王于興師，脩我矛戟，與子偕作。
>
> 豈曰無衣，與子同裳。王于興師，脩我甲兵，與子偕行。

《無衣》

有的則反映了動亂年代戰士由於農業破壞、親人離亂而產生的對戰爭的厭倦：

> 我徂東山，慆慆不歸。我來自東，零雨其濛。果臝之實，亦施于宇，伊威在室，蠨蛸在戶。町畽鹿場，熠燿宵行。不可畏也，伊可懷也！
>
> 我徂東山，慆慆不歸。我來自東，零雨其濛。鸛鳴于垤，婦歎于室。洒埽穹窒，我征聿至。有敦瓜苦，烝在栗薪。自我不見，于今三年！

《東山》

尤其是，繁重的徭役，使服役者背井離鄉，艱苦備嘗，不由地產生了很多對個人勞苦和命運乖舛的慨歎：

> 肅肅鴇羽，集于苞栩。王事靡盬，不能蓺稷黍，父母何怙？悠悠蒼天！曷其

有所？

蕭蕭鴇翼，集於苞棘。王事靡盬，不能蓺黍稷，父母何食？悠悠蒼天！曷其有極？

蕭蕭鴇行，集于苞桑。王事靡盬，不能蓺稻梁，父母何嘗？悠悠蒼天！曷其有常？

《鴇羽》

這類詩中以傾訴自己苦痛的徭役詩數量最多。除上所舉，像《周南‧卷耳》、《召南‧小星》、《邶風‧北門》、《鄭風‧清人》、《王風‧揚之水》、《齊風‧東方未明》、《魏風‧陟岵》等，反映的感情都很真切。還有一些徭役詩不是由服役者直抒胸臆，而是通過服役者妻子對丈夫的懷念來表現離亂之苦。如：

君子于役，不知其期。曷至哉？雞棲于塒，日之夕矣，羊牛下來。君子于役，如之何勿思！

君子于役，不日不月。曷其有佸？雞棲于桀，日之夕矣，羊牛下括。君子于役，苟無飢渴。

《君子于役》

這類詩歌寫得纏綿悱惻，遼遠深沉，很有感染力。

（三）愛情詩

以婚姻愛情為主題的詩歌，在《國風》中占較大比重。這一類詩歌可分為三類：

1. 男女互相愛戀、思念的愛情詩。如《周南‧關雎》、《邶風‧北風》、《鄘風‧桑中》、《秦風‧蒹葭》、《召南‧摽有梅》、《鄭風‧豐》等。

關關雎鳩，在河之洲。窈窕淑女，君子好逑。

參差荇菜，左右流之。窈窕淑女，寤寐求之。

求之不得，寤寐思服。悠哉悠哉，輾轉反側。

參差荇菜，左右采之。窈窕淑女，琴瑟友之。

參差荇菜，左右芼之。窈窕淑女，鐘鼓樂之。

《關雎》

蒹葭蒼蒼，白露為霜。所謂伊人，在水一方。溯洄從之，道阻且長；溯游從之，宛在水中央。

蒹葭萋萋，白露未晞。所謂伊人，在水之湄。溯洄從之，道阻且躋；溯游從之，宛在水中坻。

蒹葭采采，白露未已。所謂伊人，在水之涘。溯洄從之，道阻且右；溯游從之，宛在水中沚。

《蒹葭》

這一類詩歌寫得委婉細膩，曲折動人，真實反映了純情男女對所愛的人心底之間的悅慕和愛戀。

還有些詩歌描寫男女的嬉樂或幽會，清麗傳神，人物的言笑風貌躍然紙上，如《鄭風·溱洧》、《邶風·靜女》、《鄘風·桑中》、《柏舟》等。

溱與洧，方渙渙兮。士與女，方秉蕑兮。女曰觀乎？士曰既且。且往觀乎？洧之外，洵訏且樂。維士與女，伊其相謔，贈之以勺藥。

溱與洧，瀏其清矣。士與女，殷其盈矣。女曰觀乎？士曰既且。且往觀乎？洧之外，洵訏且樂。維士與女，伊其將謔，贈之以勺藥。

《溱洧》

靜女其姝，俟我於城隅。愛而不見，搔首踟躕。靜女其孌，貽我彤管。彤管

有煒，說懌女美。自牧歸荑，洵美且異。匪女之為美，美人之貽。

《靜女》

爰采唐矣？沫之鄉矣。云誰之思？美孟姜矣。期我乎桑中，要我乎上宮，送我乎淇之上矣。

爰采麥矣？沫之北矣。云誰之思？美孟弋矣。期我乎桑中，要我乎上宮，送我乎淇之上矣。

爰采葑矣？沫之東矣。云誰之思？美孟庸矣。期我乎桑中，要我乎上宮，送我乎淇之上矣。

《桑中》

還有些詩歌帶有「海誓山盟」的特點。由於「父命之母，媒妁之言」的禁錮，很多青年愛戀的結果是不能結合。但這並不能禁錮他們的愛：

汎彼柏舟，在彼中河。髧彼兩髦，實維我儀。之死矢靡它。母也天只，不諒人只！

汎彼柏舟，在彼河側。髧彼兩髦，實維我特。之死矢靡慝。母也天只，不諒人只！

《柏舟》

詩中表現出的為追求幸福而鬥爭的頑強精神——「之死矢靡它」，大概是中國婦女以死來抗爭、以死來追求婚姻自由的最早的呼聲，這種為追求婚姻自由而鬥爭的精神在後來的文學形象如劉蘭芝、祝英台等身上得到了完美的體現。

2. 婚嫁詩。這一類詩歌數量不多，且多是貴族作品。這類詩歌的代表作是《周南·桃夭》、《召南·鵲巢》、《鄘風·君子偕老》、《衛風·碩人》、《鄘風·蝃蝀》等。其中，有的以喜悅的心情表示對幸福婚姻的祝福或禮贊：

桃之夭夭，灼灼其華。之子于歸，宜其室家。

桃之夭夭，有蕡其實。之子于歸，宜其家室。

桃之夭夭，其葉蓁蓁。之子于歸，宜其家人。

《桃夭》

有的以形象的比喻描繪婚禮的隆重和新娘的漂亮：

玼兮玼兮，其之翟也。鬒髮如雲，不屑髢也。玉之瑱也，象之揥也，揚且之皙也。胡然而天也？胡然而帝也？

《君子偕老》

碩人其頎，衣錦褧衣。齊侯之子，衛侯之妻，東宮之妹，邢侯之姨，譚公維私。

手如柔荑，膚如凝脂，領如蝤蠐，齒如瓠犀，螓首蛾眉，巧笑倩兮，美目盼兮。

碩人敖敖，說于農郊。四牡有驕，朱幩鑣鑣，翟茀以朝。大夫夙退，無使君勞。

河水洋洋，北流活活。施罛濊濊，鱣鮪發發，葭菼揭揭。庶姜孽孽，庶士有朅。

《碩人》

有的則著意表現出嫁女子難以割捨親情的惆悵：

蝃蝀在東，莫之敢指。女子有行，遠父母兄弟。朝隮于西，崇朝其雨。女子有行，遠兄弟父母。乃如之人也，懷昏姻也。大無信也，不知命也。

《蝃蝀》

因為古代貴族女子遠嫁，除非被休回來，再回家的可能性是很小的。因此，難以割捨的親情，也是古代文學作品表現的一個方面。

3. 棄婦詩，即被男子遺棄、在感情上深受戕害的女子悲憤的控訴詩。在當時男尊女卑的社會狀況下，不合理的婚姻給婦女帶來的痛苦非常深重，因而這一類詩歌數量不小。其中的代表作是《衛風·氓》、《邶風·谷風》、《王風·中谷有蓷》、《鄭風·遵大路》等。

氓之蚩蚩，抱布貿絲。匪來貿絲，來即我謀。送子涉淇，至于頓丘。匪我愆期，子無良媒。將子無怒，秋以為期。

乘彼垝垣，以望復關。不見復關，泣涕漣漣。既見復關，載笑載言。……以爾車來，以我賄遷。……

桑之落矣，其黃而隕。自我徂爾，三歲食貧。淇水湯湯，漸車帷裳。女也不爽，士貳其行。士也罔極，二三其德。

三歲為婦，靡室勞矣。夙興夜寐，靡有朝矣。言既遂矣，至于暴矣。兄弟不知，咥其笑矣。靜言思之，躬自悼矣。

及爾偕老，老使我怨。淇則有岸，隰則有泮。總角之宴，言笑晏晏。信誓旦旦，不思其反。反是不思，亦已焉哉。

《氓》

《氓》詩的女主人公以純潔誠摯的心追求愛情和幸福，但負心男子騙取了她的財物，結婚三年，就把她拋棄了。無辜的婦女在兄弟那裡得不到同情，因此，對一去不復返的過去，她只能是悔，只能是恨。「信誓旦旦，不思其反。反是不思，亦已焉哉！」從詩的結尾看，這個被拋棄的婦女是相當剛強的。她對負心男子的斥責，使人同情，也使人有痛快淋漓之感。

《邶風·谷風》中的棄婦性格懦弱，到被驅趕出門，思想上還牽著那根被丈夫扯斷的情絲，當斷不斷，使人哀其不幸，怒其不爭：

行道遲遲，中心有違。不遠伊邇，薄送我畿。誰謂荼苦，其甘如薺。宴爾新昏，如兄如弟。

《國風》中的愛情詩，是《詩經》中最有價值的部分之一。情詩具有高度的美學價值，棄婦詩含有深刻的社會意義，婚嫁詩更多表現的則是豐厚的文化內容，後世文學的愛情題材作品從中吸取了豐富的營養。

（四）懷舊詩、諷刺詩

除了以上的農事詩、戰爭徭役詩、愛情詩，《國風》中還有少量的懷舊詩和諷刺詩。懷舊詩指對已逝去的父母兄弟、配偶之外的舊人或往昔生活的追悼和懷念：

> 交交黃鳥，止于棘。誰從穆公？子車奄息。維此奄息，百夫之特。臨其穴，惴惴其慄。彼蒼者天，殲我良人！如可贖兮，人百其身。

《秦風・黃鳥》

《黃鳥》是懷念為秦穆公殉葬的子車氏三子奄息、仲行、鍼虎的詩。詩中以奄息等殉葬時戰慄發抖的樣子揭露人殉的殘酷，並發出「彼蒼者天，殲我良人」的呼喊，表現了作者對殉葬暴行的抗議。「如可贖兮，人百其身」，體現了作者對死者無可奈何的追惜和懷念。

> 彼黍離離，彼稷之苗。行邁靡靡，中心搖搖。知我者謂我心憂；不知我者，謂我何求！悠悠蒼天，此何人哉！

《王風・黍離》

《黍離》的作者來到過去的都城，但見荒煙蔓草，斷壁殘垣。想起當年的繁華，目睹今日之蕭瑟，傷時憂國，悲從中來，不由得也想到自己忠君愛國反遭嫉妒的不平。

《國風》中的諷刺詩大多是農民或下層貴族對封建貴族貪婪暴戾的諷刺或詛咒，有較強的思想性：

> 坎坎伐檀兮，寘之河之干兮，河水清且漣猗。不稼不穡，胡取禾三百廛兮？

不狩不獵，胡瞻爾庭有縣貆兮？彼君子兮，不素餐兮。

《魏風·伐檀》

碩鼠碩鼠，無食我黍！三歲貫女，莫我肯顧。逝將去女，適彼樂土。樂土樂土，爰得我所。

《魏風·碩鼠》

相鼠有皮，人而無儀。人而無儀，不死何為？

相鼠有齒，人而無止。人而無止，不死何俟？

相鼠有體，人而無禮。人而無禮，胡不遄死？

《鄘風·相鼠》

《伐檀》質問「不稼不穡」、「不狩不獵」的「君子」為什麼不勞而獲、坐享其成。《碩鼠》把剝削者比作貪婪無恥的大老鼠，幻想能到一個沒有剝削的「樂土」上去生活。《相鼠》則更進一步，把腐朽糜爛的剝削者比作連可憎可鄙的老鼠都不如的東西，詛咒他們趕快去死。這種積極面對現實的態度醞釀著人民的反抗情緒，反映了封建社會初期農民的覺醒，是研究當時社會經濟重要的資料。

三、《詩經》的藝術成就

作為中國古代第一部詩歌總集，《詩經》以其廣泛的創作題材和豐富的生活內容向我們展示了殷周社會的歷史風貌，成為我們認識殷周社會的一幅立體畫卷。在文化精神和藝術創作上，《詩經》也以它源於農業生產的鄉土情蘊、宗族倫理觀念和現實主義的創作態度，創造出體裁優美、藝術技巧高超的抒情詩歌，為中國詩歌的發展奠定了基礎，為後世現實主義的文學創作提供了藝術的典範。

《詩經》是植根於中國農業文明的藝術，無論是《國風》，還是《雅》、

《頌》，各類詩歌中都體現著濃厚的鄉土氣息和對農業的崇拜與眷戀鄉土的情思。《詩經》的倫理情感相當濃烈，這是跟商周宗法農業社會的宗法觀念分不開的。人倫之愛、宗國之愛，是倫理觀念，也是政治觀念，因而《詩經》中體現孝悌、忠信、愛國愛家內容的詩篇特別多。《詩經》的詩作，大都是以詩歌來再現自己的現實生活、以現實生活的素材為基礎來反映自己的願望和理想的。大至國家的宗廟祭祀、戰爭、政治變革，小至平民百姓的農事蠶桑、婚嫁、娛樂，都成為《詩經》描寫的對象。因此，從內容上說，《詩經》又是一部反映商周生活的百科全書，從中我們可以了解商周社會的各個側面。

從創作藝術上說，《詩經》的出現在中國詩歌藝術發展史上也有著非同尋常的意義：

（一）《詩經》成功地塑造了一系列的人物形象，為後世抒情詩歌的創作奠定了基礎

《詩經》之前，中國古代的原始歌謠是談不上人物形象的塑造的，甚至可以說還不曾出現過獨具性格的人物。《詩經》則不然，翻開《詩經》，我們會看到各式各樣的人物形象：有貴族封建主，也有一般平民；有刁鑽貪婪的狗腿子，也有老實質樸的農民；有負心男子，也有癡情婦女；有行役遊子，也有閨中思婦。他們組合成一幅生動廣闊的社會生活畫面，栩栩如生地再現了商周社會的精神風貌。

《詩經》中的人物塑造，有以下幾種方式：

1. 通過簡要的事件敘述或人物活動場景的描繪來塑造人物，以精煉的語言刻畫人物的形象特徵。

如：《衛風・氓》通過作者與氓從相識、結婚到反目整個過程的簡要描述，塑造了「氓」這個負心男子的形象。他在婚前假裝誠實，「氓之蚩蚩，抱布貿絲。匪來貿絲，來即我謀」，結婚時也「信誓旦旦」，但結婚以後，女子所有的財物到了手，他就「二三其德」，「言既遂矣，至於暴矣」，露出凶惡的嘴臉。語

言非常簡練，但寫形傳神，又非常深刻。又比如《大雅・生民》，自始至終都圍繞著后稷的「神異」來寫。第一、二章寫後稷誕生的「神異」：姜嫄「履帝武敏」而懷孕、生子。第三章寫后稷誕生後的「神異」：「寘之隘巷」，牛羊給他餵奶；「寘之平林」，正趕上有人來伐木，把他救起；「寘之寒冰」，鳥兒張開翅膀來保護他。第四章寫后稷幼時藝農的「神異」；第五、六章寫他對農業的貢獻；第七、八章寫他率民祭祀、溝通人神。這樣，人「神化」，神「人化」，人神結合，一個既有人的勤勞、智慧，又有神的靈異的超凡人物就矗立在我們面前。《小雅・賓之初筵》通過筵會開始時貴族們「溫溫其恭」、「威儀抑抑」的形象和他們酒醉後「載號載呶」、醜態百出的場面進行對比描寫，揭露他們道貌岸然的「君子」相，亦莊亦諧，雖用筆不多，但給人的印象很深。

2. 通過外貌描寫和心理描寫塑造人物的形象特徵，同時以簡單的議論畫龍點睛，突出人物的性格特點。

《詩經》以抒情為主，但也很善於以精煉的語言刻畫人物的外貌，通過外貌描寫來塑造人物的形象。如《衛風・碩人》，寫莊姜「手如柔荑，膚如凝脂，領如蝤蠐，齒如瓠犀，螓首蛾眉。巧笑倩兮，美目盼兮」，由靜態面容到動態的顧盼，寫得非常傳神，向來為人稱道。《詩經》的心理描寫也頗見功力，如《衛風・伯兮》以一個居家婦女的口吻，吐訴對出征丈夫深切的思念。第一章以丈夫形象之美，顯示自己思念之深；第二章以自己「首如飛蓬」之醜，顯示自己思念之苦；第三章以主觀願望與現實的矛盾，顯示自己思念之堅。辭真意切，如泣如訴，感情細膩，表現出對丈夫的無限忠貞和愛戀，可稱為閨怨詩之首。

3. 《詩經》亦善於借景起興以烘托人物或借景抒情。

如《周南・桃夭》以「桃之夭夭，灼灼其華」起興，極力描寫桃花鮮盛，以烘托新娘的美貌；《秦風・蒹葭》以「蒹葭蒼蒼，白露為霜」起興，烘托主人公追求意中人而不見的空虛和惆悵，寫得都極有意境。其餘如《邶風・谷風》以「習習穀風，以陰以雨」起興，暗示將有一件不幸的事情發生，《王風・君子于役》以家畜家禽傍晚歸來的景象襯托女主人公倚門佇望歸人的悲傷心境，寫得都樸素潔靜而感人至深，使人產生豐富的聯想。

（二）《詩經》的創作藝術和語言藝術，開創了中國詩歌藝術的民族文化傳統

《詩經》的藝術成就，不僅表現在它成功地塑造了一系列的人物形象上，也表現在它高超的創作藝術技巧和語言藝術技巧上。

前人研究《詩經》的著作中，常常談到「賦、比、興」的創作手法。《周禮‧春官‧大師》說：「大師教六詩，曰風，曰賦，曰比，曰興，曰雅，曰頌。」據宋人研究，「賦」就是直陳，「賦者，敷陳其事而直言之也」；「比」就是比喻，「比者，以彼物比此物也」；「興」就是借物起興，「興者，先言他物以引起所詠之詞也」[11]。前人歸納的這幾種創作表現手法，基本上可以概括《詩經》大部分詩篇的創作情況。《雅》、《頌》史詩多用「賦」，直陳鋪敘，或邊敘事邊抒情，氣魄非常宏大。《國風》「賦」用得不多，但亦有以此見長者，如《鄭風‧溱洧》、《豳風‧七月》等。「比」、「興」，《風》、《雅》詩用得最多，其比喻方式，「或喻於聲，或方於貌，或抑於心，或譬於事」[12]，作用是為了使人物的形象更加鮮明。其著名者，如《鄘風‧相鼠》、《魏風‧碩鼠》以老鼠比喻統治階級的貪鄙，《衛風‧氓》以桑樹從繁茂到凋落的變化比喻夫婦愛情的變化，《邶風‧終風》以既風且暴的惡劣天氣比喻暴虐和喜怒無常的丈夫，都極被後世稱道。「興」的使用最為引人注目。《詩經》的起興有兩種：一是借句起興，起興的句子和詩的內容沒有多少關聯，只起到開頭或起韻的作用，如《小雅‧采菽》的前兩句「采菽采菽，筐之筥之。君子來朝，何錫予之」即是這樣的興句。二是借物起興，因景生情，使人發生聯想，這種起興方法在《國風》中占大多數。如上舉《桃夭》、《蒹葭》、《關雎》、《谷風》等用的都是這種起興法。這種起興法，托物抒情，因景生情，極易引起人們豐富的聯想以造成情景交融的藝術境界，亦極有益於鮮明的人物形象的塑造，因為這種托物起興的詩句往往含有非常古老的文化象徵意義。以這樣的詩句起興，詩作者和欣賞者的心目中馬上會湧現出一幅蘊涵豐富的意象畫，全詩的思想、情韻以及興句和全詩的比類、隱喻關係，用不著多加思索，憑

---

11 朱熹：《詩集傳》，上海，上海古籍出版社，1980。
12 朱熹：《詩集傳》。

著朗朗上口的韻調就能體味出來，它要塑造的人物形象亦因此而得到鮮明的表現。

除了「賦」、「比」、「興」，《詩經》還採用了誇張、對比、借代等多種藝術修辭手法來加強抒情效果。如《王風‧采葛》以「一日不見，如三秋兮」來誇張思念之情切，《鄭風‧子衿》用「青青子衿」來代指自己的情人，《小雅‧北山》以「或燕燕居息，或盡瘁事國；或息偃在床，或不已於行」的對比手法寫王事的不公平，準確、鮮明、生動，有些語句至今還活在人民的語言中。

《詩經》在形式上多是四言一句，隔句用韻，章法上重章迭唱，有很強的節奏和韻律。這是跟它配樂演唱的演奏特點分不開的。二節拍的四言詩是對原始詩歌的直接繼承，帶有很強的節奏韻律規範。這種節奏韻律規範要求詩的語言要服從音樂美的要求，故《詩經》的語言別具一種音樂美：用詞注重形象化特徵，摹聲摹形的重言或雙聲疊韻詞很多，善於抓住中心詞語的錘煉敘事狀物，用變換的、流動的畫面表現人物的情感。

《詩經》詞語運用的最大特徵是具體化。商周時代是單音詞為主的時代，《詩經》在表示同類事物或同類動作的時候，一般都不用抽象的概念式的名詞或動詞來表述，而是用豐富多彩的具象化的單音詞來表述。比如《詩經》描寫「馬」，一般很少用抽象名詞「馬」，它運用的多是「騜」（黃馬黑喙）、「駱」（白馬黑鬣）、「駰」（陰白雜毛）等具體而形象化的名詞。描寫動作，它一般也非常注意不同情態的差別，如《周南‧芣苢》就把采芣苢的動作分解為「采」（開始采）、「有」（采下來一些）、「掇」（拾）、「捋」（把芣苢子捋下）、「袺」（用衣襟接住）、「襭」（用衣服包起來掛在腰間）等動作，言簡意賅，準確、形象，沒有任何矯揉造作的痕跡，但又有很強的藝術表現力。

《詩經》中運用大量的重言或雙聲疊韻形容詞來摹聲繪形，也大大加強了詩歌的形象性和音樂美，增強了詩歌的感人力量。《詩經》中這樣的形容詞很多，疊字性的重言如「粼粼」、「遲遲」、「肅肅」、「依依」、「霏霏」，雙聲如「參差」、「蔽芾」、「輾轉」、「黽勉」，疊韻如「窈窕」、「崔嵬」、「輾轉」、「逍遙」，不但聲調優美，朗朗上口，極具口語性，描摹形容的事物也極為廣泛。劉勰《文心

雕龍‧物色》篇說：「詩人感物，聯類不窮……故灼灼狀桃花之鮮，依依盡楊柳之貌，杲杲為出日之容，瀌瀌擬雨雪之狀，喈喈逐黃鳥之聲，喓喓學草蟲之韻。皎日嘒星，二言窮理；參差沃若，兩字窮形，並以少總多，情貌無遺矣。」《詩經》重言或雙聲疊韻連綿詞的大量運用，與它本身應具備的音樂音響效果有很大關係。「伐木丁丁，鳥鳴嚶嚶」、「鼓鐘鏘鏘，淮水湯湯」之類，「丁丁」、「嚶嚶」、「鏘鏘」、「湯湯」本身就是伐木聲、鳥鳴聲、鐘鼓聲、流水聲的摹繪，這些摹聲繪形詞和二節拍四言詩的節奏結合起來，構成了《詩經》自然的韻律美，它重章迭唱的演奏形式和不同章節中豐富多彩的中心詞變換，構成了《詩經》獨特的語言風格，為後世詩歌的創作和文學語言的錘煉，樹立了光輝的榜樣。

總之，《詩經》的出現，對中國文學發展的影響是巨大的。它不僅奠定了中國詩歌藝術創作的民族傳統，也奠定了中國詩歌創作的語言基礎和藝術原則。《詩經》過去被尊為「經」，這是不正確的。但是，「風」、「雅」作為純樸、嚴肅的文學創作原則，作為現實主義的文藝創作精神，它給予後世文學的灌溉卻是無窮無盡的。歷代文學家常常以「風」、「雅」相號召來反對當時文壇上的形式主義傾向即證明了這一點。當然，《詩經》創作也有消極的一面，如《頌》、《雅》中有些作品是屬於廟堂文學和宮廷文學性質的，後世封建文人把這些繼承下來，常常搞一些以歌功頌德為目的的郊廟歌、燕射歌及極盡浮誇的賦、頌、銘、誄之類，粉飾太平。不過，這不是《詩經》的主流，也不是「風」、「雅」的主導精神。

多種色彩
的史傳文學

　　大概與二節拍節奏的四言詩的成熟相距不遠，中國古代的史傳散文也有了長足的發展。史傳散文是史官文化、史籍文化的產物。上文說過，中國遠古時代，文史哲互相融匯的綜合形態是先秦文化的重要特色，因此，這裡談到的史傳散文，實際上是以文學手法寫作的歷史作品。史學、史籍我們已有專門的論述，本節主要談先秦史傳散文的文學成就。

一、成熟凝重的《尚書》、《逸周書》、《春秋》

　　散文是文字發明以後才產生的，是最適於實用的文學樣式。散文的書寫必須具備竹帛筆紙之類的物質條件，文字的運用亦必須依賴文字體系的成熟和知識分子階層的形成，因而成熟的散文是社會發展到一定階段才會出現的。我們現在能見到的最原形的散文，是商周甲骨刻辭和鐘鼎彝器上的刻銘。這種以最簡明的語言記錄占卜內容的卜辭和「自名以稱揚其先祖之美，而明著之後世」作用的銘文，雖然比較簡單，但它已能用比較完整的語言來記述完整的社會生活內容，彝銘中文字較長者有不少已可和《尚書》的文字媲美。卜辭和彝銘都屬於特殊的記事文體，並不代表殷周文字的全部。《尚書·多士》說「唯殷先人，有冊有典」，

可見殷周時期的史籍多是以簡冊的形式記載的。簡冊、帛書不易保留，故出土發現不多，我們研究殷周時期的散文，主要還是靠傳世的古籍。

我們現在能見到的先秦史籍，最早的是《尚書》和《逸周書》。《尚書》由《虞書》、《夏書》、《商書》、《周書》四部分組成。《虞書》的《堯典》、《皋陶謨》是商周史官追記的堯、舜、禹三王時代的傳說；《夏書》是商周史官加工過的夏代史料；《商書》、《周書》是商、周的文字材料，但《商書》經過了周人的整理。《逸周書》傳說是孔子編定《尚書》時刪除的周代史書，體例與《尚書·周書》相似，因是《周書》刪去的逸篇，故東漢許慎《說文解字》稱其為《逸周書》（班固《漢書·藝文志》稱《周書》）。

《尚書》、《逸周書》是商周時代成熟的「記言」性質的史書，典、謨、訓、誥、誓、命都屬於官方文書類的應用文字，然而也顯示出鮮明的文學色彩，這主要表現在：

（一）結構完整，層次分明，有些篇章還具有清晰、生動的描寫

《尚書》文誥單獨成篇，結構完整而有條理（有些篇章有錯簡），有層次。有些篇章以記事為主，如《金縢》、《顧命》，前者記武王有疾，周公祈禱祖先，願以自身代武王死，並將祈禱文書藏於金縢。後周公受讒，風雷示怒，「秋，大熟，未獲。天大雷電以風，禾盡偃，大木斯拔。」成王啟金縢，明白了周公是忠貞不貳的忠臣，「天乃雨，反風，禾則盡起」，描寫得非常細膩。後者記成王病危，康王受命，成王死，康王登極，以時間順序和空間方位把國家大喪和新君嗣位的場面、儀節描繪得清清楚楚，甚至康王及群臣的服飾、神態都有反映，表現出作者不凡的藝術功力。《逸周書·克殷解》、《世俘解》對武王伐紂的過程記錄得也非常清楚。

（二）語言表述注重形象化，善於用具體的形象比喻說明抽象的道理

《尚書》文誥性質的篇章居多，然而由於它注重語言形象化的表述，文章雖佶屈聱牙、深奧難讀，但並不枯燥。如《盤庚》三篇，是殷王盤庚遷殷時對世族百官、臣民的訓誥，這幾篇訓誥中，盤庚針對世族百官、臣民不願搬遷的種種理由，進行說服。他把舊都比作「顛木」，把新都比作顛木新生的「由蘗」。告誡臣民要服從王命，「若網在綱，有條而不紊；若農服田力穡，乃亦有秋」。他斥責群臣「浮言」惑眾，說這樣下去，好比「火之燎於原，不可向邇」，又告誡臣民要聽他的話，說這次遷都有如乘船，若不好好渡過去，大家都有沉溺的危險。這些比喻貼切、生動，多是用生活中常見熟知的事情作譬，因而有很強的說服力。

（三）語言帶有比較強烈的感情色彩，真實而有說服力

《尚書》以「記言」為主，但並不千篇一律。如《周書》部分大都是周公的講話：《大誥》是討伐武庚的動員令，《洛誥》是營建成周後與成王的答問之詞，《康誥》、《酒誥》、《梓材》告誡康叔，《無逸》、《立政》勸勉成王，《多方》、《多士》警告殷遺民，《君奭》則是與召公奭的談話記錄。這些講話，對象不同，語言的感情色彩亦因人而異。如對殷遺民，完全是威脅利誘、軟硬兼施的語氣；對成王，則是關懷備至而又充滿了寄託和希望；對康叔、召公奭，則以衷心告誡、中肯批評、熱烈希望為主，字裡行間充溢著對周人王業的忠誠，表現了一個無私無畏的政治家的策略與胸懷。

《尚書》、《逸周書》以記載商周史事為主，也有少數篇章記載了春秋時的事。春秋以後，王室衰微，記載歷史的權力不再為王室壟斷，諸侯國逐漸出現了一些按年代順序記載歷史的「記事」性史書，這就是各國的「春秋」體史書，——其代表作是魯國的《春秋》和魏國的《竹書紀年》。

《春秋》是春秋魯國的編年史，據說曾經過孔子的修訂。《春秋》記事上起

魯隱西元年（前722年），下至魯哀公十四年（前481年），共二百四十二年。其記事方式是「以事繫日，以日繫月，以月繫時，以時繫年」[13]，事件嚴格按時間順序編排。《竹書紀年》是西晉初年在汲郡（今河南汲縣）發現的一部戰國魏的竹簡編年史，記載了三代到晉到魏二千餘年的史事，文字表述體例與《春秋》相近。《春秋》和《竹書紀年》是中國現在發現最早的編年體史書，其屬辭比事，極其精煉，然而亦有文采可觀，尤其是《春秋》，據說曾經孔子刪削，「筆則筆，削則削」，簡潔語言中隱寓著「微言大義」，語言的感情色彩很強烈。如僖公十六年：「春，王正月，隕石于宋五；是月，六鷁退飛，過宋都」，寥寥十餘字，把宋國發生的兩件大事敘述得清楚明白，錯落有致。《春秋》對不同性質的行為選擇不同色彩的辭彙，如討伐有罪稱「伐」，不敲擊鐘鼓的進攻稱「侵」，乘人不備的戰爭稱「襲」；殺有罪者曰「誅」，殺無罪者曰「殺」，下屬殺上級曰「弒」，選詞凝煉，一絲不苟，體現了史學散文的語言向流暢清新方向的發展。這是它比「佶屈聱牙」的《尚書》類「記言」史書的一大進步。

不過，《春秋》也存在著過於簡單隱晦的缺點。史事僅存綱目，不敘史實，使人弄不清因果關係，所以宋人有「斷爛朝報」之譏。這說明它還帶有相當的原始性。

二、長於描寫歷史事件和戰爭場面的《左傳》

《春秋》開創了編年體史書之先河，但首創難工，還帶有相當的原始性。戰國以降，封建地主階級勃然興起，新觀念、新思潮和學術界的「百家爭鳴」促進了編年體史書向帶有記事本末體和傳記體因素的方向發展，產生了像《左傳》、《國語》、《戰國策》那樣的史實詳備又富有文采的成熟的編年體著作，為中國史學和文學的發展作出了重要貢獻。

---

13 杜預：《春秋左傳集解·序》。

《左傳》是《春秋左氏傳》的簡稱，關於它的作者、成書年代及與《春秋》的關係，歷來爭論頗多。現在大多數人認為：《左傳》是戰國初年或稍後的人根據春秋時代各國的史料編撰而成的，它原是一部獨立的著作，並非為解經而作，後來按編年繫於《春秋》之下。《左傳》記事豐贍翔實，視野開闊，有關春秋列國的政治、外交、軍事及天道、鬼神、災祥、卜筮均有記載，甚至還採擷了不少民間風俗逸聞、童謠民歌，可以說是一部豐富多彩的春秋歷史畫卷。

　　《左傳》從文學的角度看，有如下特點：

　　1. 作者善於對自然形態的歷史事件與社會生活進行文學藝術加工，敘事完整，富於故事性、戲劇性，善於抓住重要的、緊張動人的情節重筆描繪，以引人入勝。如隱西元年，《春秋》只有一句話：「夏五月，鄭伯克段于鄢。」《左傳》則把鄭莊公翦除公叔段的前因、後果、來龍去脈交代得清清楚楚，起伏跌宕，頗有戲劇性。作者從鄭武公娶武姜、武姜生莊公及公叔段但偏愛公叔段、一心想讓公叔段掌握鄭國大權寫起，逐次展現莊公和公叔段的矛盾，細述了公叔段在姜氏的支持下不斷擴展武裝、土地和鄭莊公對公叔段欲擒故縱的策略。後來，公叔段想用武裝奪權，姜氏做內應，鄭莊公抓住這個時機，伐京，伐鄢，把公叔段趕出鄭國，並放逐了姜氏。最後，作者又記述了鄭莊公和姜氏和好的經過，把鄭莊公一家矛盾的產生、發展、激化、解決和由此引起的政治鬥爭、軍事鬥爭描寫得繪聲繪色，引人入勝而又讓人回味無窮。

　　有些事件和歷史史實經歷的時間很長，特別複雜，作者寫起來也能得心應手，應付裕如。例如僖公二十三、二十四年寫晉公子重耳出亡，作者照應僖公五年晉獻公殺太子申生、重耳出亡，從晉惠公死、懷公立、通緝重耳寫起，集中寫他流亡在狄、衛、齊、曹、宋、鄭、楚、齊諸國的情況，一波三折，極富故事性。在流亡過程中，作者特別描寫了重耳在狄別季隗、過衛野人獻塊、在齊姜氏與狐偃設謀醉遣、在曹曹共公窺浴觀脅、在秦懷嬴奉匜沃盥等戲劇性的情節，之後又穿插回國前狐偃辭行、回國後寺人披告密、豎頭須求見等故事，撲朔迷離，把重耳從一個不諳世事、只追求享樂的貴公子經過十九年顛沛流離的磨煉鍛煉成一個有膽識謀略的英雄人物的過程表現得清楚明白，入情入理。《左傳》中這樣

戲劇性的故事描寫還有很多。

2. 《左傳》善於描寫大規模大場面的戰爭，而且是把戰爭作為社會矛盾激化的形態全面描述，把軍事行動和政治矛盾結合起來寫。《左傳》全書記載戰爭幾百次，其中著名的戰役，如晉楚城濮之戰，秦晉殽之戰，晉楚邲之戰，齊晉鞍之戰，晉楚鄢陵之戰，齊魯長勺之戰等，戰爭的起因，戰前軍事、外交謀略，兵力調遣、行陣佈置，戰爭的激烈程度，戰局的變化，戰爭的勝負、結局等，都有詳略適宜、有條理的交代、描寫。如齊魯長勺之戰，魯弱齊強，戰爭開始之前，作者就通過曹劌和魯莊公的對話交代魯國的民心向背。接著又從「一鼓作氣，再而衰，三而竭」的道理闡述魯軍戰勝齊軍的戰術原則，「疏而不遺，儉而無闕」地把一場戰爭交代得清清楚楚。有些戰役戰線拉得很長，交戰各國的軍事聯合、外交策略也很複雜，但《左傳》寫來卻迂徐有致、有條不紊，如秦晉殽之戰，先從穆公訪蹇叔和蹇叔哭師寫起：

杞子自鄭使告于秦曰：「鄭人使我掌其北門之管，若潛師以來，國可得也。」穆公訪諸蹇叔，蹇叔曰：「勞師以襲遠，非所聞也。師勞力竭，遠主備之，無乃不可乎！師之所為，鄭必知之。勤而無所，必有悖心。且行千里，其誰不知？」公辭焉。召孟明、西乞、白乙，使出師於東門之外。蹇叔哭之，曰：「孟子，吾見師之出而不見其入也！」公使謂之曰：「爾何知？中壽，爾墓之木拱矣！」

接下來又寫了鄭弦高犒師，晉在殽阻擊秦軍，文嬴請三帥、秦伯迎三帥等故事，把殽之戰前秦、鄭、晉各方的形勢、動態、秦越國鄙遠的貪心和晉抓住時機截擊秦軍的過程及晉對俘虜的處理、秦穆公對此次失敗的認識都全面地做了交代，縱橫捭闔，極有章法。晉楚城濮之戰晉破曹伐衛、激怒齊秦而孤立楚國，進而大破楚軍的軍事外交策略寫得也很有特色。

《左傳》不僅長於以大手筆描述大規模的戰役，具體的、刀光劍影的鏖戰場面也寫得激烈、曲折、生動逼真。如齊晉鞍之戰：

癸酉，師陳于鞍。邴夏御齊侯，逢丑父為右。晉解張御郤克，鄭丘緩為右。齊侯曰：「余姑翦滅此而朝食。」不介馬而馳之。郤克傷於矢，流血及屨，未絕

鼓音，曰：「余病矣！」張侯曰：「自始合，而矢貫余手及肘，余折以御。左輪朱殷，豈敢言病？吾子忍之！」緩曰：「自始合，苟有險，余必下推車，子豈識之？然子病矣！」張侯曰：「師之耳目，在吾旗鼓，進退從之。此車一人殿之，可以集事。若之何其以病敗君之大事也？擐甲執兵，固即死也，病未及死，吾子勉之！」左並轡，右援枹而鼓。馬逸不能止，師從之。齊師敗績，逐之，三周華不注。

一開始就用簡單的幾句話交代了齊軍的輕敵（齊侯曰：「余姑翦滅此而朝食。」不介馬而馳之）。接著用較多的筆墨寫晉軍將士的團結對敵、浴血死戰：主帥郤克中箭，鮮血流到腳後跟，仍擊鼓不停，指揮戰鬥；御手解張被敵人的箭射穿了手、臂，他把箭杆折斷，繼續駕車，鮮血把車子左輪都染紅了；車右鄭丘緩一遇險情就下去冒著生命危險推車。他們殊死奮戰，以「擐甲執兵，固即死也」相鼓舞、相幫助。郤克傷勢很重，解張就左手並轡駕車，右手說明郤克敲鼓，終於以頑強勇敢的戰鬥精神戰勝了強敵。整個場面寫得激烈昂揚，動人心魄，展現出作者高超的表現力。

3.《左傳》語言精煉、婉轉傳神，能以符合人物身分、性格的個性化語言刻畫人物，尤長於行人（奔走於諸侯國之間的政治、外交人員）辭令之美。如《左傳》論戰之處頗多，但每次論戰，均有不同的表現形式。曹劌論戰，是地位低下的人向當政者發論，故處處委婉；子魚論戰，是貴族口吻，言辭激烈，處處則坦率直陳。《左傳》寫行人辭令，「其文典而美，其語博而奧，述遠古則委曲如存，徵近代則循環可覆」[14]，體現了該書的語言美。其著名者，像文公十七年鄭子家書告趙宣子：「傳曰：『鹿死不擇音。』小國之事大國也，德則其人也；不德則其鹿也。鋌而走險，急何能擇？」僖公四年屈完對齊侯：「君若以德綏諸侯，誰敢不服？君若以力，楚國方城以為城，漢水以為池，雖眾，無所用之。」詞鋒犀利、柔中帶剛，頗具說服力而又有文采。

《左傳》的一般敘事，也都簡練精當，意蘊厚實。如宣公十二年晉楚邲之戰

---

14 劉知幾：《史通·申左》。

寫晉軍敗於楚，「中軍、下軍爭舟，舟中之指可掬」（中軍、下軍搶船逃命，先上船的人用刀亂砍後來攀船人的手，船中的斷指可以用手捧）；楚將士饑寒，「（楚）王巡三軍，拊而勉之，三軍之士皆如挾纊」（楚莊王巡視三軍，拍著將士的肩膀鼓勵他們，溫暖的話語像給戰士們穿上了棉衣），簡練形象，舉輕馭重，十分精彩。其餘如襄公十五年子罕辭玉，「我以不貪為寶，爾以玉為寶。若以與我，皆喪寶也。不若人有其寶」；閔公二年齊桓公遷邢封衛，說「邢遷如歸，衛國忘亡」；僖公二十六年齊孝公伐魯，說魯「室如懸磬，野無青草」等，婉轉有致，比喻貼切，很受後人稱道。

三、「記言」為主的《國語》

《國語》是戰國初期時人著作的一部國別史。全書七萬餘字，二十一篇，其中《周語》三篇、《鄭語》一篇，涉及了西周史事，其餘諸篇記載的則是春秋時期齊、晉、楚、魯、吳、越等國政治、外交、軍事等重大史實。《國語》主要記言，其中也有些記事，但不過是某些記言的插敘和補充，目的是為了使史實記述完整。《國語》各篇的風格、語言很不統一，說明這些史料很可能是作者從「百國春秋」資料中直接擷取或只進行了粗略加工彙編而成的，因而它在很大程度上還存有原始性。

《國語》的文學成就遠遠不及《左傳》。以《國語·魯語》記載的曹劌論戰與《左傳·莊公十年》記載的曹劌論戰相比較，我們就可以看出二者的差別。《魯語》記載的曹劌與莊公的對話詳於《左傳》：

長勺之役，曹劌問所以戰于莊公。公曰：「余不愛衣食於民，不愛牲玉于神。」對曰：「夫惠本而後民歸之志，民和而後神降之福。若布德于民而平均其政事，君子務治而小人務力；動不違時，財不過用；財用不匱，莫不能使共祀。數以用民無不聽，求福無不豐。今將惠以小賜，祀將獨恭。小賜不咸，獨恭不優。不咸，民不歸也；不優，神弗福也。將何以戰？夫民求不匱于財，而財求優裕于享者也，故不可以不本。」公曰：「余聽獄雖不能察，必以情斷之。」對曰：

「是則可矣。知夫苟中心圖民，智雖弗及，必將至焉。」

《左傳》的記述是：

十年春，齊師伐我。公將戰，曹劌請見。其鄉人曰：「肉食者謀之，又何間焉？」劌曰：「肉食者鄙，未能遠謀。」乃入見。問何以戰，公曰：「衣食所安，弗敢專也，必以分人。」對曰：「小惠未遍，民弗從也。」公曰：「犧牲玉帛，弗敢加也，必以信。」對曰：「小信未孚，神弗福也。」公曰：「小大之獄，雖不能察，必以情。」對曰：「忠之屬也，可以一戰。戰則請從。」

二者相較，《左傳》的記述簡約而姿態有神，《國語》的記載則顯得平淡乏味，有說教氣。尤其是，《國語》這一段下沒有《左傳》「一鼓作氣，再而衰，三而竭」和「視其轍亂，望其旗靡，故逐之」那一段精煉的記述，顯得更加蒼白。

不過，《國語》以記言為主，在人物語言藝術和人物刻畫技巧方面具有一定的特色。

一是有些對話幽默生動，能以鮮明的個性化語言表現人物的性格特徵。如《左傳·僖公二十三年》姜氏與子犯設計灌醉重耳一段，傳文只「姜氏與子犯謀，醉而遣之。醒，以戈逐子犯」十六個字。《國語》的記載則相當生動：

姜與子犯謀，醉而載之以行。醒，以戈逐子犯，曰：「若無所濟，吾食舅氏之肉，其知饜乎！舅犯走，且對曰：「若無所濟，余未知死所，誰能與豺狼爭食？若克有成，公子無亦晉之柔嘉，是以甘食。偃之肉腥臊，將焉用之？」遂行。

這段話，前者狠呆呆的，後者風趣幽默，把貴介公子重耳的強橫和狐偃的圓滑、老成表現得惟妙惟肖，顯較《左傳》為勝。《國語》這樣的例子很多，如《晉語》董叔娶范氏一節：

董叔將娶于范氏。叔向曰：「范氏富，盍已乎？」曰：「欲為系援焉。」他日，董祁訴于范獻子，曰：「不吾敬也。」獻子執而紡于庭之槐。叔向過之，曰：「子盍為我請乎？」叔向曰：「求系既系也，求援既援矣。欲而得之，又何請焉？」

董叔不聽勸告，一意攀附親貴，結果被綁了起來，所以叔向嘲笑他「求系既系，求援既援」，簡單的對話把董叔的愚蠢和叔向的精明滑稽表現得清清楚楚。其他如優施教驪姬陷害申生，叔向賀貧，梗陽人有獄等，也都十分注重用個性化的語言表現人物的性格，著墨不多而簡潔生動。

另外，《國語》的對話中也經常夾入一些介紹人物、事件和典章制度的文字，這對所述事實的完整和發表議論有很大幫助。如：

古人有言曰：「兄弟讒鬩，侮人百里。」……鄭在天子，兄弟也。鄭武、莊有大勳力于平、桓；我周之東遷，晉、鄭是依；子頹之亂，又鄭之緣定。今以小忿棄之，是以小怨置大德，無乃不可乎？

這是《周語》富辰諫襄王伐鄭的一段話。這段話，用簡單幾句就交代了周、鄭的特殊關係，使人一下子就明白了周伐鄭絕非明智之舉，並預示周伐鄭一定要出亂子。《國語》對話中這樣的介紹內容非常多，有不少還夾雜一些神話傳說和歷史故事。如《魯語》展禽諫祭海鳥「爰居」一節：

夫聖王之制祀也，法施于民則祀之，以死勤事則祀之，以勞定國則祀之，能御大災則祀之，能捍大患則祀之。非是族也，不在祀典。昔烈山氏之有天下也，其子曰柱，能殖百穀百蔬；夏之興也，周棄繼之，故祀以為稷。共工氏之伯九有也，其子曰後土，能平九土，故祀以為社。黃帝能成命百物，以明民共財，顓頊能修之。帝嚳能序三辰以固民，堯能單均刑法以儀民，舜勤民事而野死，鯀障洪水而殛死，禹能以德修鯀之功，契為司徒而民輯，冥勤其官而水死，湯以寬治民而除其邪，稷勤百穀而山死，文王以文昭，武王去民之穢。故有虞氏禘黃帝而祖顓頊，郊堯而宗舜；夏后氏禘黃帝而祖顓頊，郊鯀而宗禹；商人禘舜而祖契，郊冥而宗湯；周人禘嚳而郊稷，祖文王而宗武王；幕，能帥顓頊者也，有虞氏報

焉;杼,能帥禹者也,夏後氏報焉;上甲微,能帥契者也,商人報焉;高圉。大王,能帥稷者也,周人報焉。凡禘、郊、祖、宗、報,此五者國之典祀也。

這對補充史實、印證論點起了很重要的作用。但有時這些介紹文字也顯得枝蔓龐雜,所以柳宗元《非國語》說《國語》「文勝而言龐」,這也是《國語》不及《左傳》的方面之一。

四、富於雄辯特色的《戰國策》

《戰國策》也是一部記言的史料彙編,分國收錄了戰國時期策士們遊說各國諸侯的策論謀議之辭。《戰國策》記事上接春秋,下至秦並六國,約 240 年間事,是戰國時期不可多得的歷史文獻材料之一。

《戰國策》最顯著的文學特徵是語言藝術的成功。

《戰國策》的文章有如下特點:

(一)文筆流暢,善於鋪陳,無論是個人陳述還是雙方辯論,都喜歡渲染、富雄辯色彩,有很強的說服力

戰國的策士之論是春秋行人辭令的進一步發展。戰國的策士多是朝秦暮楚的縱橫家,他們對國家存亡的關鍵和君王的心理狀態把握比較準確,善於對當前紛繁複雜的問題進行明辨的分析,胸有成竹,又能隨機應變,見風使舵,所以他們的策論大都酣暢淋漓、激昂慷慨而不加掩飾。如《齊策四》顏斶見齊宣王一段:

齊宣王見顏斶,曰:「斶前!」斶亦曰:「王前!」宣王不悅。左右曰:「王,人君也。斶,人臣也。王曰『斶前』,亦曰『王前』,可乎?」斶對曰:「夫斶前為慕勢,王前為趨士。與使斶為趨勢,不如使王為趨士。」王忿然作色曰:「王者貴乎?士貴乎?」對曰:「士貴耳,王者不貴。」王曰:「有說乎?」斶曰:「有。昔者秦攻齊,令曰:『有敢去柳下季壟五十步而樵采者,死不赦。』令曰:

『有能得齊王頭者，封萬戶侯，賜千金鎰。』由是觀之，生王之頭，曾不若死士之壟也。」宣王默然不悅。

左右皆曰：「斶來，斶來！大王據千乘之地……東西南北，莫敢不服。……今夫士之高者，乃稱匹夫，徒步而處農畝，下則鄙野、監門、閭里，士之賤也，亦甚矣！」

斶對曰：「不然。斶聞古大禹之時，諸侯萬國。何則？德厚之道，得貴士之力也。故舜起農畝，出於鄙野，而為天子。及湯之時，諸侯三千。當今之世，南面稱寡者，乃二十四。由此觀之，非得失之策與？稍稍誅滅，滅亡無族之時，欲為監門、閭里，安可得而有乎哉？……是以堯有九佐，舜有七友，禹有五丞，湯有三輔，自古及今而能虛成名於天下者，無有。是以君王無羞亟問，不媿下學；是故成其道德而揚功名於後世者，堯、舜、禹、湯、周文王是也。……老子曰：『雖貴，必以賤為本；雖高，必以下為基。』是以侯王稱孤寡不穀。是其賤之本與？非夫孤寡者，人之困賤下位也，而侯王以自謂，豈非下人而尊貴士與？……」

這段話中，顏斶直斥「王前」，慷慨陳詞，剝膚及髓地把「王者貴」的論點駁斥得一塌糊塗，可以說得上是戰國策士的傑出代表。戰國時代，諸侯間的勝負雖然很大程度上依靠武力的強弱，但謀臣的勝算和縱橫力量的消長也起著一定的作用，因此很多策士的議論可以出言無忌，馳騁縱橫。為了折服對方，他們往往選擇絢麗多彩的語言，極盡渲染誇張之能事，為自己的策論尋找歷史依據，或把歷史事實改造成詭譎神奇的故事。如《秦策》張儀說秦王和《燕策》郭隗說燕昭王一段：

昔者紂為天子，帥天下將甲百萬，左飲於淇穀，右飲于洹水，淇水竭而洹水不流，以與周武為難。武王將素甲三千領，戰一日，破紂之國，禽其身、據其地而有其民，天下莫不傷。智伯帥三國之眾，以攻趙襄主於晉陽，決水灌之，三年，城且拔矣。襄主鑽龜，數策占兆，以祝利害，何國可降，而使張孟談。於是潛行而出，反智伯之約，得兩國之眾，以攻智伯之國，禽其身，以成襄子之功。

臣聞古之君人，有以千金求千里馬者，三年不能得。涓人言於君曰：「請求之。」君遣之。三月得千里馬，馬已死，買其首五百金，反以報君。君大怒曰：「所求者生馬，安事死馬而捐五百金？」涓人對曰：「死馬且買之五百金，況生馬乎？天下必以王為能市馬，馬今至矣。」於是不能期年，千里之馬至者三。

這兩段話，前者以極其渲染的辭藻，把歷史上的武王伐紂和趙襄子攻智伯編成詭譎離奇的故事，以宣揚縱橫家權謀智術的重要；後者則引用了一則古人以「五百金」買死去的千里馬頭的傳說，說明只有求賢若渴才能找到真正的賢才。用墨不多，但很有說服力。

（二）善於引譬設喻、運用身邊常見的人事以小見大、生動 形象地說明深刻的道理

戰國策士遊說的目的是為了推售自己的政治主張。為了使說辭巧妙生動、入情入理，他們常常編造一些淺顯、形象的寓言故事，用非常貼切的比喻來增強論點的說服力。如江乙以狐假虎威對楚宣王、蘇代以鷸蚌相爭說趙惠王、馮諼以狡兔三窟諫孟嘗君、陳軫以畫蛇添足說昭陽，莊辛以蜻蚓、黃雀說楚襄王、汪明以驥服鹽車說孟嘗君等。這些寓言故事，形象生動、寓意深刻，簡單幾句話就說明一個深奧複雜的道理，辭采也顯得恣肆暢達，充分體現了策士們深厚的文化修養和駕馭語言的藝術能力。

除了引譬設喻，《戰國策》還常用親自體驗或身邊經常發生的一些生活瑣事以小見大地說明深刻、抽象的道理，使對方聽起來親切、不反感而又加以警醒。這方面的典型例子是《齊策》中記載的鄒忌諷齊王納諫。鄒忌拿自己的妻妾說自己比徐公美、而自己長得確實不及徐公漂亮的例子說明有求於己的人說的話不一定是實話，地位越尊貴越容易受蒙蔽，事情看起來很小，但寓意卻非常深刻：

今齊地方千里，百二十城。宮婦左右，莫不私王；朝廷之臣，莫不畏王；四境之內，莫不有求于王。由此觀之，王之蔽甚矣！

這就使得齊王警醒，廣開言路，「群臣進諫，門庭若市」。期年之後，燕、

趙、韓、魏「皆朝於齊。此所謂戰勝於朝廷。」

（三）善於用個性化的語言表現人物性格，描寫人物形象生動得體，注意背景和氣氛的烘托

《戰國策》是記言性的史書，它的人物語言個性鮮明，藝術性高，在史傳文學中占有首屈一指的地位。以蘇秦說秦不行和相趙回家前後語言的對比為例：

（蘇秦）羸縢履蹻，負書擔橐，形容枯槁，面目黎黑，狀有歸色。歸至家，妻不下紝，嫂不為炊，父母不與言。蘇秦喟歎曰：「妻不以我為夫，嫂不以我為叔，父母不以我為子，是皆秦之罪也！」

將說楚王，路過洛陽，父母聞之，清宮除道，張樂設飲，郊迎三十里。妻側目而視，傾耳而聽；嫂蛇行匍伏，四拜自跪而謝。蘇秦曰：「嫂何前倨而後卑也？」嫂曰：「以季子之位尊而多金。」蘇秦曰：「嗟乎！貧窮則父母不子，富貴則親戚畏懼。人生世上，勢位富貴，蓋可忽於哉！」

這兩段話，前者寫蘇秦以連橫說秦不成，落魄而歸，家人都不理睬他，於是發憤治秦，改學合縱。後者寫他相趙回洛陽，得意之至，面對世態炎涼，不由得發出「勢位富貴，蓋可忽於哉」的慨歎，充分體現了蘇秦以機謀權術換取個人功名利祿的政客嘴臉。它如魯仲連義不帝秦，觸龍說趙太后、齊使問趙威後、馮諼客孟嘗、鄭袖讒美人等，人物語言亦極傳神，展示了各種人物的內心世界與性格特徵。

《戰國策》不僅語言傳神，人物形象的塑造也達到了相當的高度。如上述蘇秦頹喪時和得意時的形象描寫，觸龍說趙太后時小步急趨的描寫，魯仲連慷慨激昂駁斥辛垣衍的描寫，馮諼客孟嘗幾次彈鋏而歌的描寫，無不栩栩如生，惟妙惟肖。它如《燕策》記載荊軻慷慨西行刺秦王，氣氛的渲染和背景的烘托塑造了一個沉毅勇決、視死如歸的英雄形象：

（荊軻）遂發。太子及賓客知其事者，皆白衣冠以送之，至易水上。既祖，

取道，高漸離擊築，荊軻和而歌，為變徵之聲，士皆垂淚涕泣。又前而為歌曰：「風蕭蕭兮易水寒，壯士一去兮不復還！」復為忼慨羽聲。士皆瞋目。髮盡上指冠。於是荊軻遂就車而去，終已不顧。

《戰國策》類似的人物形象描寫還很多，有的奇偉俶儻，有的耿介不阿，有的智勇雙全，有的陰險狠毒，有的機謀權變，有的寡廉鮮恥，然而不管哪一類，它都能把人物塑造得有血有肉，栩栩如生。這也就決定了它對後世傳記文學所產生的重大影響。鄭瑗《井觀瑣言》中說：「《史記》奇崛處，自出《戰國策》。」《史記·刺客列傳》中有不少傳記幾乎全部採用了《戰國策》原文，這說明《戰國策》確在史傳文學向傳記文學的發展過程中起過橋梁作用，其作用不可低估。

第四節·
理性文化誕育
的諸子散文

春秋戰國時期是中國理性人文思想高漲的時期。這個時期，王權衰落，諸侯崛起，禮崩樂壞，天下紛爭，新的經濟制度孕育著新的政治制度，社會的巨大變革激發著人們的思想發生巨大的變化。士階層的崛起，造就了一批思想家。人們思想的空前解放，也促進了文化學術的空前發達。處士橫議，百家爭鳴，於是產生十家九流豐富多彩的散文作品。人們習慣上把這些作品簡稱為諸子或諸子百家。

諸子百家，司馬談《論六家要旨》歸結為六家：陰陽家、儒家、墨家、名家、法家、道家。班固《漢書·藝文志》把它分為十家：儒家、道家、陰陽家、

法家、名家、墨家、縱橫家、農家、雜家、小說家。十家之中，影響最大的是儒、墨、道、法、名家和陰陽家，因此兩種分法區別並不大。

先秦諸子散文的發展，大體上可以分成三個連續發展的階段。第一個階段是春秋戰國之際的《論語》和《墨子》。《論語》屬於簡短的語錄體散文，以記言為主，多半是簡短的談話和問答。《墨子》在對話中雜有議論的文字，已粗具說理文的規模，但也還保留很多語錄體的對話形式。第二個階段是戰國中葉的《孟子》和《莊子》。《孟子》是對話式的論辯文，文體還基本保留著語錄體的方式，不過它的論辯鋪張揚厲，很具雄辯的說理性，跟《論語》已經有了很大區別。《莊子》突破了對話體，開始了向專題論文的過渡，文章恣肆浪漫，很有韻味。而且《孟子》和《莊子》辭彙豐富，注意文章的形象性和感染力量，已有較強的文學性。第三個階段是戰國末葉的《荀子》和《韓非子》。《荀子》和《韓非子》論斷透闢，辭采繽紛，注意文章的構思和修辭，邏輯性強，體現了先秦論文的最高成就。

《論語》是孔子的學生和孔門後學輯錄的一部記載孔子言行的書，全書共二十篇，大約成書於春秋戰國之際。《論語》之所以稱為《論語》，是因為「當時弟子各有所記，夫子既卒，門人相與輯而論纂，故謂之《論語》」[15]。

孔子是儒家學派的創始人，是中國古代著名的大思想家、大教育家。他出遊宋、衛、陳、蔡等國，未被任用，晚年就回到魯國從事著述和講學。《論語》記錄的內容主要是這一階段的事。

孔子所處的時代是王權衰落、諸侯崛起、禮崩樂壞、天下紛爭的時代。孔子政治上比較保守，他認為國家權力由天子、諸侯手裡落到諸侯、卿大夫甚至家臣的手裡是「天下無道」。他鼓吹「克己復禮」，讓人們約束自己的言行恢復到他所嚮往的周代禮制上。他提倡禮樂仁義，提倡「仁者愛人」，他把「仁」作為最高的道德標準，認為人與人之間應該相愛，並認為只有這樣才能調和階級矛盾，

---

15 《漢書‧藝文志》。

消除社會動亂。這在當時有一定的進步意義。

孔子打破宗法封建階級對文化教育的壟斷，開創私家著述和私人講學之風，主張「有教無類」，把文化知識傳布到平民中間，這對中華民族是一個非常大的貢獻，傳說孔子有弟子三千，優秀者七十二人。孔子辦教育的目的，是為了培養「篤信好學，守死善道」的優秀人才。他的教育內容，除了古代文化典籍，主要是以宗法封建階級的道德教育學生。在學習態度和方法上，他主張「因材施教」，「學而不厭，誨人不倦」；強調虛心好學，「三人行，必有我師焉」；強調反覆地學習和思考，「學而不思則罔，思而不學則殆」；反對不懂裝懂，「知之為知之，不知為不知」……這些論述，至今仍有借鑒意義。

《論語》是語錄體散文，書中主要記載孔子和他的弟子的對話。全書文字較短，《季氏》章以後，章句較前稍長，文辭也較前更流暢。《論語》語言洗練，言簡而意深，有一種迂徐含蓄的典雅風格。如：

歲寒，然後知松柏之後凋也。

子在川上曰：逝者如斯夫，不舍晝夜！

知之者，不如好之者；好之者，不如樂之者。

譬如為山，未成一簣。止，吾止也；譬如平地，雖覆一簣。進，吾進也。

這些語錄，言簡意賅。它們或用鮮明的、人們常見的比喻闡明人生的哲理，或用並列排比的語句，層層推進，闡明深刻的道理，意味雋永，耐人尋味，給人以激勵和啟示。

《論語》長於運用各種語氣詞含蓄幽默地表達人物的思想感情。如子貢以美玉藏於櫝作比喻，巧妙委婉地問孔子為什麼不做官：「有美玉於斯，韞匵而藏諸？求善賈而沽諸？」子曰：「沽之哉！沽之哉！我待賈者也。」短短的幾句話，十分詼諧地把孔子「待價而沽」的心態也活現出來。

另外，《論語》雖然是語錄體，但簡潔的語言卻往往能生動描繪出人物的言

談舉止和動作神情。如：

子之武城，聞弦歌之聲。夫子莞爾而笑曰：「割雞焉用牛刀。」子游對說：「昔者偃也聞諸夫子曰：『君子學道則愛人，小人學道則易使也。』」曰：「二三子！偃之言是也。前言戲之耳。」

這段語錄詼諧，嚴肅，把孔子的風趣、子游的信仰師說及師生間的親密愉悅之情描寫得細膩委婉，使人如聞其聲。

《論語》還有一個特點，那就是在簡單的對話和行動中展示人物的性格。如：

長沮、桀溺耦而耕，孔子過之，使子路問津焉。長沮曰：「夫執輿者為誰？」子路曰：「為孔丘。」曰：「是魯孔丘與？」曰：「是也。」曰：「是知津矣！」問於桀溺，溺曰：「子為誰？」曰：「為仲由。」曰：「是魯孔丘之徒與？」對曰：「然。」曰：「滔滔者天下皆是也，而誰以易之？且而與其從辟人之士也，豈若從辟世之士哉？」耰而不輟。子路行以告。夫子憮然曰：「鳥獸不可與同群，吾非斯人之徒與而誰與？天下有道，丘不與易也。」

這段對話，雖然只有對白和簡單的表情描寫，但長沮、桀溺的消極避世和孔子的積極入世都被表現得清清楚楚，甚至從中我們似乎都看到了長沮、桀溺遺世傲慢的隱者形象和孔子恓恓惶惶到處奔波的情景。《先進・侍坐》章在表現人物性格方面體現得最為突出：

子路、曾晳、冉有、公西華侍坐。子曰：「以吾一日長乎爾，毋吾以也。或知爾，則何以哉？」子路率爾而對曰：「千乘之國，攝乎大國之間，加之以師旅，因之以饑饉，由也為之，比及三年，可使有勇，且知方也。」夫子哂之。「求，爾何如？」對曰：「方六七十，如五六十，求也為之，比及三年，可使足民。如其禮樂，以俟君子。」「赤。爾何如？」對曰：「非曰能之，願學焉。宗廟之事，如會同，端章甫，願為小相焉。」「點，爾何如？」鼓瑟希，鏗爾，舍瑟而作，對曰：「異乎三子者之撰。」子曰：「何傷乎？亦各言其志也。」曰：「莫春者，春服既成，冠者五六人，童子六七人，浴乎沂，風乎舞雩，詠而歸。」夫

子喟然歎曰：「吾與點也。」

三子者出，曾皙後。曾皙曰：「夫三子之言何如？」子曰：「亦各言其志也已。」曰：「夫子何哂由也？」曰：「為國以禮，其言不讓，是故哂之。」「唯求則非邦也與？」「安見方六七十、如五六十而非邦也者？」「唯赤則非邦也與？」「宗廟會同，非諸侯而何？赤也為之小，孰能為之大？」

這段話，以簡明的語言詳細描寫了孔子和子路等四人談論各人志趣愛好的場面。子路的魯莽直率，冉有、公西華的謙虛謹慎，曾皙的瀟灑、超脫，栩栩如生，躍然紙上，歷來為人稱道。

墨子略晚於孔子，早年曾受儒家教育，以後拋棄儒學，創立了與儒家對立的墨家學派。在社會的急劇變革中，墨家學派代表廣大的小手工業者和商人的利益。因為它代表的是社會下層的小手工業者和商人的利益，始終受統治者排斥，所以戰國末期以後就逐漸衰落下去了。

《墨子》為墨子及其弟子、後學所作，現存五十三篇，是研究墨翟的主要材料。墨家學派是中國早期帶有宗教色彩的政治集團，當時與儒家學派同稱為「顯學」。墨家學派是代表小生產者向統治者提出要求的一個學派。其學說的中心是「兼愛」。該學派把社會上一切罪怨的淵源歸之於人們的「不相愛」，主張人們要不分貴賤貧富「兼相愛，交相利」，這種階級調和的主張反映了「強劫弱」、「眾暴寡」的春秋戰國時代小生產者的要求和渴望，但也體現了小生產者的軟弱性與妥協性。墨家學派反對統治階級的奢靡腐化，提倡「節用」、「節葬」，但他們看問題也帶有濃厚的宗教迷信色彩，這也在一定程度上限制了他們的思想向更高的高度發展。

墨家注重實踐，文章崇尚質樸，怕人們讀了有文采的文章「懷其文，忘其直，以文害用」，所以不注重文采，但是邏輯性很強，開中國說理文之先河，在說理文的發展中有重要地位。《墨子》中的《兼愛》、《非攻》、《公輸》諸篇，都是用類比推理與生活事實簡括敘寫相結合的邏輯性很強的說理文，如《非攻》：

今有一人，入人園圃，竊其桃李，眾聞則非之，為政者得則罰之。此何也？以虧人自利也。至攘人犬豕雞豚者，其不義又甚入人園圃竊桃李。是何故也？以虧人愈多，其不仁茲甚，罪益厚。至入人欄廄取人馬牛者，其不仁義又甚攘人犬豕雞豚。此何故也？以其虧人愈多。苟虧人愈多，其不仁茲甚，罪益厚。至殺不辜人也，扡其衣裘取戈劍者，其不義又甚入人欄廄取人馬牛。此何故也？以其虧人愈多。苟虧人愈多，其不仁茲甚矣，罪益厚。當此天下之君子，皆知而非之，謂之不義。今至大為攻國，則弗知非，從而譽之，謂之義。此可謂知義與不義之別乎？

這段話，作者先以「入人園圃，竊其桃李」、「入人欄廄，取人馬牛」等說明什麼是「不義」，進而推及攻人之國為「大為不義」，由小及大，由近及遠，層層推理，有力地批判了那種謂攻人之國為「義」的顛倒是非的荒謬說法，極具說服力而又有很強的形象性，可以說是《墨子》散文的代表。

孟子是中國古代著名的思想家、散文家。他曾遊歷於齊、梁，因「迂遠而闊於事情」，不為統治者所用，於是退而與弟子著書講學。《孟子》七篇就是孟子晚年的作品。

孟子繼承和發展了孔子的仁義學說，是孔子以後影響最大的儒學大師。他生活在地主封建勢力在各國先後實行變法的戰國中期，「當是之時，秦用商君，富國強兵；楚、魏用吳起，戰勝強敵；齊威王、宣王用孫子、田忌之徒，而諸侯東面朝齊。天下方務於合縱連橫，以攻伐為賢，而孟子乃述唐、虞、三代之德，是以所如者不合」[16]。孟子在諸侯各國用武力統一中國的戰爭中稱頌堯、舜、禹、湯、文、武、周公，主張「法先王」，行「仁政」，這在當時是不合時宜的。不過他在列國紛爭和人民鬥爭不斷發展的形勢下，看到人民力量的巨大，提出「民為貴，社稷次之，君為輕」的觀點，強調統治者應重視人民的作用，這在當時有一定進步性。

---

16 《史記‧孟子荀卿列傳》。

孟子仁政學說的理論根據是「性善論」。他認為人生下來就有惻隱、羞惡、辭讓、是非之心，並認為這是仁、義、禮、智四種道德的發端：「惻隱之心，仁之端也；羞惡之心，義之端也；辭讓之心，禮之端也；是非之心，智之端也。」他認為只要統治者發揚善心，「以不忍人之心，行不忍人之政」，仁政的理想就可以馬上實現。這是和列國紛爭的現實格格不入的，所以當時的當政者說他「迂遠而闊於事情」。

《孟子》文章仍基本屬對話體，但篇幅加長，議論增多，較之《論語》等有了很大的發展。《孟子》不像《論語》那樣簡潔含蓄，而是長篇大論，觀點鮮明、感情強烈、氣勢磅礴、辭鋒犀利，富於論辯性、戰鬥性、鼓動性。《孟子》中所出現的孟子形象，傲岸不屈，口若懸河，在各種論辯中都是以他的勝利和對方失敗告終。例如他駁斥農家許行治天下必耕且為的觀點，先從許行也並不是自己先做好了釜甑才做飯、先鑄好了犁鑷才耕地說起，說明社會的分工是非常必要的。然後列舉堯、舜、禹、稷都因政務無暇躬耕，說明治理天下不能耕且為。進而又斥責許行之說實際上是「以夷變夏」，是歷史的倒退。一層推進一層，理直氣壯。「齊桓晉文之事」，他向齊宣王鼓吹王道，先有意避開齊宣王提出的關於霸道的問題，掌握談話的主動權，然後採用迂迴戰術，巧妙地把話題引到王道上，揣摩對方的心理，引用宣王不忍心殺牛釁鐘的故事使其不知不覺地進入了他設下的圈套，先縱而後擒：

齊宣王問曰：「齊桓晉文之事可得聞乎？」

孟子對曰：「仲尼之徒無道桓文之事者，是以後世無傳焉，臣未之聞也。無以，則王乎？」

曰：「德何如則可以王矣？」

曰：「保民而王，莫之能禦也。」

曰：「若寡人者，可以保民乎哉？」

曰：「可。」

曰：「何由知吾可也？」

曰：「臣聞之胡齕曰，王坐於堂上，有牽牛而過堂下者，王見之。曰：『牛何之？』對曰：『將以釁鐘。』王曰：『舍之！吾不忍其觳觫，若無罪而就死地。』

對曰：『然則廢釁鐘與？』曰：『何可廢也？以羊易之！』——不識有諸？」

日：「有之。」

日：「是心足以王矣。百姓皆以王為愛也，臣固知王之不忍也。」

王曰：「然，誠有百姓者。齊國雖褊小，吾何愛一牛？即不忍其觳觫，若無罪而就死地，故以羊易之也。」

日：「王無異於百姓之以王為愛也。以小易大，彼惡知之？王若隱其無罪而就死地，則牛羊何擇焉？」

王笑曰：「是誠何心哉？我非愛其財而易之以羊也。宜乎百姓之謂我愛也。」

日：「無傷也，是乃仁術也，見牛未見羊也。君子之於禽獸也，見其生，不忍見其死；聞其聲，不忍食其肉。是以君子遠庖廚也。」

王說，曰：「詩云：『他人有心，予忖度之』，夫子之謂也。夫我乃行之，反而求之，不得吾心。夫子言之，於我心有戚戚焉。此心之所以合於王者，何也？」

日：「有復於王者曰：『吾力足以舉百鈞，而不足以舉一羽；明足從察秋毫之末，而不見輿薪』，則王許之乎？」

日：「否。」

「今恩足以及禽獸，而功不至於百姓者，獨何與？然則一羽之不舉，為不用力焉；輿薪之不見，為不用明焉；百姓之不見保，為不用恩焉。故王之不王，不為也，非不能也。」

這段對話，生動形象，語氣逼真，從宣王不忍殺牛釁鐘證明他有「保民而王」的基礎說起，說明宣王能不能「行仁政」問題在於他主觀上「為」與「不為」，使對方不知不覺地進入了他設下的圈套。最後作者使用一連串的排比反問句揭露齊宣王之大欲，「為肥甘不足於口與，輕煖不足體與，抑為采色不足視於目與，聲音不足聽於耳與，便嬖不足使令於前與？王之諸臣，皆足以供之，而王豈為是哉？」鋪張揚厲，咄咄逼人，使齊宣王無法辯解。

孟子不但善設機彀，先縱後擒，而且善於運用巧妙生動的比喻和幽默的故事深入淺出地闡明自己的思想，有些地方雖不免流於浮誇和強詞奪理，但說理性極

強，明顯地反映出百家爭鳴激烈競爭影響下的辯士特色。《孟子》散文中比喻的方式非常多，有的用淺近的寓言，有的用幽默的故事，有的整段用比喻，有的全章用比喻，其著名者如「魚，我所欲也」、「揠苗助長」、「齊人乞墦」等都是千古流傳的名段。以「齊人乞墦」為例：

> 齊人有一妻一妾而處室者，其良人出，則必饜酒肉而後反。其妻問其所與飲食者，則盡富貴也。其妻告其妾曰：「良人出，則必饜酒肉而後反，問其與飲食者，盡富貴也。而未嘗有顯者來。吾將瞷良人所之也。」蚤起，施從良人之所之，遍國中無與立談者。卒之東郭墦間之祭者，乞其餘。不足，又顧而之他。此其為饜足之道也。其妻歸，告其妾曰：「良人者，所仰望而終身者也。今若此！」與其妾訕其良人，而相泣於中庭。而良人未之知也，施施從外來，驕其妻妾。

這個顯然是虛構的故事，從「良人」對妻子的誇口，到妻子的懷疑追蹤、真相敗露，到妻妾的羞愧哭罵和「良人」無恥的繼續欺騙，辛辣地諷刺了那些無恥的鑽營富貴利達的人物，「則人之所以求富貴利達者，其妻妾不羞也而不相泣者幾希矣！」深刻地反映出《孟子》以比喻闡說事理的寫作特色。

《孟子》的文章氣勢充沛，語氣也極為逼真，有很多接近口語。如：

> 齊宣王問曰：「文王之囿方七十里，有諸？」
> 孟子對曰：「於傳有之。」
> 曰：「若是其大乎？」
> 曰：「民猶以為小也。」
> 昔者有饋生魚於鄭子產，子產使校人畜之池。校人烹之，反命曰：「始舍之，圉圉焉；少則洋洋焉，攸然而逝。」子產曰：「得其所哉！得其所哉！」校人出，曰：「孰謂子產智？予既烹而食之，曰：『得其所哉，得其所哉』！」

這類句子，或氣盛而言直，或生動而有風趣，語氣自然流暢，非常生活化。這說明《孟子》散文雖然還沒有脫離語錄體，但比之《論語》卻有了很大的發展。

《孟子》的文章對後世的影響很大。唐宋古文家大都喜愛《孟子》。如韓愈

就深受《孟子》的影響，「韓文簡古，一本於經，亦學孟子。」蘇洵也對《孟子》的文章推崇備至。他說：「《孟子》之文，語約而意盡，不為巉刻斬絕之言，而其鋒不可犯。」[17]

莊子是中國古代著名的哲學家、散文家。《莊子》現存三十三篇。其中「內篇」七篇相傳為莊周自撰，「外篇」十五篇、「雜篇」十一篇，相傳為莊子門人及後學所著。

莊子繼承並發展了老子的思想，與老子同為道家學派的代表。老子即老聃和孔子同時，但現存的《老子》一書，可能是戰國時人所作。《老子》是用韻文寫成的哲學著作，具有散文的特徵，也深蘊著朦朧的詩意。《老子》語言精煉、形象，喜歡用對句，具有很強的節奏感。

小國寡民，使民有什佰之器，而不用；使民重死，而不遠徙；雖有舟輿，無所乘之；雖有甲兵，無所陳之；使民復結繩而用之。甘其食，美其服，安其居，樂其俗，鄰國相望，雞犬之聲相聞，民至老死不相往來。

老子生活在春秋「禮崩樂壞」的社會大變革時代，但他的理想卻是回到「鄰國相望，雞犬之聲相聞，民至老死不相往來」的「小國寡民」時代。莊子比老子更加倒退。他憎惡現實的一切，又感到無能為力，也反對任何人為改造現實開治世良方。他譏諷儒家的到處奔走說教，認為處世之道只能「安時處順」，聽其自然，「知其不可奈何而安之若命，德之至也」。《老子》主張「無為而治」，實行「使民無知無欲」的愚民政策。《莊子》的「無為」則更進一步否定一切文化知識和科學技術，認為「絕聖棄知，大盜乃止」，「斗衡折，而民不爭」，反對一切人為的改造社會的措施，主張退回到人類最「素樸」社會中去。

《老子》認識到事物都有矛盾著的對立面，同時也看到了矛盾的轉化，「禍兮福之所倚，福兮禍之所伏」，這些思想具有樸素的辯證法因素。《莊子》則強調事物的相對性，否定事物質的規定性，認為萬物的是非、善惡、大小、壽夭都

---

17 蘇洵：《上歐陽內翰書》。

一樣，從而抹殺了事物的差別和界限。他認為各家學派的爭鳴「彼亦一是非，此亦一是非」，沒有是非可言，也沒有客觀標準。基於此，他認為事物是不可知的，人類也沒有認識事物的必要。《齊物論》中有一個莊周夢蝴蝶的寓言，「昔者莊周夢為蝴蝶，栩栩然蝴蝶也，不知周也，不知周之夢為蝴蝶與？蝴蝶之夢為周與？」在這則寓言中，他連是莊周夢中變為蝴蝶，還是蝴蝶做夢變為莊周都弄不清了，因此所謂的「齊物」，只能是相對主義和虛無主義。

《莊子》幻想忘掉現實世界和自己，消除物我對立，以達到「無己」、「無待」超乎時間和空間的絕對精神自由。這種「逍遙遊」的思想，是沒落階級要求精神解脫的表現。其實他所謂的超脫於一切事物之外的「無己」，也不過是為了在亂世中苟全性命，保住自己。

《莊子》對社會的某些方面也進行了極為深刻的批判，如他說「竊鉤者誅，竊國者侯。諸侯之門而仁義存焉」，尖銳地揭露了統治者仁義道德的欺騙性，表現出道家憤世嫉俗、蔑視權貴的情緒。

《莊子》散文具有獨特的藝術風格。它構思宏偉，想像奇妙，汪洋恣肆，變化萬端。語彙也豐富多彩，筆鋒運用自如，極富於浪漫主義色彩。如著名的《逍遙遊》寫鯤鵬在廣闊天地間遨遊的情景：

北冥有魚，其名為鯤。鯤之大，不知其幾千里也。化而為鳥，其名為鵬。鵬之背，不知其幾千里也。怒而飛，其翼若垂天之雲。是鳥也，海運則將徙於南冥。南冥者，天池也。《齊諧》者，志怪者也。《諧》之言曰：「鵬之徙於南冥也，水擊三千里，摶扶搖而上者九萬里，去以六月息者也。」

作者根據神話傳說，用誇張的手法極寫鯤鵬之大及其展翅翱翔於天海的壯闊景象，展示出一幅氣勢雄偉的畫面，有濃厚的浪漫主義氣息。

又如《秋水》：

秋水時至，百川灌河，涇流之大，兩涘渚崖之間，不辯牛馬。於是焉河伯欣然自喜，以天下之美為盡在己。順流而東行，至於北海，東面而視，不見水端。

於是焉河伯始旋其面目，望洋向若而歎曰：「野語有之曰：『聞道百，以為莫己若』者，我之謂也。且夫我常聞少仲尼之聞而輕伯夷之義者，始吾弗信，今我睹子之難窮也，吾非至於子之門，則殆矣！吾長見笑於大方之家！」

這個故事，用擬人的手法寫河伯從「欣然自喜」到「望洋興嘆」的轉變，說明宇宙是廣闊無垠的，而一個人所了解的東西是有限的。文中既包含了意味深長的哲理，又寫出了一片開闊無窮的意境。行文雋永，不拘繩墨，如風行水上，自然成文。

《莊子》一書，「寓言十九」。《莊子》寓言有大膽的獨創性，有奇特的幻想，有細緻的刻畫，有辛辣的諷刺，是《莊子》散文的藝術特色之一。魯迅先生曾給予《莊子》寓言很高的評價：「著書十餘萬言，大抵寓言，人物土地，皆空言無事實，而其文，則汪洋捭闔，儀態萬方，晚周諸子之作，莫能先也。」它的許多寓言故事現在還活在人們的語言中。

《莊子》散文多用韻，讀起來和諧而有節奏感，與後來的散體辭賦相類。這是它獨有的特色。

《莊子》對後世的文學創作有很大影響。中國許多散文家和詩人都學習莊子的文章風格。但《莊子》的虛無主義哲學思想，也給後人帶來了消極影響。

荀子是先秦時代最後的一位儒學大師，也是著名的教育家、文學家。他曾在齊國的稷下講學，在趙王面前議論兵法，秦昭王時又到秦國遊歷過，後來在楚國為蘭陵令。春申君被殺後，他廢居蘭陵，從事著述。今有《荀子》三十二篇。相傳《毛詩》、《魯詩》、《韓詩》和《左傳》、《穀梁傳》都為荀子所傳授，他對儒家經典的保存起了重要作用。

荀子生活在封建割據即將消滅、統一的中央集權的封建國家即將建立的戰國末期。他對春秋以來各家學派的學說給以批判性的總結，批判地吸收了儒、法兩家的思想，建立起儒法兼有、禮法並用的理論，對後世的影響很大。

荀子思想中最可貴之處，是他的唯物主義的宇宙觀。他否認天命鬼神的存

在，認為「天行有常，不為堯存，不為桀亡」，指出自然界依據它自身的規律運行，不會因人類社會的變化而有所改變。他認為「天」不能決定人世的治亂興衰和吉凶禍福，強調要發揮人的主觀能動作用，「大天而思之，孰與物畜而制之，從天而頌之，孰與制天命而用之」，主張利用大自然來為人類社會服務，並提出人定勝天的光輝思想，把先秦天人關係中的唯物主義思想提到了一個嶄新的高度。

在認識論上，荀子否定「生而知之」的先驗論，強調後天學習的重要性。他認為只要不斷地學習，後人就可以超過前人，取得進步。「青，取之於藍而青於藍；冰，水為之而寒於水。」他重視實踐對認識的重要意義，「故不登高山，不知天之高也；不臨深淵，不知地之厚也。」這在當時都是難能可貴的見解。

荀子主張「性惡」論，這是他提倡法治的理論根據。他反對孟子的「性善」論，認為人「生而好利」，因此人的成長必須要經過聖王「明禮以化之，起法正以治之，重刑罰以禁之」。他重視後天的教育，強調客觀環境對人的成長作用，很具有唯物主義的觀點。

《荀子》文章多為長篇議論文，立論嚴整，論證縝密，思想豐贍，句法整齊，用語準確，表現出很高的組織能力和分析能力。其著名者如《天論》：

天行有常，不為堯存，不為桀亡。應之以治則吉，應之以亂則凶。強本而節用，則天不能貧；養備而動時，則天不能病；修道而不貳，則天不能禍。故水旱不能使之饑渴，寒暑不能使之疾，祅怪不能使之凶。本荒而用侈，則天不能使之富；養略而動罕，則天不能使之全；倍道而妄行，則天不能使之吉。……故明於天人之分，則可謂至人矣。

大天而思之，孰與物畜而制之！從天而頌之，孰與制天命而用之！望時而待之，孰與應時而使之！因物而多之，孰與騁能而化之！思物而物之，孰與理物而勿失之也！願於物之所以生，孰與有物之所以成！故錯人而思天，則失萬物之情。

除了注重文章的邏輯性和縝密性，《荀子》還很注重詞藻宏富，用廣博的比

喻和鮮明的形象去說明深刻的道理。如《勸學》篇：

積土成山，風雨興焉；積水成淵，蛟龍生焉；積善成德，而神明自得，聖心備焉。故不積跬步，無以至千里；不積小流，無以成江海。騏驥一躍，不能十步；駑馬十駕，功在不捨。鍥而舍之，朽木不折；鍥而不捨，金石可鏤。

這一段話，作者連用了各種形象的比喻和排比的句式，引物連類，論證循序漸進、鍥而不捨才是學習的正確態度。文章辭彙豐富，節奏鏗鏘，被歷代稱道。

《荀子》除論說文外，還有賦和詩。賦現存「禮」、「知」、「雲」、「蠶」、「箴」五首，篇末還附《佹詩》二首。《漢書‧藝文志》載有荀子賦十首，以四言韻語為主，也雜有散文形式。以賦作為文章之篇名，最早見於荀子。漢賦採用問答形式，以賦名篇，詩文混合，可能也是源於荀子的賦。

荀子還有一首具有民歌特色的雜言詩《成相辭》，抒發他的治國主張和廢居蘭陵後的憂憤情緒：

請成相，世之殃。愚暗愚暗墮賢良。人主無賢，如瞽無相，何悵悵！……周幽厲，所以敗，不聽規諫忠是害。嗟我何人，獨不遇時當亂世！

《成相辭》具有民間歌謠的特點，說明荀子很重視學習民間歌謠。

韓非是著名的思想家，是先秦法家的集大成者，同時也是一位著名的散文家。今傳《韓非子》五十五篇，大都是韓非本人所作，其中也有後人竄入的文章。

韓非生活在秦始皇統一中國的前夕。他曾多次向韓王建議變法，由於貴族腐朽勢力的阻撓，一直未能實現，於是發憤著述。據說他的著作傳到秦國後，秦王嬴政（即後來的秦始皇）十分讚賞，把他召到秦國。後由於李斯進讒，被逼自殺。

韓非總結了春秋戰國以來的歷史經驗，又吸收了荀子、商鞅等人的進步思想和法治主張，為建立統一的中央集權的封建國家奠定了理論基礎。中國歷史上第

一個強大的中央集權的封建專制國家的建立，在一定程度上可以說就是韓非法家理論的實踐。

《韓非子》學說的核心是法、術、勢相結合的法治思想。戰國中期，李悝、商鞅等主張以法治國，認為政治制度和法令是鞏固封建國家的有力工具；申不害提出「術」，主張國君要講究駕馭群臣的手段；慎到則提出了重「勢」的原則，即國君一定要有統治人民的權力和威嚴。韓非總結了商鞅、申不害和慎到三家的思想，認為他們各有不足和片面之處，主張應該法、術、勢三者並用，「君無術則弊於上，臣無法則亂於下，此不可一無，皆帝王之具也。」「抱法處勢則治，背法去勢則亂。」他強調治國要把權力集中在君主身上，用中央集權的專制制度來統治國家。這種理論對中國封建社會有著深遠的影響。

韓非反對儒家的復古思想，尖銳地批判儒家「法先王」的復古主張，主張「聖人不期修古，不法常可，論世之事，因為之備」。他反對因循守舊，墨守成規，明確指出「世異則事異，事異則備變」。他認為歷史是發展變化的，是不斷進步的，各種事物隨著時代的變化而變化，因而治國的措施也應隨著時代的不同而有所改變。他說：「今有構木鑽燧於夏後氏之世者，必為鯀禹笑矣。有決瀆於殷周之世者，必為湯武笑矣。然則今有美堯舜湯武之道於當今之世者，必為新聖笑矣。」因此，他認為必須用當今「新聖」的「法治」否定古代先王的「禮治」。他提出「廢先王之教」，主張「明主之國，無書簡之文，以法為教；無先王之語，以吏為師。」他主張「法不阿貴」、「刑過不避大臣，賞善不遺匹夫」；主張獎勵「耕戰」，「富國以農」，「使民以力得富，以事致貴」。這些主張對廢除商周以來宗法封建的腐朽制度，加強對勞動人民的思想鎮壓，都是十分有力的武器。

《韓非子》的散文直言不諱、俊俏挺拔、說理透徹、邏輯嚴密、條理清晰、行文周密，有很強的分析綜合能力，體現了法家文章的特點。其著名者，像《亡征》分析敗亡之道四十六條之多，條分縷析，鞭辟入裡；《五蠹》引用各種史實和故事，批判儒家復古的思想，指出當時社會上存在的五種無益於耕戰的人，——儒生、俠客、說客、逃避兵役者和投機商人是「邦之蠹」，證據確鑿，

極富有戰鬥性;《說難》從各個角度闡述向人主進言的困難,分析細入毫芒,既有正面的道理,也有反面的事實,反映出韓非觀察事物的深刻與透闢。

《韓非子》中使用了大量的寓言故事作為論證事理的比喻,增強了文章的生動性和說服力。如《說林》、《內外儲說》集中了許多寓言故事,其中不少寓言故事今天仍然活在人民的口頭語言和書面語言之中,像「守株待兔」、「濫竽充數」、「自相矛盾」等。

楚人有鬻盾與矛者,譽之曰:「盾之堅,物莫能陷也。」又譽其矛曰:「矛之利,於物無不陷也。」或曰:「以子之矛,陷子之盾,何如?」其人弗能應也。夫不可陷之盾與無不陷之矛,不可同世而立。今堯、舜之不可兩者,矛盾之說也。

有獻不死之藥于荊王者。謁者操之以入。中射之士問曰:「可食乎?」曰:「可。」因奪而食之。王大怒,使人殺中射之士。中射之士使人說王曰:「臣問謁者,曰可食,故臣食之。是臣無罪,而罪在謁者也。且客獻不死之藥,臣食之而上殺臣,是為死藥也,是客欺王也。夫殺無罪之臣,而明人之欺王也,不如釋臣。」王乃不殺。

有學者統計,《韓非子》全書有寓言三百四十則,數量居先秦諸子寓言之首。這些寓言,大都是作者從歷史和現實生活中提煉出來的富於哲理的小故事。它形象地體現了作者的思想特徵,新而不詭,奇而不怪;生動而深刻地說明了作者的理論和主張,因此有人稱讚韓非子和莊子一樣是中國古代有名的寓言大師。

第五節 ·

綺麗、浪漫的
南楚詩歌 —— 楚辭

　　古代中國是詩的國度，幾千年的發展中曾湧現出了許許多多傑出的、有影響的詩人和文學家。在這許許多多傑出的、有影響的詩人和文學家之中，時代最早、對後世影響最大的是戰國楚國偉大的愛國詩人屈原。他創作的富於楚文化色彩的騷體詩歌楚辭，不僅以充沛的感情、奇詭的想像、華美的語言和浪漫的手法開拓了中國長篇抒情詩歌的發展道路，奠定了中國浪漫主義藝術傳統的基礎，詩中所表現的強烈的好修不阿和執著不屈的愛國獻身精神，也給後世以極大的影響，成為後人砥礪情操、鍛煉意志的楷模和榜樣。屈原的詩賦和品格哺育了中國一代又一代的文學家。他光輝的名字和他雄渾的詩賦一樣，將永遠銘記在中華民族光輝的史冊上。

　　屈原，名平，字原，西元前三三九年（楚威王元年）生於今湖北西部長江北岸的古城秭歸。他出身於楚國很有名望的「公族」屈氏。屈是春秋初年楚武王熊通的兒子熊瑕的封地，熊瑕以功封於屈，其子孫即以地為氏，稱屈氏。一直到戰國中葉，屈氏還是勢力非常顯赫的大族。不過，到屈原的時候，屈氏和楚王的親屬關係大概已經比較疏遠了。據屈原辭賦說，他幼年的時候曾經很「貧賤」，在偏僻的農村住過一些日子。這使他從小就了解了社會的底層，懂得了人民的疾苦。

　　屈原生活的時代是中國歷史上社會急劇變化的戰國後期。當時，經過戰國初

期的兼併和變法，諸侯各國基本上都確立了封建制度，列強之間的兼併戰爭也已經成為統一中國的大規模的殲滅戰爭。當時列國七強之中，西方的秦最強，東方的齊最富，南方的楚最大，而綜合國力最有條件統一中國的是秦和楚。秦自孝公任用商鞅變法以來，國勢日強，不斷揮師東進，西元前三三〇年左右已攻取了魏之河西、上郡，韓之宜陽，控制了黃河天險，完成了吞併天下的第一步。齊是東方強國，且一度與秦東西對峙而稱「帝」，但由於它受中原韓、趙、魏的牽制太多，連年征戰，國力有所削弱，開疆辟土相對較少。真正有能力與秦抗衡而爭雄天下的，實際上是南方幅員遼闊、實力雄厚的楚。「楚強則秦弱，楚弱則秦強。」問題的關鍵，是看秦、楚誰能不斷地加強實力，並採取正確的外交、軍事策略控制對方而勝之。

當時列國的外交、軍事聯盟路線有兩條：一是「合縱」──「合眾弱以攻一強」，幾個弱國聯合起來抵抗一個強國，阻擋強國的兼併，這是韓、趙、魏等國的主張，它們希望北連燕齊，南合楚國，抗秦以自保。還有一條是「連橫」──「事一強以攻眾弱」，這是秦國的主張。「連橫」的出發點是分裂弱國的聯合，它的做法是拉攏某個弱國來攻打另一些弱國，各個擊破，達到兼併土地的目的。秦以遠交近攻的方式掠取韓、魏的大片土地，即是採取這種「連橫」的策略。

屈原就是在「合縱」、「連橫」這樣的外交、軍事策略的交叉鬥爭中走上政治舞臺的。由於他是貴族後裔，受到過良好的教育，二十歲左右時就做了楚懷王的文學侍臣。西元前三一八年，由於他「博聞強識，明於治亂，嫻於辭令」，升任左徒，負責持議國政、起草法令、接待外賓、辦理外交，「入則與王圖議國事，以出號令，出則接遇賓客，應對諸侯」，開始了他的政治生涯。

屈原在左徒任上顯示出年輕政治家出色的

楚屈原像

才幹。內政上，他修明政治，「明法度之嫌疑」、「舉賢授能」，限制舊的腐朽貴族集團的利益，大刀闊斧地進行改革；外交上，他堅持聯齊抗齊的策略，出使齊國，和齊國約為婚姻，建立起頗有聲勢的抗秦聯盟，並使楚懷王一度成為六國抗秦的「合縱長」，提高了楚在抗秦聯盟中的地位。

政治上的成功給嶄露頭角的屈原帶來了榮譽，堅定了他實現「美政」的信心，也招致了政治上的反對派——守舊派、親秦派貴族的嫉恨和反對。他們互相勾結，攻擊屈原，一些嫉妒屈原的利祿之徒也趁機媒孽其短，煽風點火，尋釁鬧事。屈原志高行潔，不苟合，不妥協，不顧自己的安危和他們鬥爭，這就使得互相勾結的腐朽貴族集團對他必欲置之死地而後快。

尖銳的公開衝突是從一次法令起草事件爆發的。一次，屈原奉命起草一份內政改革方面的法令，稿子還未寫好，就被素來嫉妒他的同僚上官大夫靳尚看到了。靳尚想看看法令草稿的內容，屈原拒絕了他。靳尚惱羞成怒，就到懷王面前誣告屈原，說屈原起草政府法令是大王授意的，可是每有政府的法令發出，屈原便吹噓自己，說「沒有我屈原，誰也定不出這樣的法令」。懷王本不是什麼賢君聖主，聽說屈原看不起他，非常惱火，便疏遠了屈原。不久，貶屈原為三閭大夫。三閭大夫是掌管屈、昭、景三姓王族宗族事務的官，無權過問外交和政務，這實際上是剝奪了屈原的政事決策權。這對屈原在政治上是一次很大的打擊。

懷王十五年（西元前 313 年），秦派著名的「連橫」派代表人物張儀到楚國遊說，張儀用重幣賄賂親秦派的靳尚、令尹子蘭、司馬子椒及鄭袖等。讓他們共譖屈原，從內部瓦解齊楚的「縱親」關係，答應齊楚的「縱親」關係決裂後，秦「獻商、於（今陝西商縣、河南峽縣之間）之地六百里」給楚，以此誘騙懷王，使齊楚絕交。

懷王不聽謀士陳軫和三閭大夫屈原的苦諫，斷絕了與齊的聯盟關係。之後，派人到秦如約割地，誰知張儀卻說：「我跟你們大王約定的是六里，從來沒聽說過六百里的事，你們記錯了吧！」騙局被張儀本人說明，懷王惱羞成怒，馬上興師攻秦，兩次都被秦國打得大敗。因此又急於和齊復交，便再派屈原出使齊國。屈原不辱使命，從中斡旋，與齊重建「縱約」關係。秦擔心齊楚聯合，十分緊

張，屈原還未回國，秦的使者就到了楚國，主動提出退還漢中地的一半來與楚講和。懷王餘恨未消，表示不要土地，只要張儀的頭。張儀聽說，隻身兩次來楚，重幣賄賂靳尚，讓懷王寵姬鄭袖在懷王面前花言巧語替張儀說情，結果張儀又被懷王糊裡糊塗地放走了。屈原從齊國回來問及此事，楚王後悔不迭，但已來不及了。懷王二十五年（西元前304年），楚和秦在黃棘（今河南新野）會盟，楚國背棄與齊的「縱親」關係完全投到了秦國的懷抱。一向親齊的屈原，受到更大的打擊。不久，便在親秦貴族集團的排斥下，離開郢都（今湖北荊沙），貶官到漢北（今湖北襄樊、均縣一帶）。

屈原在漢北大約待了五、六年。幾年之間，楚國遭到齊、韓、魏和秦的多次攻打，國勢日趨衰微。楚國人窮財盡，形勢緊張，無可奈何之下，懷王又感到了聯齊的必要，於是讓太子橫到齊國做人質，又派人到漢北召屈原回郢都供職。希望屈原能重開與齊的交往，聯齊抗秦。

但是，楚懷王的一誤再誤。終於連自己的性命和楚國的前途一併葬送了！

懷王三十年（西元前299年），秦昭王挾戰勝之餘威，下書約楚懷王在武關（今陝西商縣東南）相會，逼迫他割地稱臣。懷王不允，被劫持在咸陽囚禁起來。後來他得間逃往趙國，趙怕秦追究，不敢收留，不得已再返秦國。幾年後在折磨中死去。

懷王在咸陽被囚禁時，楚人從齊國迎回太子橫，立為國君，是為楚頃襄王。楚頃襄王讓極力慫恿楚懷王赴秦的弟弟子蘭做令尹，激起了全國人的公憤。尤其是懷王客死於秦的消息傳到楚國後，人民對子蘭的憤怒到了極點。忠貞耿直的屈原更是如此，悲憤之餘說了很多激烈抨擊子蘭的話。陰刻狠毒的子蘭惱怒至極，指使靳尚等在頃襄王面前誣陷屈原，並發動同黨對屈原進行攻擊。頃襄王昏庸過於乃父，一怒之下，把屈原趕出朝廷，流放到荒僻蒼茫的江南！自此，屈原的政治生命發生了徹底的轉折。此前，他雖然被疏，但有時還受信用。頃襄王即位，在外交上徹底投靠秦國，他完全被抛，等待他的只能是倉皇流離的流放生活。

頃襄王三年（西元前296年）仲春，屈原懷著沉痛的心情告別故都國門，夾

雜在受秦軍威逼而流浪的人群之中，踏上了流放的道路。他從夏首（今湖北沙市）往東，經夏浦（今湖北武漢），到陽陵。幾年之後，又溯江而上，過鄂渚（今湖北武昌），入洞庭。又溯沅水，至辰陽（今湖南辰溪），再向南到溆浦（今湖南沅陵）。流放生活中，屈原思念故國，寫下了許多不朽的詩篇。他把自己的悲憤、孤獨、徬徨和對國家命運的關切寄託在對天地四方和古代聖賢的幻想和希冀之中，希望自己還能像以前一樣被召回為國家效力，儘管他知道這樣的希望已是非常渺茫……

頃襄王二十年（西元前 279 年），屈原從沅湘來到洞庭湖南側的汨羅，這時他的身體已是非常虛弱。恰恰這時，又傳來使他最絕望的消息：秦國大將白起，攻占了楚鄢郢西陵（今湖北宜城東）。不久，白起又攻占了楚都郢。縱兵燒毀了楚國王陵，頃襄王被迫遷都到陳（今河南淮陽）。這沉重的打擊，使屈原的身體和精神再也承受不住了。他不忍親見亡國之禍，絕望之中，跳汨羅自沉，結束了自己悲劇的一生，當時離郢都陷落僅三個月。

屈原的一生是志高性潔、堅持自己的政治理想的一生，也是和腐朽的貴族集團鬥爭的一生。他的作品表現出強烈的剛正不阿和執著不屈的愛國獻身精神，是有劃時代意義的偉大篇章。他奇詭、浪漫的創作手法，開拓了中國長篇抒情詩歌的發展道路，奠定了中國浪漫主義藝術傳統的基礎。

據《漢書·藝文志》「詩賦略」記載，屈原的作品共二十五篇。現存最早的屈原作品集，是東漢王逸著的《楚辭章句》。王逸在《楚辭章句序》中說：「（屈原）獨依詩人之義而作《離騷》……復作《九歌》以下凡二十五篇。」這二十五篇作的順序是《離騷》，《九歌》（包括《東皇太一》、《雲中君》、《湘君》、《湘夫人》、《大司命》、《少司命》、《東君》、《河伯》、《山鬼》、《國殤》、《禮魂》共十一篇），《天問》，《九章》（包括《惜誦》、《涉江》、《哀郢》、《抽思》、《懷沙》、《思美人》、《惜往日》、《橘頌》、《悲回風》共九篇），《遠遊》，《卜居》，《漁父》，與班固《漢書·藝文志》所言相合。不過，《遠遊》、《卜居》、《漁父》，學者考證並不是屈原所作，倒是過去被認為是宋玉作品，《招魂》被認為是屈原的作品（司馬遷認為是屈原作品）。

《離騷》是自傳體性質的長篇抒情詩，共三百七十三句，二千四百九十字。「離騷」是訴說離別的憂愁的意思。該詩以訴說離別的痛苦為主線，自敘平生的遭遇，並以奇詭的想像抒發好修不阿的堅貞精神和始終不渝的愛國情感，一唱三歎，是中國文學史上最輝煌壯麗的詩篇之一。

　　《九歌》之名屢見於上古神話傳說，為古代祭祀天地鬼神的娛神歌，即「鬼歌」。中國古代「九」、「鬼」讀音相同，如《禮記‧明堂位》「昔殷紂亂天下，鬼侯以饗諸侯」之「鬼侯」，《史記‧殷本紀》就寫作「九侯」。《山海經》說九歌是夏啟從天上偷來的天歌，可見其淵源甚古，其原始形態的歌詞想必是出自巫祝之手。楚辭《九歌》從娛神的角度襲用了《九歌》的名稱，內容上有所繼承和革新，融注進自己的思想感情，使其成為中國古代最具特色的浪漫超實型神話詩歌。其所祀十神，《東皇太一》為上帝神，《東君》為太陽神，《雲中君》為雲神，《大司命》、《少司命》為司命之神，《河伯》為水神，《山鬼》為山神，《湘君》、《湘夫人》為湘山和湘水之神，《國殤》為戰神，是一個完整的神靈系統。最後一章《禮魂》是送神曲，不專祀哪一位神祇。

　　《天問》就是「問天」，「屈原放逐，憂心愁悴，徬徨山澤，經歷陵陸，嗟兮昊天，仰天歎息」，以質問天的形式表現他內心的愁悶、憤懣，並以此指說天地、評騭古今、提出疑問、辨明真理，於是就出現了這首氣勢磅礡、內容涉及宇宙神靈萬物和歷史、政治、人生諸多方面問題的長詩。《天問》共三百七十三句，向

宋人繪《九歌圖卷》

天提出了一百七十多個問題。這些問題可分兩類：一類是問天地，問有關天地形成的傳說；一類是問人事，問有關人間盛衰興亡的歷史大事。在這些提問中，作者以理性智慧的眼光審視蒼茫的天宇和短暫的人生，微妙地將自己的遭際和感情

融入複雜的歷史故事中，對一些值得借鑒的歷史經驗進行探索，為我們了解古代社會的思想、歷史和神話、傳說提供了詳細的資料。

《九章》是後人集屈原的九篇詩歌形成的章節。其作品時代據後人考證，順序是：《橘頌》、《惜誦》、《抽思》、《思美人》、《哀郢》、《涉江》、《悲回風》、《懷沙》、《惜往日》。

《招魂》是屈原在楚懷王客死秦國後為懷王招魂的作品，它既是為懷王招魂，也是為楚國招魂，反映了作者對祖國、對君王忠貞不渝的思念。

屈原的作品深刻地揭露了楚國政治的黑暗，批評了楚王的昏聵、貪婪和殘暴，但也時時處處流露出他對君王不渝的忠貞和無限的眷念。懷王早年曾主張改革政治、富國強兵，後來受群小包圍，自己貪利看小、反覆無常，慢慢成為一個昏君。屈原對此十分痛心，從「傷靈修之數化」到「怨靈修之浩蕩」（《離騷》），反映出屈原對昏聵之君越來越多的怨恨，儘管他對懷王還充滿著無限的眷念。屈原對懷王「荃不察餘之中情兮，反信讒而齌怒」、「弗參驗以考實兮，遠遷臣而弗思……弗省察而按實兮，聽讒人之虛辭」，非常惋惜，作品中對懷王聽信讒言、損害忠良的面目有很多揭露。《離騷》、《天問》筆下的夏啟、太康、後羿、澆、夏桀、後辛等，一方面我們可以看作是勸誡楚王的人物，但也可以看作是楚王的行為之中有和他們共同的劣跡，描寫他們，也是對楚懷王的批評。班固批評屈原「責數懷王」，顏之推指斥屈原「顯暴君過」，正好說明了屈原作品的鬥爭精神。

屈原還深刻揭露腐朽貴族集團的本質：「眾皆競進以貪婪兮，憑不厭乎求索。羌內恕己以量人兮，各興心而嫉妒。」他們把持朝政，把楚國的政治搞得是非混淆、香幽莫辨、黑白顛倒。「世溷濁而嫉賢兮，好蔽美而稱惡。」屈原志高行潔，不為黑暗的社會現實所容，這在屈原心中不能不引起極度的惶惑和痛苦。然而另一方面，為了國家社稷，屈原又絕不苟合，絕不妥協，並堅決與腐朽黑暗的勢力作鬥爭，「苟余情其信姱以練要兮，長顑頷亦何傷？」表現出他高尚、偉大的人格。

屈原的治國思想是他所謂的「美政」理想。「美政」包括三個方面：德政，以民為本；舉賢授能；修明法度。「皇天無私阿兮，覽民德焉錯輔。夫唯聖哲以茂行兮，苟得用此下土。」屈原關心人民，同情人民，他看到人民災難深重，不由地為他們的苦難而歎息、流淚：「長太息以掩涕兮，哀民生之多艱！」他把人民生活的好壞和貴族集團政治的好壞聯繫起來，把人民的苦難和皇室貴族的腐敗聯繫起來，「怨靈修之浩蕩兮，終不察夫民心……瞻前而顧後兮，相觀民之計極。」這就在一定程度上揭露出人民苦難的根源在於統治階級的腐敗和黑暗，這在當時的情況下有很大的進步意義。

「舉賢授能」是屈原「美政」理想的另一個方面。「說操築於傅巖兮，武丁用而不疑。呂望之鼓刀兮，遭周文而得舉。甯戚之謳歌兮，齊桓聞以該輔。」屈原希望社會最底層的有能力的賢人，也可以參與國政。他希望修明法度，「法不阿貴，繩不撓曲」，用法度直接對腐朽的舊貴族進行衝擊，改變「固時俗之工巧兮，偭規矩而改錯。背繩墨以追曲兮，競周容以為度」的黑暗局面。

凡此都說明，屈原本人雖是貴族階級中的一員，但他依據道德觀念和政治理想，對楚國腐朽的貴族集團進行揭露和批判，已經站在了歷史的前頭。屈原詩歌的歷史意義，就在於它強烈的愛國主義精神和不屈不撓地追求進步的精神。

屈原的一生，是悲劇的一生。作為政治家，它在與保守派的鬥爭中失敗了。但作為文學家，作為詩人，他半生的辛苦遭逢，卻極大地激發了他的創作激情，使他博大的資賦和精深的藝術修養得以盡情地發揮，創造出楚辭這樣前無古人、後無來者的藝術奇葩！

可以這樣說，如果只有屈原的思想性格和精深廣博的藝術修養，沒有他特殊的經歷，那是無論如何也產生不出屈原這樣偉大的作家的；反過來，如果只有屈原的經歷，而沒有他的思想性格和精深廣博的藝術修養，他的作品也不可能有那樣「驚天地而泣鬼神」的藝術感染力量。「文章憎命達，魑魅喜人過」，屈原被放逐以後，「美政」理想破滅了。深刻的社會矛盾，悲慘的個人遭遇，激起他內心巨大的憂憤。他激憤地借詩歌來抒發他對君王和國家的憂慮，抒發他對保守派的痛恨。但是，當時北方各國流行的傳統的四言詩沒有辦法表現如此複雜的社會

生活，沒有力量淋漓盡致地抒寫如此沉重的心靈悲劇。在這種情況下，才智超人的屈原把眼光投向適宜抒情的楚國民歌。他多方面吸收各種藝術經驗，對楚民歌加以錘煉、改造，把自己的理想、追求、情感、好惡熔鑄於神秘浪漫的神話之中，馳騁想像，慷慨纏綿，終於創造出「氣往鑠古，辭來切今，驚采絕豔，難與並能」的楚辭體詩歌。

屈原創造的這種楚辭體詩歌「書楚語，作楚聲，紀楚地，名楚物」，帶有濃厚的楚文化地方色彩。它結構巨集闊，內容廣博，趨於散文化、口語化而極宜於鋪陳抒情，不同於北方四言詩「重章疊詠」、「詩樂合一」的弦歌形式而成為以五言、六言為主的「不歌而誦」的徒詩。這種詩歌包容量大，節奏、韻律隨情感的變化而變化，疾徐舒緩，抑揚頓挫，極具抒情色彩，所以它一興起便以異軍突起的姿態成為當時詩歌的主流，使戰國後期成為繁華漫天、雲蒸霞蔚的楚辭時代。

騷體詩的產生對中國詩歌的發展產生了巨大的影響。屈原之前，中國詩歌是沒有標題的。屈原開創的標題詩歌的出現，預示著中國詩歌已進入長篇詩歌的創作時期。騷體詩奇矯奔放的浪漫主義和「發憤以抒情」的創作思想，對中國文學浪漫主義流派的形成和「哀怨起騷人」、突出個性的作家群體的產生起了相當大的作用。從此，「竊攀屈宋宜方駕，恐與齊梁作後塵」，屈原的詩作和品格成為後世作家學習效法的榜樣。

屈原作品最突出的藝術特色是它的浪漫主義精神。這種浪漫主義精神表現為感情的熱烈奔放、想像的奇幻優美以及對理想的始終不渝的追求和堅持。屈原作品運用豐富的形象思維，把描寫的社會現象和自然現象都加以形象化，而自己則往往作為詩中的抒情主人公上天入地，追求、探索於整個幻想的奇特境界之中。如他向重華陳辭之後，便乘龍御風而上升，要進入天帝的九重。可是帝閽鄙視他，不給他開門。他要到人間尋求高丘神女，神女恰巧不在那裡。去宓妃那裡求愛，宓妃卻對他無禮，於是又找到了簡狄和二姚居室，可是沒有媒人說合，使他非常痛苦……這一段通過幻想所創造的雄偉壯麗的境界，反映了屈原在現實中對理想政治的探索、追求和徬徨、迷茫。

其次是他成功的運用比興手法。也就是王逸在《〈離騷〉序》中所說的「依《詩》取興，引類譬喻，故善鳥香草以配忠貞，惡禽臭物以比讒佞，靈修、美人以媲於君，宓妃佚女以譬賢臣，虯龍鸞鳳以托君子，飄風雲霓以為小人」。這種比興手法是一種表情達意的形象思維方法，是用形象思維表現生活本質的方法。如他用鮮花香草比喻人的品質、志行的高潔，「君無度而弗察兮，使芳草為藪幽」（《惜往日》）；用臭物或蕭艾比喻變節的壞人，「何昔日之芳草兮，今直為此蕭艾也」（《離騷》）；用鷙鳥和鳩鴆比喻忠貞之士和奸佞之輩。作者善於用鮮花香草比喻詩中抒情的主人公，他把江離、薜荔、秋蘭、胡繩、蘭桂紉蕙以及荷衣蓉裳等，都用來象徵詩人自己高尚的風格，而且表示「余幼好此奇服兮，年既老而不衰」（《涉江》），這就形象體現出詩人高潔的品格。作者用比興的手法，把深刻的內容包蘊在豐富而又個性突出的形象之中，產生了言簡意賅、言有盡而意無窮的藝術效果。司馬遷說離騷「其稱文小而其指極大，舉類邇而見義遠，良有以也。」

在語言的運用上，楚辭體詩歌「書楚語，作楚聲，紀楚地，名楚物」，採用了大量的楚地方言，句法參差錯落、靈活多樣。但屈原採用的楚地方言，並不是採用自然形態的楚地方言，而是經過了提煉和加工，使之更能傳神狀貌，增強詩歌的語氣，宜於鋪陳但不蕪雜。楚辭或吟、或詠、或歌、或誦，表達了各種不同的思想情緒。它謳歌愛國主義精神，揭露黑暗腐朽，嚮往高潔光明，鞭撻卑鄙齷齪，用完美的藝術形式全面深刻地概括了他所處時代的矛盾和衝突，那個時代的一切腐朽、反動、黑暗的現象，都通過他的作品反映出來。因此，從這個意義上說，屈原的辭賦可以說是他那個時代的詩史。

屈原之後，楚國末年的楚辭作家，還有宋玉、唐勒、景差等。他們「皆好辭以賦見稱。然皆祖屈原之從容辭令，終莫敢直諫」[18]。宋玉是戰國時代的娛樂文學大師，他的作品題材廣泛，表現手法多樣，文采豐富，對後世也有不小的影響。

---

18 《史記・屈原賈生列傳》。

第十一章

原始、神秘、高超、
輝煌的民族藝術

　　魯迅先生曾經說過：「我們有藝術史，而且生在中國，即必須翻開中國的藝術史。」

　　中國是有悠久歷史和輝煌成就的藝術大國。在漫長的歲月裡。中華民族的祖先在亞洲東部這塊美麗富饒的土地上，用自己的聰明才智，創造了異彩紛呈的民族藝術，為世界藝術的百花園增添了簇簇絢麗淳美的東方藝術之花，這是我們民族的驕傲，也是我們發展民族新文化的動力。

先秦時期是中國傳統藝術的奠基時期，也是中國藝術發展的第一個高潮階段。在這個階段中，製陶工藝得到了充分的發展，由製陶工藝帶動的塑形、繪畫藝術也已從高起點發軔；青銅器藝術發展到高峰；染織、髹漆、玉石雕刻趨於成熟，顯示出中國藝術蓬蓬勃勃的發展力量。藝術風格上，先秦藝術經歷了一個從原始到成熟、從神秘到寫實、從表現神到表現人的發展過程。它純美樸厚、離奇浪漫的藝術表現力，奠定了中國現實主義和浪漫主義相結合的藝術傳統的基礎，給後世中國風格、中國氣派藝術形式的發展開闢了光輝的道路。

第一節 ·

造型藝術

一、開創中國造型藝術先河的製陶工藝

先秦的藝術製作應該首推製陶工藝。

藝術的產生最早是從實用生產、生活物品和生活環境的裝飾美化開始的。

考古發現證明，遠在距今六、七千年的新石器時代，我們的祖先即已經有了比較成熟的通過造型、色彩、裝飾來美化生活用品和美化生活環境的審美觀念。製陶工藝尤其是彩陶工藝的發明，標誌著中國古代生產發展和藝術發展發生了重大的飛躍。它的出現，不僅孕育了雕塑和繪畫這一對傳統的姊妹藝術，開中國裝飾藝術之先河，同時也為中國幾千年工藝美術的發展奠定了民族化的基礎。

彩陶是一種繪有黑色、紅色花紋的陶器，主要流行於仰韶文化時期的黃河上、中游地區。彩陶的形制樣式非常多：烹煮食物的有鼎、鬲、甗，盛放食物的有盆、缽、盤、豆、碗，搬運水和食物的有罐、瓶、甕等，造型很講究圓渾豐滿，符合力學原理。彩陶的繪飾，大都是陶坯打磨後用毛筆蘸紅色（赭石）、黑色（錳化物）顏料繪製的。繪飾的內容，主要是形形色色的幾何紋（如 S 形、十字形、網形、水波形、渦紋形、勾葉形）和造型生動的動物（如魚、蛙、龜、

鹿）、植物（如花果、穀葉、樹枝）、人物紋樣。繪飾風格簡練粗放、樸實健美，不同的地區有不同的地方特色。

　　彩陶一般都是實用器，彩陶器物的繪飾一般都以表現新石器時代先民的勞動、生活為主，充滿了文明初萌時期質樸奔放的藝術精神。當時的顏料很少，但簡陋的物質條件並沒有束縛匠師們的藝術才華，他們以簡練的筆觸通過對植物、動物的描繪來表現對勞動果實的珍惜（當時的社會經濟正處於漁獵、採集向定居農業過渡時期），用富於變化的各種造型的組合來抒發他們對生活的感受，質樸清新，奔放流暢，洋溢著親切宜人的健美氣息。西安半坡村曾出土一批人面魚紋陶器，器種上人物面部渾圓，眼睛或睜或瞇闔，頭頂飾魚形裝飾或為半圓形束髮，耳際腮邊各飾有不同方向的魚紋，造型極為生動親切。青海大通孫家寨出土的舞蹈紋陶盆，畫面是三組剪影式的舞蹈人物，手拉手翩翩起舞，形象逼真而富於動態感、節奏感。還有一些器物，像甘肅寧定半山馬家窯文化遺址出土的彩陶，裝飾有多角度、多效果的特點。這些陶器上的紋飾，側面看是迴旋流暢的水波紋或勾葉紋，從上向下俯視，則如同一朵盛開的鮮花，很有空間概念。不少專家說，留心觀察一下我們現在使用的陶器，不管是造型還是紋飾，都還閃現著不少和仰韶遺物相同的特點。這說明仰韶彩陶是中國陶瓷器的源，至少是其中的一個源。它們和時代稍晚的龍山文化陶器、良渚文化陶器都為中國的陶瓷器的發展奠定了堅實的基礎。

魚紋彩陶盆

　　龍山文化陶器俗稱黑陶，因為這類陶器的精品多呈黑色，其實龍山文化陶器亦有灰、紅、黑之分。龍山文化陶器主要用手製，即泥條盤築法製成。器型規整，胎薄，輪旋紋路清晰。其中工藝水準最高的是熠熠發光的磨光蛋殼陶。蛋殼陶器壁一般僅有○點一至○點二釐米，製作精巧，雖只裝飾少許弦紋、直線紋，但清新秀麗，別有風格。

中國古代進入青銅器時代以後，造型精美、氣魄宏大的青銅器是貴族階級的專用品，低階層甚至貴族一般日常所用仍以陶器、竹木器為主。商周時代的陶器主要是輪製或輪模合製的灰陶和紅陶。陶器紋飾大多是用刻花的拍板在陶坯未乾時依次捺印而成，紋飾形式有 S 紋、人字紋、水波紋、繩紋、雲雷紋等。周代後期出現一種在適宜光線下能辨別花紋組織但又不露凹凸痕跡的暗紋陶，其製作原理是在陶坯未乾時在器身表面用拍板等用力壓印研磨，使陶質密度增高，燒成後表面即呈現出發光的黑灰色。這是當時民用陶器的珍品。

商周陶器的最高成就是製作精美的白陶和帶有晶瑩薄殼的釉陶。白陶是以高嶺土為原料經高溫燒製的胎質潔白細膩的陶器，龍山文化和二里頭文化早期遺址中即有發現。商代製作的白陶，泥質洗練精細，潔白無瑕，加以工整繁細的花紋，非常珍貴。釉陶是以某些天然礦物或植物（如燒鹼、石灰、草木灰等）塗抹在陶坯上經燒製形成陶釉的陶器。這種胎質灰白堅硬表面掛有一層透明青釉的陶器和粗瓷器化學成分相近，因而也被稱為原始瓷器。釉陶商周遺址特別是春秋戰國遺址中發現較多，尤以長江下游的江蘇、浙江、江西、兩廣地區為最。這兩種陶器還不是當時日常常用的陶器。雖然它當時的應用還不普遍，但陶器從素燒發展到彩繪，從無釉發展到有釉，卻標誌著中國的陶器已經向瓷器邁出了重要的一步。

商周時期東南沿海一帶還流行一種印紋硬陶，胎質與原始瓷相近，表面不掛釉，但有均勻的拍印紋，它也是陶器向瓷器發展過程中的一個過渡。

二、雄渾、神秘的青銅器製作工藝

青銅器製作的成熟與發展，是中國古代最偉大的創造之一。

青銅器製作的過程非常複雜，從選礦到冶煉，從精煉到冶鑄，器物形體的處理，花紋和文字的設計，都要付出相當的智慧和心血。當時生產力的發展水準很低，要鑄作一件像司母戊那樣的大鼎——高一百三十七釐米，長一百一十釐米，

寬七十八釐米，重約八百四十三千克——按每一煉鍋容納銅液十二千克計算，七、八十只煉鍋同時注銅，至少要二、三百人同時操作，才能用多扇合範的形式一氣呵成這個龐然大物。沒有科學的工藝和高超的技術是難以辦到的。其繁難優美的造型更必須有相當的藝術造詣才能製作。

青銅器的形制一般都是模仿古代陶器而來。但模仿陶器，並不是全部硬搬，而是繼承各種陶器的優點，根據青銅的特性，揚長避短，綜合運用。實踐證明，商周時代的青銅器，確實是繼承了陶器的長處同時又創造革新形成自己獨特的風格的。仰韶文化陶器的圓渾豐滿，龍山文化陶器的勁拔秀麗，都被製作工匠吸收到銅器的創作中來，所以商周的青銅器一般都有氣象雄渾、豪華大氣的特點。

梁其壺

商周青銅器分為樂器、食器、酒器、兵器、雜器諸種。食器、酒器一般稱禮器，禮器中的鼎和樂器中的鐘形體較大，而且常用來表示身份權力，所以又稱重器。禮樂器主要用於祭祀，形制、紋飾、銘文都帶有濃厚的神秘色彩。西周的禮樂器早期是嚴格按照等級的規定來使用的，禮書記載天子九鼎，諸侯七鼎，大夫五鼎，士三鼎，各級貴族在使用時不能僭越。春秋以後，「禮崩樂壞」，宗法制度逐漸衰落，各級貴族僭越使用禮器的情況屢見不鮮，一些卿大夫使用的器物也非常豪華。近現代考古發現的東周各國器物主要是卿大夫使用的器物。

商代的青銅器厚重雄渾，形式多樣。以鼎為例，商代鼎的形制有圓形、方形、三足、四足、直壁侈口、鼓腹斂口、無蓋、有蓋等多種。耳有直耳、附耳、貫耳、環耳之分，足有獸形蹄足、分檔款足、鳥紋扁足之別，各具特色。商代簋、鬲、甗、簠、豆的樣式也較多，形制變化不拘一格的是酒器。商末酗酒成風，酒器十分豪華。盛酒、飲酒的器具有尊、卣、罍、觥、爵、角、觚等，其中

尊和觥有很多作成各種栩栩如生的動物形狀。周承商制，尊、觥也多沿殷商作風。著名的犀尊、牛尊、象尊、豕尊、鴞尊、駒觥、羊尊等都是這個時代的產物。

周代強調禮治，禮器上注重鑄造銘文頌揚祖先和作器者的功業，故風格趨向典雅，造型洗練端莊，花紋儘量簡潔。

春秋以後，青銅器開始從王室壟斷中解放出來，器型突破西周以來的傳統開始向輕薄和裝飾力求簡化的方向發展。這一

龍虎尊

個時期的器物，多從適用的角度出發，製作輕巧清麗，商周厚重神秘的作風為之一掃。戰國以後，銅鑲嵌、透雕、金銀錯等新工藝發展迅速，青銅器的製樣和商周時的製樣有了很大距離，標誌著青銅器在讓位於鐵器時代之前又形成了一個藝術高峰。

青銅器紋飾是青銅製作藝術的一個重要組成部分，從青銅器紋飾的變化，也可以看出青銅製作工藝風格的變化。

先秦青銅器紋飾的變化可以分為四個階段：

商到西周前期，青銅器紋飾以兇猛逼人的饕餮和夔龍、夔鳳為主，帶有非常濃重的神秘氣氛。這個時期青銅器紋飾圖案的形式多是以雲雷紋為網底，襯托出浮雕式的主花饕餮紋，主花上再刻畫各式圖案，形成三層重疊圖案。圖案中的饕餮以獸面的鼻梁為中心，眉目、耳角從左右以對稱的形式向正中聚攏，形成直立的聚紋形式，帶狀、網狀圖案運用較少。

西周中期到春秋初期，器身布滿三層重疊花紋的器物減少，一般器物裝飾都是在器頸、腹部飾弦紋、竊曲紋、帶狀夔紋、帶狀鳥紋等較為單純生動的圖案。

春秋中後期，器物紋飾一反西周中期到春秋初期樸質簡明的作風，趨於細膩

繁茂，新穎靈巧。此時紋飾的主調是帶狀網狀類型的圖案。

戰國時期，帶狀、網狀類型的圖案繼續使用，但以戰爭、宴樂、狩獵、勞動等社會生活真實情景為主題的裝飾紋樣增多，裝飾水準、藝術造詣均超過以前，形成了一個藝術裝飾的新高潮。

青銅器紋飾風格的變化，反映了先秦時期神權思想向人治思想的轉變。從表現神到表現人，不僅體現出人性越來越走向成熟，也體現出中國雕塑越來越向浪漫主義和現實主義相結合的道路發展。

值得注意的是，商周時代不僅中原和長江中游地區的青銅製作非常發達，周邊方國的青銅製作也各具特色。考古發現的江西新幹商代墓葬、四川廣漢三星堆晚商巴蜀文化墓葬及東南百越、西南滇、北方胡人的墓葬中都出土了很多精美的青銅器。這些青銅器既有地方特色，也受中原青銅文化的影響，反映了當時中原與周邊文化交流的繁榮。

三、富麗晶瑩的玉石雕刻工藝

玉石雕刻是中國古代發達的藝術工藝之一，它的起源非常古老，在中國工藝史上占有很重要的地位。

玉是石料中較為堅硬的、富於變化的優質品，所以古人稱玉為美石。玉石雕刻在中國起源非常早，一九七六年，在浙江餘姚河姆渡新石器晚期遺址中，出土了一些璜、玦、管、珠等玉器佩飾，這是迄今我們發現的最早的玉器。新中國成立以來，中國考古工作者陸續在北方的仰韶文化、大汶口文化、龍山文化、紅山文化、齊家文化及南方的良渚文化、石峽文化等新石器晚期的遺址中發現了大量的玉雕如琮、璧、璜、玦、環、笄、梳、鏟、刀、動物造型和人面飾等。其中，良渚文化遺址出土的眾多玉琮，內圓外方，四角刻抽象獸紋，細膩規整；內蒙古翁牛特旗出土的紅山文化玉龍，高二十六釐米，曲體伸首，長須飄動，都是非常難得的藝術珍品。

商周時代，玉器雕作更加興盛。文獻記載，周武王滅商，得舊寶玉「億有四萬」，可見商代製玉的發達。河南偃師二里頭、鄭州二里崗和安陽殷墟發現很多不同時代的玉器。殷墟婦好墓出土的七百五十件玉器，種類繁多，分為禮器、儀仗、生活用具、裝飾品、藝術品等，動物造型有龍、鳳、虎、熊、牛、鹿、狗、兔、鷹、鶴、鵝、鸚鵡等，姿態奇異，技藝嫻熟，堪稱絕代佳作。這時的藝人不僅造型技術高超，能運用誇張、變形的手法刻畫

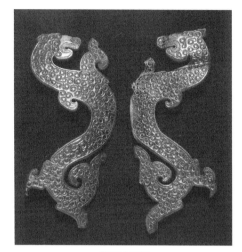

雙龍玉佩

動物的姿態，而且已能運用「俏色」技術因材施刻，如把黑色的玉料雕成鱉的背甲，相鄰的白色雕成頭、頸、腹，這說明當時的玉雕技術已經有了相當的技術和藝術修養積累。周代以後，玉雕製作有了新的發展，如陝西西安茹家莊西周墓出土的玉鹿、牛、鷺、虎、兔、魚、蟬、鳳鳥等，形神兼具，製作精工，表現出高水準的藝術創作構思。

周代的玉雕分為祭祀用玉（六器）、身份用玉（六瑞）和佩飾用玉（包括組佩）。祭祀用玉主要是用於禮神、賂神、迎神、謝神、娛神。古人認為玉有通神的靈性，所以經常用各種形狀的玉祭告天地。《周禮・春官・大宗伯》：「以玉作六器，以禮天地四方：以蒼璧禮天，以黃琮禮地，以青圭禮東方，以赤璋禮南方，以白琥禮西方，以玄璜禮北方。」祭玉的形狀以象徵性的幾何形的璧、琮、圭、璋為主；身份用玉主要是用於朝聘結盟等，《周禮・春官・大宗伯》：「以玉作六瑞，以等邦國：王執鎮圭，公執桓圭，侯執信圭，伯執躬圭，子執穀璧，男執蒲璧」，形狀以璧、璜、圭、璋為主；佩飾用玉主要是璜和各種形狀的小巧精美的玉件的組合，這是一種能顯示身份高低的裝飾。除此之外，玉還經常用在墓葬中保護屍體不腐爛。周代用玉有嚴格的等級規定，這種等級，實際上也就是宗法封建的等級。周代佩飾用玉以前發現不多，近年山西曲沃晉侯墓出土了幾套諸侯一級的佩飾用玉，氣象皇皇，使人大開眼界。這幾套組佩形制為多璜過珩連環

胸腹玉佩、三璜雙環雙玦玉佩、五璜連珠玉佩等，構造是璜與璜並列或相連，中間以璣珠相隔，有的兩端各飾一環璧，佩戴時一璧居項後，一璧垂腹前。這幾套組佩最長的達一點八米，五十餘玉璜繫於一組，規模相當壯觀。這樣長度和一定重量的佩飾，可能是高級貴族參加重大典禮時表示身份和節步之用的。因為這樣長的佩飾，又有一定重量，在典禮儀式上貴族只有穩步按禮的規範動作行進，才能保持他的姿態沉穩，不至於把佩飾搞亂、搞壞，於是這樣也才體現了貴族的儀則和風範。《禮記‧玉藻》說，佩玉「趨於采齊，行以肆夏，周還中規，折還中矩，進則揖之，退則揚之，然後玉鏘鳴也」──小步走要符合《采齊》的樂章，平常步行走要符合《肆

婦好墓玉虎

夏》的樂章，轉身要中規，彎腰要中矩，往前走身體要稍前傾，往後退身體要略後仰，這樣才能牽動佩玉，使之相擊發出有節奏的樂聲──晉侯墓出土組佩的作用大概就是這樣的。由此我們也可知，西周組佩雖然也有一定的裝飾作用，但其主要功能是要求佩戴者時時刻刻從儀錶、行為舉止到內心都不要忘記「禮」的束縛，不要忘記自己的身分、權力和義務。

春秋戰國是社會大變革的時期，玉雕藝術出現了新的格調。它一改三代玉雕製作的嚴謹凝滯為靈巧多變，紋飾線條亦趨於婉轉流暢。河南淅川下寺出土的春秋玉牌，乳白色，近方形，浮雕饕餮和對稱的蟠螭紋，繁密緊湊，非常精美；河北平山中山國墓出土的三龍蟠環透雕佩、湖北隨縣曾侯乙墓出土的透雕玉璜、河南輝縣琉璃閣戰國墓出土的佩玉等戰國遺物，晶瑩剔透，都是難得的精品。

春秋戰國的玉器按類別可分為禮玉、裝飾用玉和雜器三大類。

禮玉，主要是璧、琮、圭、璋等。不過這一時期的禮玉和西周時期的禮玉已有了很大區別。西周的璧多為素面，春秋的璧則多飾精美的勾連紋、雲紋、蟠虺

紋，戰國則流行細密的穀紋璧和鏤雕璧。琮亦多飾雲紋或竊曲紋。春秋戰國圭、璋的數量極多，用途亦極廣泛，不僅可以用來祭祀天地鬼神，還可以用來區分貴賤等級，或用於朝覲、盟誓、婚聘、起軍旅、治兵守、殮屍、除匿，不一而足。和西周的禮玉相比，東周禮玉的一個最大的特點是象徵性的儀仗用禮玉基本消失了，原來這些禮玉的用途已基本上為盛行的圭璋所替代。另外一個特點是此時期璧、琮等除用於傳統的祭祀之外，還經常作為吉祥物和信物用於朝覲、盟誓、婚聘等活動，這體現了禮玉的宗教約束性受到了一定的衝擊。

和璧、琮等宗教禮玉走下坡路形成鮮明的對比，琳琅滿目、種類繁多的玉佩飾盛行卻構成了東周裝飾用玉最顯著的特色。

東周的裝飾用玉品類繁多、典雅富麗，充滿了藝術的創造力和感染力。從考古發現看，東周的裝飾用玉主要有玦、環、觽、璜和各種各樣的牌飾、串飾、佩飾（包括單獨的佩飾和成組的組佩）及各種動物形玉雕等，其中造型別致的獨佩和配置和諧的組佩多為上乘的藝術作品，受到人們的垂青。

十六節龍鳳玉佩

東周佩玉的盛行跟當時玉器屬性的人格化有關。春秋時代，玉器的神秘性漸漸減少，其物理屬性則漸漸被人們認識。講究人格修養的儒家把玉的自然屬性和君子的道德品質結合起來進行比較，用玉的縝質、光澤、硬度、紋理、音色比喻君子仁、義、智、信、潔的美德，號召君子時時處處以玉的品性鞭策約束自己，「於玉比德焉」，於是形成了以玉修身、潤身的佩玉理論。佩玉之俗蔚然成風，佩玉的琢製技術日見精進，藝術的創造力和感染力也就日益增強。《詩經》中有很多描寫君子佩玉和以玉喻人的句子，如《衛風・竹竿》：「淇水在右，泉源在左，巧笑之瑳，佩玉之儺」，《淇奧》：「瞻彼淇奧，綠竹如簀。如匪君子，如金如錫，如圭如璧」，這

都是東周時代佩玉成俗的寫照。

東周尤其是戰國時代的佩玉無論獨佩（如蜷身回首的龍佩，構思奇巧的虎佩，小兒騎獸佩等）還是組佩，藝術性都很高。組佩安徽壽縣蔡侯墓、湖北隨縣曾侯乙墓、江陵楚墓、河南信陽楚墓等都有出土，從現在發現的材料看，東周的組佩多佩繫在腰腹間，長短、結構、部件、組合方式都很靈活，沒有固定的模式限制，跟山西晉侯墓出土的節步形的多璜製組佩不同，跟《周禮·天官·玉府》「佩玉上有蔥衡，下有雙璜、沖牙、蠙珠以納其間」，《大戴禮·保傅》「上有雙衡，下有雙璜、沖牙、玭珠以納其間，琚瑀以雜之」的說法也不一樣。河南信陽楚墓和湖北江陵楚墓曾出土過幾件彩繪佩玉組佩的木俑，其組佩形式跟安徽壽縣蔡侯墓、湖北隨縣曾侯乙墓、江陵楚墓、河南信陽楚墓出土的組佩形制一樣，這說明戰國組佩主要體現的是藝術性和裝飾性，並不帶有刻板的限制束縛。

除了上述的玉佩飾，春秋戰國時期的裝飾用玉還有精美絕倫的玉笄、玉帶鉤、玉串飾等。此外，這個時代還用玉製作一些精美的實用器物如玉梳、鏡架、燈、轆、簡冊、行氣玉銘及作為葬玉的琀、玉衣片、綴玉覆面等，這說明東周玉器的使用範圍越來越擴大。玉衣片、綴玉覆面是漢代金縷玉衣或銀縷玉衣的先聲，不過這種用途的用玉主要不是發揮它溝通人神的作用，而是發揮它殮屍防腐的功能，跟祭祀用的禮玉不一樣。

第二節·

織繡藝術

中國是世界上最早發明織繡和印染的國家之一。早在遙遠的新石器時代時

期，我們的祖先就發明了用麻絲製作平紋組合的「布」。夏商周時期，多彩織花的「錦」和把繪畫刺綴在絲織品上的「繡」高速發展，各種絲綢染織也很發達，為以後中國成為絲綢大國和「絲綢之路」的開通準備了豐富的物質條件。

傳說養蠶、繅絲製作衣服是黃帝的妻子縲祖（西陵氏的女兒）發明的，這自然不一定可靠。不過它說明中國養蠶、繅絲製作衣服的歷史非常悠久，卻無可懷疑。二十世紀五〇年代末，中國考古工作者在浙江吳興錢山漾新石器時代遺址曾發現了苧布、小的絲帶和絹片；一九七二年，江蘇吳縣草鞋山新石器時代遺址又出土的三塊葛布殘片，經線由兩股紗併合而成，係用簡單紗羅組織製作；一九七七年，浙江餘姚河姆渡新石器時代遺址發現了很多的紡磚、織機零件、合股麻線等紡織實物，這說明中國古代的織紡技術起源是非常早的。在這種意義上說，「縲祖教民養蠶取絲」，又有一定的可信性。

商周時代的紡織技術已有了相當的成就，附屬於政府的有關管理織造的機構也具備了一定的規模。商代的紡織成就，從甲骨文與絲有關的字可以窺見一斑：殷墟甲骨文中，從糸的字有八十一個，從絲的字有十六個，與𤔲（《說文》：「𤔲，治也。」本義是把絲理出條理）或係相關的字更多，這說明商代的紡織在社會生活中是有很大影響的。河北槁城臺西商代遺址和河南安陽殷墟出土的銅器上都發現了包裹器物的絲帛痕跡，經鑒定，是以繅桑蠶絲織帛，經緯絲的投影寬度為〇點一至〇點五毫米，工藝十分完善。據文獻，商周時代絲織品的種類已有繒、帛、素、練、縞、紈、紗、絹、縠、綺、羅、錦、縐、綃等多種，既有生織、熟織，也有素織、色織，而且有多彩織物，即錦。織物組織除平紋外，還有斜紋、變化斜紋、重經組織、重緯組織和提花技術。瑞典遠東博物館收藏有一件中國商代銅鉞，上面粘有絲織品殘痕，經鑒定係平紋底上起菱形花紋的提花織物；故宮博物院收藏的商代銅器和玉器裡，有的也黏有絲織品殘痕，經鑒定，有一件是在平紋底上起斜紋花的提花織物，較瑞典遠東博物館所藏更為精美。這說明，漢以後西方才興起的提花技術，中國殷商時代就已經發明了。有學者研究，西方的提花技術，實際上是漢以後從中國傳入的，這觀點完全正確。

周代的紡織技術比殷商更高，應用也更廣泛。《詩》中有不少反映採桑養

蠶、買賣絲線和讚揚絲織品色彩斑斕的詩篇，其他文獻也記錄了不少絲帛的名稱，反映出當時紡織印染的發達。只不過絲織品不易保存，出土資料不多，我們沒有辦法說得很詳細。

春秋戰國時期，是中國絲織手工業大發展的時期。據《禹貢》等書，當時兗州（今山東北部及河北南部）、青州（今山東南部、河南東部）、徐州（今安徽、江蘇淮河流域）、揚州（今淮河以南地區）、荊州（今湖北、安徽、江蘇沿長江一帶）、豫州（今河南、湖北北部）都出產有名的絲織品，「齊紈魯縞」、「衣履冠帶天下」。

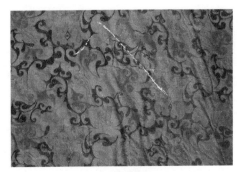

鳳鳥紋繡

目前考古發現的絲織品，大都是春秋戰國時期的，其中以湖北、河南、湖南出土的楚地絲綢為最多。湖北江陵馬山一號楚墓，一個墓出土幾十件絲綢織物，被譽為「絲綢寶庫」。其中織物種類有絹、綈、紗、素羅、錦、絛、組、綺、刺繡，顏色有紅、黃、綠、藍、棕、黑、黃、褐，絲織的花紋有龍紋、鳳鳥紋、動物紋、幾何紋等，光彩奪目，色彩紛呈。該墓出土的田獵紋絛和二色錦、三色錦，係用緯線起花和平紋底經線提花技術織成，工藝複雜，顯示出楚國高超的織作水準。

與紡織相聯繫，中國的印染和刺繡也起源很早並取得了很高的成就。商周時的印染主要是用礦物顏料（朱砂、赭石等）和植物染料（「藍」——藍草，「蘆」——茜草，「綠」——藎草等）給織物染色。《考工記》中對絲綢的染色技術已有了較詳盡的記載，中國考古發現的許多色彩斑斕的絲織品都是用這種方法染色或用染色的絲線織作而成。刺繡古代稱為「黹」，即用彩色的線按設計好的圖案在織物上連綴出美麗的紋樣。中國發現最早的刺繡是「鎖繡」——由繡線環圈鎖套而成的刺繡方法，河南安陽殷墟婦好墓出土的銅觶上就黏有鎖繡針織品的痕跡。陝西寶雞茹家莊周墓曾出土了單列和雙列的繡紋卷草花繡。湖南長沙左家塘楚墓、廣濟橋楚墓，湖北江陵馬山一號楚墓、望山楚墓都出土過精美的龍紋、鳳紋、動物紋、幾何紋楚繡。蘇聯阿勒泰古代遊牧民族貴族墓葬中也曾出土過戰

國時期的龍鳳紋繡，其纖維、花紋、刺繡方法跟長沙左家塘楚墓出土的刺繡十分相似，說明也是楚繡，可能是由商人運到北方以後輾轉貿易到更遠的地區去的。

第三節·
髹漆藝術

漆器是中國的特產，中國使用漆器的歷史可以追溯到新石器時代。距今七千多年前的浙江餘姚河姆渡遺址曾發現過天然漆塗飾過的陶杯和木器，江蘇吳江龍山文化遺址出土的黑陶杯和小罐，也屬於早期漆繪實物。

商代遺物中尚未有完整的漆器出土，但有確鑿的證據證明商代已廣泛地使用漆器。解放前河南安陽殷墟西北崗墓葬中曾出土一批印花土，從印痕可以清楚地辨認出簋、豆、敦、彝的形狀，原物為木胎雕花朱漆器，因年代久遠，木胎全無，只留所刻花紋和朱漆層牢固地印在泥土上。據傳與印花土同時出土的還有漆面大鼓一面，附近亦發現執戈、盾武士像一尊，盾牌亦用漆塗。這都是商代已用漆器的證據。

西周春秋時期髹漆器物使用的範圍更加廣泛，飲食器、車馬具、棺槨均用漆料髹飾。

《周禮·春官》記有關於君主車輛髹飾部位

雨臺山勾連雲紋漆盛

和色彩類別的規定，《考工記》也詳細記載了貴族車輛規格和髹漆用色彩的制度。此外，《詩》、《書》、《春秋》中也有不少關於髹飾屋宇、車具、弓矢規定的記載。考古工作者曾在不少的西周墓葬（像西安鬥雞臺西周墓、河南濬縣辛村西周墓）遺址中發現車具等的髹漆痕跡，但實物完整的很少。一九七三年，考古工作者在河北槁城臺西西周墓葬中發現了一批厚木胎漆器殘片。這批器物用黑漆塗底，花紋用朱紅漆描繪出雲雷紋、饕餮紋、夔紋，製作精工。這是近年來出土的最珍貴的西周漆器。

戰國時期，漆器成為生活用具中重要的組成部分而取代青銅器的部分製品，髹漆工藝也從成熟發展到鼎盛。從現有的成百上千的出土戰國漆器看，它的用途不僅包括日常生活所用的杯、盤、豆、俎、勺、奩、盒、床、幾、衣箱，還包括笙、琴、鼓、瑟等樂器和盾、甲冑等武器，一部分生產工具和葬具如工具箱、工具鞘、鎮墓獸也用漆器製作，還有一項用途是製造工藝品，如漆鹿、漆鳳鳥等。

漆器的製作過程分成型和裝飾兩部分。成型，就是製胎，可分為木胎、夾紵胎、皮胎、竹胎等。木胎即用木料作器成型。其中又分斫木成型、旋木成型、卷木成型幾種。斫木成型是用刀、斧砍、削、挖、雕，或把已做好的透雕、浮雕拼接；旋木成型是用旋床加工成型；卷木成型則主要應用於胎薄輕巧的器物如杯、奩等，其製作工藝是先將

鴛鴦形漆盒

長條形薄木版兩端削成斜面，彎曲後卷成圓筒形，用漆液把兩端斜面吻合黏好，再拼合上底版。

夾紵胎，先用木料、泥土做成模具，然後逐層用漆灰裱上麻布，乾燥後除去模具，表面磨光、髹漆、彩繪，工藝流程跟現在的「脫胎漆器」相似。

皮胎、竹胎以皮和竹作器成型，主要用來做甲冑和扇、席等。

裝飾，指在成型的器物上加以繪飾。戰國時期的漆器繪飾，有彩繪、鑲嵌、針刻、金銀銅扣、金銀彩繪等，手法靈活，千姿百態。繪飾，即用毛筆「描漆」繪畫，多是線條畫和平塗畫相結合；鑲嵌即在器物表面鑲嵌雲母片、蚌殼等；針刻，是在髹好的漆面上用針或其他尖利工具刻出細如髮絲的花紋線條；金銀銅扣是把金、銀、銅製的「扣器」（金屬做的圓圈）套在器物的口沿或底圈，起裝飾兼加固的作用；金銀彩繪指描金描銀等，此外還有貼金。

望山透雕漆座屏

　　戰國漆器出土以湖北、湖南、河南楚地發現為最多。湖北江陵楚墓出土的彩繪木雕座屏、鳳鳥架鼓、漆鹿、漆鎮墓獸，河南信陽長臺關楚墓出土的鳳鳥磬架、彩繪錦瑟，湖南長沙出土的漆車馬紋奩、狩獵紋奩等，都反映出戰國時楚地漆器使用非常廣泛，造作水準極高，對此應給予高度的重視。

第四節·
音樂、舞蹈、繪畫

一、美輪美奐的姊妹藝術 —— 音樂、舞蹈

音樂舞蹈是一對姊妹藝術。先秦時期，「樂」、「舞」一般是不能分開的，「樂」時必有「舞」，「舞」時必有「樂」伴奏，兩者相輔相成，聲情並茂。

樂舞是人類最早產生的藝術形式之一，它的發生幾乎和人類的形成同步。人類通過勞動逐漸脫離動物界時，音樂和舞蹈也就隨之萌芽了。因為音樂舞蹈是表現人類最強烈感情的藝術，「言之不足，故長言之；長言之不足，故嗟歎之；嗟歎之不足，故不知手之舞之，足之蹈之也」，所以它在諸種藝術中起源最早，變化也最大。

一九七三年青海大通上孫家寨一座新石器時代的墓葬裡，出土了一件舞蹈紋彩陶盆，近年來該省的同德縣宗日又出土了另一件舞蹈紋彩陶盆，兩個彩陶盆內壁都畫著幾組人物手拉手翩翩起舞，這自然是當時的人們歌舞場面的描繪。有趣的是，在中國古代的神話傳說中，不管是漢族，還是少數民族，有不少都是涉及古代的樂舞的。《呂氏春秋·古樂篇》說「昔葛天氏之樂，三人操牛尾，投足以歌《八闋》」，《通典》卷一四一說「伏羲樂曰《扶來》，亦曰《立本》；神農樂名《扶持》，亦曰《下謀》；黃帝作《咸池》；少昊作《大淵》；顓頊作《六莖》；

帝嚳作《五英》；堯作《大章》；舜作《大韶》；禹作《大夏》；湯作《大雯》」，
這都是中國古代流傳下來的古典樂舞。其中有的是古人勞動場面的描述，有的是
古老民族的史詩，那時還沒有文字，只能靠這種且歌且舞的形式往下流傳。

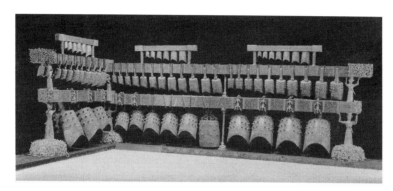

曾侯乙墓編鐘

有關音樂的文物，我們現在發現最早的是新石器時代的陶塤和骨笛。商周時
代的樂器發現比較多，鐘、磬、鼓、鐃、鈴等都有發現。殷墟甲骨文裡有不少樂
器的名字，像龠、樂、磬等，龠像編管之形（笙一類的樂器），樂像木版上張著
絲弦（琴瑟一類的樂器），磬像用錘擊
磬。有人推測，商代後期，金、石、絲、
竹、匏、土、革、木幾種樂器都已齊備，
那時的人們大概已經掌握了十二律的樂律
知識，進入了系統的音樂知識階段。

商代的舞蹈已有了巫舞和樂舞之分。
巫舞，是祭神、迎神、娛神的樂舞，主要
服務於宗教活動，帶有濃厚的宗教迷信色
彩；樂舞是供貴族享用的歌舞表演，以娛
人為主，格調較輕鬆。上文說過，商代是
神權政治社會，宗教活動帶有政治的性
質，所以後世關於巫舞的記載較多。《說

虎座鳥架懸鼓

文》：「巫，祝也。女能事無形，以舞降神者也。」商代的巫舞流傳下來的有《桑林》（祈雨的樂舞）、《大雩》（祭祀先王的樂舞）、《羽》（祭祀四方的樂舞）等，這些樂舞因為年代久遠，其內容已不可考。

周因為有伴樂和伴舞的《詩》流傳，使我們了解得多一些。

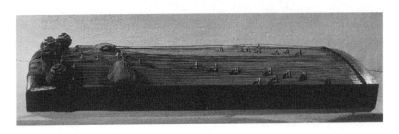

瑟

周初制禮作樂，把前代遺留的樂舞進行整理，建立了雅樂體系。雅樂體系分文舞、武舞兩種。文舞顯示君王以德服人，舞蹈時手裡拿著樂器「龠」和鳥羽「翟」，傳說《雲門》、《大章》、《大韶》、《大夏》屬於此類；武舞顯示武力強大，舞蹈時手裡拿著干（盾）和戚（大斧），《大雩》、《大武》屬於此類。《詩》中也有文舞、武舞之分，主要體現在《雅》、《頌》中。《大雅》、《小雅》大多是貴族的樂歌；《頌》是周、魯和商後人讚頌先祖創業的史詩性質的宗廟樂歌；《風》大部分是民歌。《詩》各篇重章迭唱的形式，還保留著它原來且歌且舞的風格。較長的篇章中，還保留著合奏、合唱（即「亂」）的痕跡。有人研究，《詩》中還保留著傳說中的《大武》（歌頌周武王滅商的大型歌舞）和《大雩》（歌頌商湯滅夏的大型歌舞）。《大武》的歌詞散見於《周頌》各篇，《大雩》的原文亦不出《商頌》，這兩篇應當是武舞歌詞的遺留。

排簫

周代的樂器見於文獻記載者甚多。僅鼓類

樂器，見於文獻者就有土鼓、木鼓、賁鼓、應鼓、田鼓、縣鼓等。其他樂器，除了琴瑟，僅《詩》一書就還提到了築、箏、鐘、鏞、磬、缶、雅、祝、圉、簫、管、鈴、龠、塤、簴、笙、竽等很多類。西周春秋時音樂理論已有了「五聲七音十二律」的說法。「五聲」，是比較音高，即宮、商、角、徵、羽；七音，是五聲角徵、羽宮之間加上兩個變音變徵和變宮；十二律是絕對音高。《國語·周語》記載周景王的樂師伶州鳩說，十二律的名稱是黃鐘、大呂、太簇、夾鐘、姑洗、仲呂、蕤賓、林鐘、夷則、無射、應鐘（西周出土的編鐘上記有蕤賓、無射等律名）。這是中國最早的整體化音樂理論。

春秋戰國時期還發明了生律（確定標準律）的三分損益法。《管子·地員篇》記載，這種方法是把一根弦作振動體分成三段，去其三分之一，取其三分之二，三分損一，這樣該弦振動後所發的音，會比原來全長髮的音高純五度。反之，一根弦分成三段，增其三分之一，取其三分之四，三分益一，該弦振動後所發的音，會比原來全長髮的音低純四度。這樣，「一損一益」，「凡將起五音，凡首，先主一而三之，四開以合九九」，宮生徵，徵生商，商生羽，羽生角。按音高排列，其次序為徵羽宮商角。

三分損益法（又稱管子法）比歐洲同一方法的「畢達哥拉斯（Pythagoras）律制」要早約一個世紀，這在當時世界上是領先的音樂理論成就。其後呂不韋相秦時又發明了宮調理論，在此基礎上又有了進一步的發展，使中國的音樂理論更為豐富。

戰國時期有關音樂和音樂理論的文物目前發現不少。一九七八年湖北隨縣曾侯乙墓出土了大批樂器，其中編鐘一套六十五件，上面都有銘文，標明每一件鐘的音標、音階。實踐證明，只要按標音位置敲擊，都能發出合乎一定音階的樂音，每鐘可發兩個音，音色優美；該編鐘生律法以管子三分損益法為主，五音順序為徵羽宮商角。該編鐘銘文還記載了曾和楚、齊、晉、周、申等國律名、階名、變化音名之間的對應關係，世傳十二律名有八個在鐘上出現，是我們研究先秦音樂史非常寶貴的第一手資料。

春秋戰國時期的儒家對音樂的教育功能很重視。孔子認為，做一個完美的

宴樂漁獵紋銅壺

人，必須進行樂舞教育。他說：「興於詩，立於禮，成於樂。」荀子也很重視樂舞的修身養性功能，他說通過樂舞的薰陶，人的志趣情操、精神面貌就會發生變化。這反映了德治思想發展以後人們對樂舞移風易俗功能的挖掘。

春秋戰國時期，雅樂已經大部分演化為貴族享用的藝術，銅器紋飾上常有表現這種題材的宴樂紋出現。不過，這時期的宗教巫術性質的樂舞也還十分流行，尤其是南方的吳楚地區，這些，我們仔細研究一下屈原的《九歌》、《天問》、《招魂》就會明白，不必再費過多的筆墨。

二、奇幻真實的藝術繪畫

中國繪畫的歷史也非常悠久，它的發源也可以上溯到原始社會的新石器時代。在漫長的歲月中，我們的祖先在認識自然、改造自然、認識社會的同時，也發展了自己的審美意識和藝術創作才能，逐漸掌握了繪畫藝術。

最早的繪畫是畫在陶器、地面和岩壁上的。仰韶文化彩陶上毛筆繪成的多彩多姿的繪畫，就是祖先留給我們最早的藝術創作之一。甘肅境內出土的彩陶鉢，鉢內正中位置上由幾片小花瓣組成迴旋式的花朵，器面疏密不同地圍繞著長條小葉，構成運動感很強的圖案，給人以樸實清新之感。立體器物的花紋往往照顧到俯視、正視兩個方面。半山出土的單頸陶

人物夔龍圖

瓶，從平面看是迴旋式的圓形圖案；從正面看，則成為流暢生動的波狀二方連續圖案，花紋與花紋連成一氣，十分得體。陝西西安半坡和臨潼姜寨出土的紅陶盆，盆內中心畫正面人頭，兩邊配上魚紋，刻畫簡練生動而又不失真實感。青海大通出土的舞蹈紋陶盆，內壁上下兩組帶問之間，剪影式地繪成三組舞蹈畫面，每組五人，手拉手翩翩起舞，布局緊湊，構思新穎，給人留下親切難忘的深刻印象。

處於原始社會的一些民族的岩畫創作我們也發現不少。甘肅嘉峪關西北黑山鑿在發亮的黑紫石上的多處岩畫，其中有一幅是三十人的舞蹈場面。舞蹈者分上中下三層列隊，有的雙手叉腰，有的一手叉腰，有的頭上帶有雉尾的裝飾，還有人拉弓射箭，氣氛十分熱烈；內蒙古狼山地區的岩畫，舞蹈者勾肩搭背，連成一排，踏地頓足，形象簡練生動，非常真實地反映了當時人們的集體生活。

進入階級社會以後，繪畫主要用於旗幟、衣服、器物的裝飾和壁畫。史書曾有記載，商朝初年，宰相伊尹「從湯言素王及九主之事」，曾畫了「法君、專君、授君、勞君、等君、寄君、破君、國君、三歲社君」九主的形象來勸誡成湯。商的「中興」之主武丁，「夢帝賚予良弼……乃審厥象，俾以形，旁求於天下，說築傅岩之野，惟肖，爰立作相。」——武丁夢見上帝給自己找了一個好的輔佐，於是就把夢中所見的人畫成圖形，廣泛在天下搜求，當時身份是奴隸的傅說正在傅岩之野打版牆，長得跟圖形上畫的人一樣，於是武丁就把他從奴隸提拔為宰相。這都是當時有關繪畫的零星記載。

除了這些記載，西周、春秋時的繪畫，應用較廣泛的還有畫繢一項。「畫繢（繢就是繪）」就是用顏料和染料在織物上作畫。傳說商周時代天子百官所用的禮服、旗幟、帷幔、巾車等，就是根據不同的「畫繢」來區別地位和等級的。中國考古工作者曾在洛陽東郊商代墓葬中發現施於墓廓四周彩色布幔的痕跡。上面畫著黑、白、紅、黃的幾何花紋，也有紅、綠、白三色的，這就是「畫繢」。《周禮·冬官考工記》說：「畫繢之事，雜五色。東方謂之青，南方謂之赤，西方謂之白，北方謂之黑，天謂之玄，地謂之黃。青與白相次也，赤與黑相次也，玄與黃相次也。青與赤謂之文，赤與白謂之章，白與黑謂之黼，黑與青謂之黻，五彩

備謂之繡。土以黃，其象方，天時變，火以圜，山以章，水以龍，鳥獸蛇，雜四時五色之位以章之，謂之巧。凡畫繢之事，後素功。」《周禮·春官·司常》也說「司常掌九旗之物名，各有屬，以待國事。日月為常，交龍為旂，通帛為旝，雜帛為物，熊虎為旗，鳥隼為旟，龜蛇為旐，全羽為旞，析羽為旌。及國之大閱，贊司馬頒旗物，王建大常，諸侯建旂，孤卿建旝，大夫士建物，師都建旗，州里建旟，縣鄙建旐，道車載旞，斿車載旌，皆畫其象焉。」此外，西周春秋，宮室外門、室內屏風上，也畫虎、畫斧以示威嚴。可惜的是，這些繪畫作

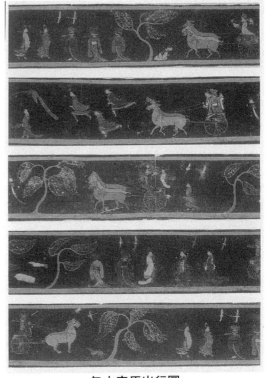

包山車馬出行圖

品的遺跡現在很難尋覓了，目前能見到的最完整的繪畫作品是戰國楚地的帛畫《人物夔龍圖》和《禦龍人物圖》等。

　　《人物夔龍圖》高二十八釐米，橫二十釐米，一九四九年出土於湖南長沙陳家大山楚墓。畫中一女子側身而立，髮髻下垂，細腰大袖，長衣曳地，雙手前伸合掌，前上方有夔龍和鳳鳥各一。《禦龍人物圖》高三百七十五釐米，橫二十八釐米，一九七三年長沙子彈庫楚墓出土。畫中一男子側身直立，峨冠大袖，佩長劍，上有傘蓋，其下為一條昂首的龍，人物執轡禦龍而行，衣帶飄飄，很有意境。

　　這兩幅畫，均以單線墨筆勾勒，後者另加平塗同時渲染設色。這些繪畫形式和技巧，一直到今天仍在沿用，這說明我們現在的繪畫特徵，在幾千年以前的戰國時代就奠定了。《孔子家語》記載孔子參觀周的明堂，見壁畫上的「堯舜之容，桀紂之像」、「各有善惡之狀」，《說苑》記載「齊王起九重之臺，召敬君圖

之。敬君久不得歸，思其妻，乃畫其妻對之」，說明中國人物肖像畫的歷史是相當久遠的，從長沙出土的這兩幅帛畫，我們可以窺見當時繪畫的普遍水準。

戰國墓葬棺木和隨葬器物如奩、樽、盒、盤、幾、案、盾牌、車蓋上常常有複雜精美的繪畫。這些繪畫大部分都是漆畫，分圖案、繪畫兩大類。圖案常以雲、雷、龍、鳳紋及其變體為主，靈活多變，或全面鋪陳，或邊緣延續，或圓周幾匝，或分成等份，隨物造型，皆成文章。繪畫則既有現實生活的真實寫照，如宴樂、集會、狩獵、出行等，又有幻想虛構的神靈、鬼怪，有濃厚的神秘氣息。其著名者，如湖北隨縣曾侯乙墓內、外棺上神秘威嚴的鬼神形象，湖北江陵出土漆奩出遊、迎送的生活場面，都很受美術工作者的稱讚。

第十二章

自然科學最早
的探索

自然科學技術，是人類文化史的一個重要組成部分。

中國是世界早期人類文明的主要發源地之一，也是世界上最早使用火，最早發明弓箭、陶器、農業、牧業、天文、醫藥和養蠶抽絲等工具和科學、技術的地區之一。近現代考古證明，早在一百七十萬年以前，中國境內的元謀人，就已經開始使用火了。火的使用，是人類技術史的一大發明，它擴大了人類的食物範圍，給人以光明和溫暖，還可以用來燒裂石塊製造工具、燒荒、燒製陶器、冶煉金屬……所以恩格斯說火的使用就世界性的解放作用而言，其作用超過了蒸汽機帶來的工業革命，這是一點

也不誇張的。

　　原始社會裡，一切科學技術的發明、發現都是集體智慧的結晶，中國古代記載發明創造都歸之於「氏」，就是古代集體勞動、集體發明、集體創作記憶的遺留。中國古代還常常把發明創作全歸之於某某神人，這是先民對創業者的仰慕和紀念，因為在那個時代，神是主宰和掌管一切的，先民們把創造者、發明者尊之為神，說明他們對新事物的認可，也表達了他們對發明者的敬仰之情。

對日月星辰的觀測和
天體運行規律的認識

　　天是古代先民最早的研究對象。天是怎樣形成的？天上的日月星辰是怎樣運行的？四時的變化跟農業、跟人們的日常生活關係最緊密，天為什麼會有四時的變化？這些問題，從遠古到近古，人們一直在探討。

　　遠古的神話傳說說：天是盤古用斧子劈開的。「天地混沌如雞子，盤古生其中，萬八千歲。天地開闢，陽清為天，陰濁為地。」[1]原來的天地混沌如雞蛋，盤古劈開天地後，「頭為四岳，目為日月，脂膏為江海，毛髮為草木」，才有了自然世界。而人，是女媧用土捏成的。先民們認為，日月的運行，是天上的羲和和望舒駕駛著太陽車和月亮車在行駛。山有山神，水有水神，人們不能駕馭和掌握的地方，全由各式各樣的神掌管著。人們解決不了的事，他們都希望神來幫他們解決。因此祭祀和享神成了最重要的事，成為他們征服自然力理想的寄託。

　　進入文明時代，天文、祭祀、卜蓍之事有專門的文化人管理，這才有可能把以前分散的、零星的天文曆法知識進行整理，並以此為基礎進行較系統的天文觀測和計算。商周時的史、祝等人員就是專門從事此類工作的官員。殷墟出土的甲

1　徐整：《三五曆記》。

骨卜辭，有不少天文曆象的記載。那時的天文曆算和卜筮占星是結合在一起進行的，科學和迷信糾結在一起，所以中國古代的天文學都帶有迷信的色彩，這是古代天文學的特點。

《大戴禮記‧夏小正》是成書於春秋時代的物候學著作，裡邊記載有不少夏代的天文氣象材料。《禮記‧禮運》記載孔子的話說：「我欲觀夏道，是故之杞，而不足征也；吾得夏時焉。」《夏小正》從首至尾按十二月次第詳細而有條不紊地記載了當時星宿出沒、候鳥往來、草木榮枯、蟲禽鳴蟄等的情況，可以看作是我們的祖先在長期的農業實踐中從大自然所吸取的時令氣候的總結。後世的《月令》大都是承襲《夏小正》的體例而加以發展，說明《夏小正》觀察的正確性。《書‧堯典》有關於「四仲中星」的記載：「日中星鳥，以殷仲春；日永星火，以正仲夏；宵中星虛，以殷仲秋；日短星昴，以正仲冬。」這是用恆星黃昏時在正南方天空出現的情況來判定季節的方法。黃昏時看到鳥星升到中天是仲春，這時晝夜長短相等；大火星升到正南方是仲夏，這時白晝最長；虛星出現於中天是仲秋，此時晝夜時間又相等；昴星出現於中天是仲冬，此時白晝時間最短。仲春、仲夏、仲秋、仲冬就是後來說的春分、夏至、秋分、冬至四個節氣，這最晚在商末周初的實際天象已經觀測到。

夏代已用天干記日，夏末的幾個帝王孔甲、胤甲、履癸都是以天干記名。商代在夏以天干記日的基礎上發展為干支記日，即把十天干和十二地支依次相配合，組成甲子、乙丑、丙寅等六十干支記日。殷墟曾出土過一塊刻著完整六十甲子的牛肩胛骨，很可能是當時的日曆表。商代已經用大小月和連大月來調整朔望年，用置閏（年終置「十三月」）來調整朔望月和回歸年的長度，這是陰陽合曆的最大特點。

周代已經發明了用圭表測影的方法確定冬至和夏至等節氣，還能定出朔日，這是一個很大的進步。《詩‧小雅‧十月之交》：「十月之交，朔日辛卯，日有食之，亦孔之丑」，是中國日期記載明確的最早的一次日食記錄。

商周對天象的觀測十分重視，有許多天象記錄遠比世界其他國家為早。現在發現的商代甲骨文有不少關於日食和月食的記錄；還有一些對大火星、大辰星和

新星的觀測記錄，其中關於新星的記錄是世界上最早的新星記錄。據今人研究，大概周代中期以後，中國即利用以往的天文觀測經驗，建立起比較準確的天象發生位置的統一坐標系統——二十八宿系統。二十八宿系統把天球黃赤道帶附近的恆星分成二十八組：角、亢、氐、房、心、尾、箕；斗、牛、女、虛、危、室、壁；奎、婁、胃、昴、畢、觜、參；井、鬼、柳、星、張、翼、軫，每一組取一顆星作為本宿的量度，形成一個比較嚴密的參考體系。《詩》中有不少二十八宿名字的記載，也有很多詩篇記載了恆星出沒反映的季節變化以及它與社會生產、人們生活的關係，像「七月流火，九月授衣」，「春日載陽，有鳴倉庚」，「定之方中，作於楚宮」等，有的甚至拿天上的星宿和生產工具、生活用具作比較，說天上的「斗」（北斗。斗，是舀酒的勺）不能舀酒，天上的「箕」不能簸東西。顧炎武說：「三代以上，人人皆知天文。七月流火，農夫之辭也；三星在戶，婦人之語也；月離於畢，戍卒之作也；龍尾伏辰，兒童之謠也。後世文人學士，有問之而茫然者矣。」[2]這話說得很有道理。

商周關於行星也有一定的認識。殷墟卜辭中的「歲」，就是木星。《詩》中常見的「啟明」、「長庚」、「明星」就是金星。

春秋以後，由於農業生產的發展和星占的發展，天文曆法有了全面的進步。據《晉書‧天文志》記載，春秋戰國之時，當時著名的天文星占專家，「晉有卜偃，鄭有裨竈，宋有子韋，齊有甘德，楚有唐昧，趙有尹皋，魏有石申夫（即石申），皆掌著天文，個論圖驗」，為天文曆法的發展作出了積極的貢獻。當時最有名的天文專家是甘德、石申。甘德著有《天文星占》八卷，石申著有《天文》八卷。他們的著作雖然已經亡佚，但我們從《史記》、《漢書》、《開元占經》等書的引文中，尚能了解其大概。

甘德、石申著作一個大的成就就是發現了熒惑（火星）和太白（金星）有時會逆行，即自東往西反行。他們把行星逆行的弧線描繪成巳字形，這是對五星研究的一個大發現。《漢書‧藝文志》記載：「古曆五星之推，無逆行者。至甘氏、

2　顧炎武：《日知錄》卷三十。

石氏經，以熒惑、太白為有逆行。」關於熒惑、太白逆行的路線，《開元占經》引甘德的說法是：「去而復還為勾，再勾為巳」，引石申的說法說「東西為勾，南北為巳」，這結論是很接近的。他們測定了金星和木星會合週期的長度，並定出火星的恆星週期是一年九個月，木星為十二年，這都是了不起的發現。據學者研究，湖南長沙馬王堆出土的帛書《五星占》記載了從秦始皇元年到漢文帝三年的木、土、金星位置和會合週期的動態，指出金星的會合週期為五百八十四點四日，土星為三百七十七日，與今天的測定值相差很小。馬王堆出土的帛書《五星占》與戰國時秦國的顓頊曆關於行星運行的知識關係密切，這說明戰國末期的曆象學較之甘德、石申的曆象學又有了很大進步。

一九七七年湖北隨縣擂鼓墩戰國早期曾侯乙墓出土的漆箱蓋上發現了完整的二十八宿標示圖，這是迄今為止發現的最早的記有完整的二十八宿名字的材料。《開元占經》及甘德、石申等家的學說，除了對二十八宿進行詳解外，對二十八宿以外的天區的星數及與相鄰天區之間的相對位置也作了說明，這是很了不起的。尤其是，石申著作中開列了「石氏星表」，記載了一百二十一顆恆星的赤道座標值和黃道內外度，這可以說是天文學家幾百年長期觀測的結果。石申的「石氏星表」，是中國古代早期恆星觀測的重大成果，也是世界上最早的恆星表，這表明當時中國的天象研究已處在了世界前列。

春秋戰國時期的文獻中還記載了很多異常天象的觀測，僅《春秋》一部書，記載的日食就有三十七次。經研究證明，起碼有三十三次是正確無誤的，這在世界上也是獨一無二的。《春秋》莊公七年（西元前 687 年）記載的「夏四月辛卯夜，恆星不見，夜中星隕如雨」是世界上最早的流星雨記錄，文公十四年（西元前 613 年）記載的「秋七月，有星孛入北斗」是世界上最早的哈雷彗星記錄，這都為世界性的天文研究提供了寶貴的資料。

春秋戰國時期，曆法也有了長足的進步。春秋後期，中國已使用了取回歸年長度為三百六十五點二五日、並採用十九年七閏為閏周的曆法——古四分曆。這一回歸年的數值比真正的回歸年的長度只多十一分鐘，歐洲採用同樣數值的儒略曆要比中國晚五百年。能較好地調節回歸年與朔望月長度的十九年七閏法，也比

歐洲要早一百年左右。春秋戰國時期，諸侯各國分別採用黃帝、顓頊、夏、殷、周、魯幾種曆法，它們曆法起算的年份和歲首不同，但都是四分曆，這說明當時中國的曆法普遍是比較進步的，它為以後的天文研究奠定了堅實的基礎。

第二節·

數學、力學、光學

一、數學

人們最早認識「數」，是從「有」開始的。從文明發展的初始階段起，人們就不斷地積累著事物數量的知識。人們認識的數目起初只能簡單地區分「一」、「二」，以後在社會生產和社會實踐中不斷積累，掌握的數目才逐漸增多。據調查，解放前有些文化發展比較緩慢的少數民族，數目最多只能數到「三」或「十」，再多就數不清了，這大體反映了各個民族文明初始階段必然要經歷的一段歷程。

據有些學者研究，我們現在能見到的最早的數字是新石器時代陶器上的刻畫符號，如西安半坡遺址陶器口沿上的刻畫符號一二三亖╳等，這有一定的道理。中國最早的成系統的文字——殷墟甲骨文中，記數的文字如一（一）、二（二）、三（三）、亖（四）、╳（五）和這些刻畫符號有明顯的前後繼承關係，這說明中國最早的成系統的文字中記錄數位的「字」確實是從以上的刻畫符號中吸收過來的。因此，這些刻畫符號代表的意義，就是古老的數字。

商周時期，數字的使用方法已經和現在沒有多大的區別。那時已經用一、二、三、四、五、六、七、八、九、十、百、千、萬十三個單字記十萬以內的任何自然數，遵循的也是十進位。和現在不同的只是記數時在百位數、十位數和單位數之間常常加上「又」字，寫成「六百又六十又九」。這種記數法含有明顯的位值制意義，記數簡單明瞭。英國的科技史專家李約瑟曾給予它很高的評價，指出「商代的數字系統是比古巴比倫和古埃及同一時代的字體更為先進、更為科學的」[3]。

商代已經有了奇數、偶數的概念，說明當時的人們已經有了比較系統的運算技能。神話傳說伏羲時已發明了「規矩」——圓規和三角板，並說大禹治水時曾帶著規矩去測量地形，這看來有些誇張，不過「規矩」在商周時大概已普遍應用了。當時造車、築城等都要經過嚴密的測量，沒有相關的測量工具和計算知識，這些都沒法完成。

西周時期，「數」是士階層受教育必修的「六藝」之一。據《周禮》等書記載，此時政府部門已有專門從事會計的「司會」、「法算」等，此外還有世代相傳專門掌握曆法和數學知識的「疇人」。「數」的內容包括算籌記數和簡單的四則運算。算籌記數是以「籌」為主要計算工具的一種獨特的計算方法。它產生於西周而成熟於春秋。籌，是一些小的竹木棍，用籌來表示單位數目，分為縱式和橫式兩種。它的記數方式，「一從十橫，百立千疆，千十相望，萬百相當」，舉例來說，如果個位用縱式，十位用橫式，百位又是縱式，千位又是橫式……縱橫相間，遇零空位，這樣就可以擺出任意的自然數。用算籌來籌算，運算程式和珠算相近，它的加減運算也是從左邊一位開始，其乘法則是把乘數、被乘數、積上中下排成三行，用乘法口訣（春秋戰國時代，乘法口訣已經普遍推行，《管子》、《荀子》中已經提到了「九九乘法表」）一一運算，最後把中位相加得出積。除法則是乘法的逆運算。

春秋戰國時期的數學運算，已經達到較高的水準。上文我們舉出的天文運

3　李約瑟：《中國科學技術史》中譯本，第 3 卷，29 頁，北京，科學出版社，1975。

算，古四分曆的回歸年和朔望月的長度都不是整數，運算十分複雜，沒有較高的水準是難以完成此項研究的。成書於戰國的《周禮》曾講到貴族教育中有「九數」的內容，「九數」，三國劉徽注《九章算術》說：「九數之流則九章是矣。」據學者研究，成書於秦漢的數學專著《九章算術》中的「方田」、「粟米」、「衰分」、「少廣」、「商功」等內容，絕大部分都形成於秦以前。「方田」是田畝面積的計算方法。內容涉及正方形、矩形、三角形、梯形、圓形、環形、弓形、截球體表面積的計算；「粟米」講的是比例問題；「衰分」講的是按等級分配物資或攤派稅收的問題；「少廣」講的是開平方和開立方的問題；「商功」講的是各種工程計算的問題。這麼多複雜的研究內容，包括了現代初等數學中算術、代數、幾何的相當一部分，說明中國先秦時期十進位值制的記數法和以籌為工具的各種運算已經接近形成完整的體系。這種記數法和運算法，與當時世界上一些文明發展較早的國家如古巴比倫、古埃及的記數法相比，要優越得多。因此，它的形成和發展，對世界科技是一個大貢獻。

關於這一點，戰國時期成書的《墨經》和《考工記》也可以作為輔證。《墨經》中關於幾何學的論述較多，涉及點、線、面、方、圓等諸種幾何概念。《墨經》對幾何概念的解釋一般都很準確，例如它對「平」（即平行）的解釋：「平，同高也」，對「中」（半徑）的解釋：「同長也」，與西方《幾何原理》（比《墨經》晚一個多世紀）中的有關定義如出一轍，因此有些數學史家懷疑古希臘數學家在創立幾何學時曾受到中國古代數學的影響。《考工記》中有多種幾何角度的稱呼，如距（90°）、宣（45°）、柯（101°15′）、磬折（135°）等，這種詳細複雜的幾何學知識，在當時也是居於世界前列的，可以看作是世界應用數學的前驅。

二、力學

古代的力學知識和成就常常是和生產工具的製造、使用聯繫在一起的。

中國新石器時代遺址出土的石斧、石錛等，已經磨製得背厚刃薄，很符合尖劈越尖越省力的道理。仰韶文化遺址出土的汲水陶罐，腹大口小，繫繩的耳環安

在罐腹偏下的位置，汲水時水淺、水滿重心位置發生變化，汲水倒水十分省力。西周時期的欹器的原理跟這種汲水罐差不多，「虛則欹，中則正，滿則覆」，說明五、六千年以前古人對物體重心的變化和作用已有了相當的認識。

成書於春秋末年的《考工記》，更多地反映出古代工匠對力學原理的認識。該書關於慣性知識的記載，「馬力既竭，轂猶能一取焉」，是中國文獻中慣性最早的記載。該書已意識到滾動速度和接觸的面積大小有關，指出箭桿不均勻或箭羽設置不當會影響箭飛行的軌道、速度和穩定，提醒人們建造堤防、倉庫要注意側壓力並根據經驗列出堤防、倉庫截面的形狀及上下底的比例，這都是當時工匠創造經驗的總結。

墨家的代表作《墨經》在力學研究上有不少建樹。《墨經》在中國科技史上第一次提出了力的定義：「力，形之所以奮也」，說力是物體由靜到動、由動到加快速度的原因，是人體所具有的使運動發生轉移和變化的手段，這是相當準確的。它把自下而上將重物舉起的過程作為「奮」的例子加以說明，「下舉重，奮也」，這個說明也很實在貼切。

槓桿的使用在春秋戰國時代已很普及，像人們日常使用的衡器（秤、天平）等都是利用槓桿原理製造的。《墨經》從科學的角度分析了槓桿平衡的有關問題，指出槓桿的平衡不但取決於兩端的「重」（物體的重量）和「權」（秤錘），還與「本」（重臂）、「標」（力臂）的長短有關。「重」大於「權」而槓桿平衡時，「本」短「標」長；不平衡時，「長、重者下，輕、短者上」，這是有關力和力矩概念的定性總結。

《墨經》中還有不少關於斜面、滑輪的運動情況以及如何利用它們節省人力的記載，也觀察到浮力原理等問題。如《墨經》說，同樣的載重量，荷重物的形體小，在水中下沉得就多；形體大，下沉得就淺，形體大小與下沉深淺，其間存在著一定的均衡關係，這是有關浮力原理樸素的描述。

對於機械運動，《墨經》也注意到，只有當觀察者與運動物體的位置移動情況不同時，人才能覺察出物體的運動，這就指出了運動的相對性。

《墨經》還研究了空間、時間以及時間、空間的關係。它以為，空間包含各個方向的一切地點，「宇，彌異所也」；時間是不同時刻的通稱，「久（宙），彌異時也」。——宇宙包括所有不同的空間和時間。而物體的運動，必定要經過一定的時間和空間，而且隨時都有特定的處所，「宇或（域）徙，說在長宇久（宙）」、「長宇，徙而有處，宇南宇北，在旦有（又）在莫（暮）；宇徙久（宙）」。《墨經》以為，如果空間上由南向北，相應地時間上則由旦到暮，空間的變化和時間的流逝是緊密地聯繫在一起的。這是先秦時期中國對時空之間的辯證統一關係最精彩的論述。

三、光學

人類的光學知識是從對天然光學現象的認識開始的。

很早的時候，我們的祖先就知道借助「鑒」（盛水的盆）來照面，所以後來一直把用於照面的鏡子稱為「鑒」。真正的「鑒」是青銅器發明以後用青銅製造的，開始是平面鏡，後來發展為凸面鏡，因為古人發現直徑較小的鏡子必須做成凸面才能全納人面，這其實是一個科學發現。周代已經發明了凹面鏡——陽燧，這是用於聚光點火的工具。它的出現，標誌著當時的人們對於光學的認識進了一步。

先秦時期，墨家曾通過實驗，對平面鏡、凸面鏡、凹面鏡成像的不同情況進行了綜合的研究，這也是目前流傳下來的文獻中我們能見到的關於光學最早的研究。

關於平面鏡成像，《墨經》指出，人站在平面鏡上照像，像是倒立的，「臨鑒而立，景（影）倒」；人接近或離開鏡面，所成的像也「隨之」；「鑒團」——凸面鏡的情況就不同，凸面鏡成的像總是在鏡面的另一側，而且像總比原物小，「景過正，故招」；凹面鏡成像則又是另一種情況：物體在球心外時，像比物體小而倒立；物體在球心內時，像比物體大而正立。「鑒窪，景一小而易（倒過

來），一大而正，說在中之外、內。」這些經驗性的描述，某些方面可能還有不足（如凹面鏡成像現在證明有五種），但它對後來的光學研究卻有非常重要的作用。

墨家還對小孔成像、影子的生成等光學現象進行了實驗和科學說明。

在一間黑暗的屋子朝陽的牆上開一個小孔，人對著小孔站在屋外，在陽光照射之下，屋裡的牆上就出現一個倒立的人影。《墨經》說：「光之煦人若射。下者之人也高，高者之人也下。」它說光的傳播是像箭一樣直射進行，人的頭部遮住上面的光，成影在下，人的腳部遮住下面的光，成影在上，於是就成了倒立的人影。倒像的大小和人離小孔的距離有關。這是墨家所作的著名的光學實驗之一，也是世界上最早的小孔成像實驗。

《墨經》對運動著的物體的影子動與不動的關係，也作了辯證的說明。它說，「景（影）不徙，說在改為」、「光至，景亡；若在，盡古息」，這段話說，在某一個特定的瞬間，運動物體的影子是不動的。影子看起來在移動，實際上是舊影不斷消失，新影不斷產生。《墨經》還對本影和半影的現象進行了解釋。「景二，說在重」，「二光，夾；一光，一。光者，景也」。它說一個物體有兩個影子，是因為它受到兩個光源照射的緣故。兩個光源照射一個物體，就有兩個半影挾持著一個本影。一個光源照射物體，只有一個影子，光被擋住，就生成了影子。這些解釋，深刻樸實，很有說服力。

第三節 ·

冶煉技術
和採礦技術

　　中國古代冶金技術比較發達，夏代就有了青銅冶鑄，並從此開始了舉世聞名的青銅文明。春秋時代，鋼鐵冶煉技術成熟，促使中國古代邁入鐵器時代而掀開生產力發展的新篇章。

一、青銅冶鑄技術

　　青銅，是銅和鉛、錫等的合金。它與純銅相比，熔點低，硬度高，具有較好的鑄造性能和機械性能，因而它從出現那一天起，就受到了先民的重視。據考古發現，距今四千多年的齊家文化遺址和龍山文化遺址中，已發現了零星的紅銅器，仰韶文化遺址中也發現了少量的青銅小器件，這反映了新石器時代後期向青銅器時代過渡時的一些情況。河南偃師二里頭文化遺址發現的大宗青銅器是早於商代的青

虎耳方鼎

銅器發現，由於二里頭地區是歷史傳說中夏的中心地區，文獻記載「夏之方有德也，遠方圖物，貢金九牧，鑄鼎象物，百物而為之備」；「夏後開使蜚廉採金於山川，而陶鑄於昆吾」，所以考古學家把二里頭文化確定為夏文化，並把它作為青銅器時代的開端，這是很有道理的。現在，學術界把先秦的青銅冶鑄技術分為幾個階段：

從新石器時代晚期到二里頭早期為青銅器冶鑄的草創期，這個時期是青銅冶鑄的技術積累階段，鑄器的範多是石質或泥質的單面範，只能鑄作一些小型器件。

從二里頭晚期到鄭州二里崗期為青銅器冶鑄的形成期，這個時期已能使用多塊範和範芯相配的複合範鑄作大型器物，青銅器也有了錫青銅和鉛青銅之分，標誌著中國特色的陶範熔鑄技術已基本形成。

商代中期到西周早期是青銅冶鑄的鼎盛期，這個時期貴族使用的禮器、生活器具、兵器、車馬器大都用青銅鑄作，器物製作厚重精美。

西周中期以後，青銅冶鑄規模和分布地區進一步擴大，器物日趨精美。

春秋戰國時期，青銅冶鑄從單一的陶範鑄作向綜合使用渾鑄、分鑄、失蠟法、錫焊、銅焊、紅銅鑲嵌等多種工藝發展，器型、紋飾均達到了新水準。鐵器使用後，又出現了雕鏤、錯金、錯銀等新加工裝飾手段。

冶煉青銅的方法，開始是用銅礦石和錫礦石、鉛礦石混合或用含多種元素的銅礦石冶煉出青銅，以後發展為先煉出銅，然後加錫、鉛礦石一起煉出青銅。最後，是先分別煉出銅、錫、鉛，然後按一定比例混合熔煉出青銅。考古資料證明，殷商時期，青銅冶煉基本上採用的是後兩種方法，這說明殷商的青銅冶煉已達到了很高的水準。

冶鑄青銅的工匠從青銅冶鑄的長期實踐中逐漸認識了合金成分比例、性能和用途之間的關係，並能人工控制銅、鉛、錫的成分配比製作性能不同的工具。成書於春秋末年的《考工記》記載的「六齊（劑）」說就是春秋以前青銅合金成分

配比的科學總結。《考工記》說：「金有六齊。六分其金而錫居一，謂之鐘鼎之齊；五分其金而錫居一，謂之斧斤之齊；四分其金而錫居一，謂之戈戟之齊；三分其金而錫居一，謂之大刃之齊；金、錫半，謂之鑒燧之齊。」「六齊」就是六種合金成分配比方法。「六分其金而錫居一」，是說銅、錫比例為五比一，即銅占百分之八十三點三，錫占百分之十六點七，這是鐘鼎一類大型器物的合金配比；「五分其金而錫居一」，是說銅、錫比例為四比一，即銅占百分之八十，錫占百分之二十，這是斧斤一類器物的合金配比；「四分其金而錫居一」，是說銅、錫比例為三比一，即銅占百分之七十五，錫占百分之二十五，這是兵器一類器物的合金配比；「三分其金而錫居一」，是說銅、錫比例為二比一，即銅占百分之六十六點六，錫占百分之三十三點四，這是一些大刃器具的合金配比；「金、錫半」，是說銅錫各占百分之五十，銅鏡陽燧採用這種比例（有的學者認為「六分其金而錫居一」銅錫比例為六比一，即銅占百分之八十五點七，錫占百分之十四點三，如按此種認，則其下的銅錫比例依次為銅百分之八十三點三，錫百分之十六點七；銅百分之八十，錫百分之二十；銅百分之七十五，錫百分之二十五；銅百分之六十六點六，錫百分之三十三點四）。

這些合金配方，總結了青銅合金性能隨配比變化而變化的規律，指導人們應用這一規律而製造不同的器具，可以說是一個重大的發明。這個總結，是迄今為止世界上最早的關於銅合金的科學總結，在世界冶煉史上也占有一定的地位。

《考工記》中還有關於冶銅時觀察火焰判定冶煉火候和進程的記載：「凡鑄金之狀，金與錫黑濁之氣竭，黃白次之；黃白之氣竭，青白次之；青白之氣竭，青氣次之，然後可鑄也。」這是煉銅實踐經驗的總結。由於冶煉加熱時，隨著溫度的升高，氧化物、硫化物和一些金屬揮發會形成不同顏色的煙氣。各種顏色的煙氣揮發完畢，銅錫中的雜質跑掉，精煉成功，也就可以澆鑄了，所以直到現在人們還用「爐火純青」這個詞來形容事物的精純。這也反映了春秋時期中國的冶煉技術已經達到很高的水準。

鑄造工藝體現青銅器的成型和藝術水準，是青銅器製作技術的一個重要方面。商周時代，青銅器鑄造主要是泥範鑄造。泥範鑄造大體分為如下幾個工藝過

程：製模，塑出花紋——翻製泥範——刮製泥芯，自然乾燥和高溫焙燒——組裝範、芯——澆注銅液——出範、出芯——整修加工成成品，製作要求很高。從考古發掘的情況看，商周時代的泥範鑄造，已採用了相當複雜的分鑄技術。所謂分鑄，就是先把鑄件的各部分分別鑄好，然後再接鑄在一起。或先鑄器件，再接鑄附件；或先鑄附件，把鑄好的附件嵌到泥範中與器件接鑄。一般大型的器件，大都是採用前一種方法鑄造的。商周時代，大都邑附近，一般都有大型的青銅器冶鑄作坊，像河南安陽殷墟苗圃北地的鑄銅作坊遺址面積至少要有一萬平方米；洛陽北郊西周早期鑄銅作坊遺址，面積約有九萬至十二萬平方米；山西侯馬春秋晉國鑄銅作坊遺址分多個鑄造區，這都為研究商周時期的青銅鑄造提供了豐富的實物資料。

　　春秋戰國的青銅鑄造技術較之商周又有了大的提高。這一時期，青銅鑄造技術已從單一的陶範鑄造向綜合使用渾鑄、分鑄、失蠟法、銅焊、錫焊、鑲嵌的技術發展，所以這一個時期的青銅器器薄形巧，紋飾纖細，非常美觀。商周時的青銅器以厚重精美見長，如商的司母戊大鼎、周的大盂鼎等均以重器馳名；春秋戰國的青銅器以秀美豪華為勝，如春秋楚王子午鼎、戰國隨曾侯乙尊盤等，雖是重器，卻不失豪華秀巧，其透空附飾，使用失蠟技術和銅焊技術，纖細規整，技藝高超，都是不可多得的藝術精品。

　　春秋戰國時期的兵器製作很發達，尤以鑄劍為最，文獻傳說的干將、莫邪、巨闕等都是這一個時期生產的。近年出土的越王勾踐劍和吳王夫差劍，精美如新，光可鑒人，證明了這一傳說的可靠性。考古資料證明，這一時期「錯金」、「錯銀」、「鎏金」、「刻紋」即在青銅器表面嵌入金、銀絲或塗抹金泥、刻畫花紋的工藝也相當高超，使這一時期青銅器製作又增添了新的花樣，這不僅反映了當時製作技術的提高，也反映了當時人們藝術欣賞水準的變化。

二、鐵冶鑄技術

　　春秋青銅冶鑄技術開始向精巧方向發展的時候，生鐵冶鑄技術也有了很大的

發展。促進了鐵器時代的到來。

中國使用鐵的技術可以追溯到商代。一九七二年，在河北槁城商代中期遺址曾發現一件鐵刃銅鉞。這件銅鉞上的鐵刃是隕鐵，當時的人經過鍛打把它接鑄在銅器上，說明他們對鐵的性質已經有所認識。中國冶煉生鐵的起源也比較早，因為中國鐵資源豐富，青銅器冶鑄技術高度發展，必然會帶動和促進冶鐵技術的發展，估計人工冶鐵技術的產生不會晚於春秋中期。

春秋戰國之際，中國的冶鐵技術發展較快。這時的主要成就是生鐵的發明和鑄鐵柔化術的出現。近年來中國相繼發現了一些春秋末期吳、楚等諸侯國的鐵器遺物，其中江蘇六合程橋出土的鐵條和鐵塊，經金相檢驗，鐵條係用塊煉鐵鍛成，鐵塊是白口鑄鐵，這是中國考古發掘中生鐵冶鑄器物的最早發現，在世界上也是少見的。專家指出，中國在學會塊煉鐵的同一歷史時期就成功地煉出了生鐵，而同一過程，在西方則用了兩千五百多年。對比之下，我們不能不讚歎中國古代工匠的冶鑄技術之高。

早期生鐵是含磷很高的白口鐵，要廣泛用於生產生活，必須進行柔化處理。鑄鐵柔化技術是一項熱處理脫碳技術。鑄鐵經過高溫下長時間的加熱處理，成為性能介於鋼和鑄鐵之間的可鍛鑄鐵，增強強度和韌性，克服鑄鐵容易斷裂的缺點，才能擴大使用範圍。河南洛陽水泥廠戰國早期灰坑出土的鐵錛和鐵钁，是迄今我們所知道的最早的黑心韌性鑄鐵鑄件；湖北大冶銅綠山戰國古礦井出土的六角鋤，河北易縣燕下都出土的钁、鐮，河北興隆燕國遺址出土的鑄農具鐵，則是白心韌性鑄鐵鑄件。白心韌性鑄鐵歐洲到一七二二年才使用，黑心韌性鑄鐵十九世紀在美國研製成功，而中國在戰國時期即已廣泛使用，中外相比差了近二千年，中國古代文明的發展，於此可見一斑。

中國春秋時期已出現了煉鋼技術。鋼是一種鐵碳合金，含碳量介於熟鐵和生鐵之間。早期的鋼是以塊煉鐵為原料在炭火中加熱滲碳而成的，以後又發明了淬火工藝，使之更堅韌。河北易縣燕下都出土的鋼劍，是採用淬火工藝做成的；一九七六年湖南長沙發現的春秋末期的鋼劍，屬中碳鋼鍛成。這都是難得的文物。

金屬冶煉的發展與採礦技術的發展有直接的關係。現在我們發現的古礦井遺址以一九七四年在湖北大冶銅綠山發現的春秋戰國時期的古銅礦遺址為最大。該遺址春秋時的礦井分豎井和斜井兩種，井深達四十米；戰國時的礦井則由豎井、斜巷、平巷等組成體系，井深達五十米，明顯較春秋礦井進步。該古礦井較好地解決了井下通風、排水、提運、照明及豎井、巷道支護等問題，顯示出一個大型礦區的風貌，也顯示了當時先進的採礦技術。

冶鐵遺址發現較多。戰國中、後期，冶鐵業遍及十分廣大的地區，全國出現了許多著名的冶鐵中心，如宛（今河南南陽）、鄧（今河南孟縣）、邯鄲等，生產規模宏大。近些年來，中國在很多地方發現了大型冶鐵遺址，如山東臨淄齊國故都冶鐵遺址，面積達四十餘萬平方米；河北易縣燕下都城址內有冶鐵遺址三處，總面積亦達三十餘萬平方米。中國還在許多地區出土了為數眾多的鐵製工具，其中以鐵製農具的數量最多，這說明鐵器發展以後，其主要的用途就是製作農具，這對發展農業、興修水利都是一個極大的促進。

第四節 ·
醫學和養生

中國是醫藥知識起源很早的國家，在遙遠的原始社會，人們就已經積累了很多的醫藥知識。火的使用對人類的生活具有決定性的意義，它改變了人類的攝食條件，使人的身體得到較好的發育；火能禦寒、防潮，在長期的生活經驗積累中，人們漸漸學會用動物毛皮或植物莖葉包裡身體的某一部位來消除寒濕，用點燃的乾草對身體某一部位進行固定的溫熱刺激來解除苦痛，這就是「熨」和「灸」的開始。他們發現尖狀的東西如尖石塊、荊棘刺等刺激身體的某一部位也

能起到醫療作用，便把它們作為醫療工具來使用，這便是「砭」、「針」的發明。《說文解字》：「砭，以石刺病也。」以此也可以看到中國傳統的針灸療法起源之早。

中國古代有「神農嘗百草」的傳說，說他「一日而遇七十毒」，發明了中草藥，這是中國古代經過長期的經驗積累而發明中草藥過程的縮影。我們祖先在歷史上曾經經過一段很長時期的漁獵採集階段，在採集野果、植物根莖、種子和礦物的過程中，他們漸漸辨認出哪些吃了對人體有益，哪些吃了對人體有害，於是口耳相傳，當作醫療經驗傳流下來，這便是最早的「藥」。「藥」是經過歷代人的長期實踐積累下來的，用藥的方法和配伍，不知經過多少人的研究和試驗。

當然，在人的知識低下、把一切難以解決的問題都寄託在神的保佑的時代，人們解除病痛的方法主要還是依靠神。因為當時許多疾病無法了解病因，只能靠宗教活動向神祈禱，這就決定了中國古代醫和巫是緊密地結合在一起的。在古文字中，醫（毉）字從巫，即反映了這樣一個巫醫不分的社會現實。

正因為古代巫醫不分，我們才能夠從殷墟出土的大量巫史占卜材料中發現一些商代的醫學情況，使我們窺見當時的醫學水準。殷墟甲骨卜辭中有關疾病的資料約有五百條，涉及的疾病據現在可考者有頭、眼、口、牙、喉、鼻、腹、足、趾和有關生產方面的部位和科類。卜辭把某一部位的疾病稱為「疾×」，如頭有病稱「疾首」，眼有病稱「疾目」，腹有病稱「疾身」（文獻記載商武丁曾患「喑疾」即喉病）。關於起病的原因，卜辭以為有以下幾種：（1）祖宗降祟；（2）妖邪之蠱；（3）氣候變化的影響。治病的方法，則根據以上他們對病因的分析，以祭祀祝禱為主，同時也進行一些藥物治療。中國古代的巫都有相當豐富的醫藥知識，《山海經‧大荒西經》和《海內西經》記載，「大荒山之中……有靈山、巫咸、巫即、巫紛、巫彭、巫姑、巫真、巫禮、巫抵、巫謝、巫羅十巫。從此升降，百藥爰在。」「開明東，有巫彭、巫抵、巫陽、巫履、巫凡、巫相……皆操不死之藥以距之」，巫彭、巫咸的名字卜辭也常見，《書‧君奭》記載「巫咸乂王家」，古代巫史都是世代子承父業的，因此巫史世家同時也是醫學世家。

商代已有了中藥的湯液。晉皇甫謐《甲乙經》說「伊尹……為湯液」。伊尹

是輔佐商湯建立商朝的著名人物，他是從做庖廚的奴隸被提拔起來的，說他發明了煎熬某些動、植物的湯液來治病，似乎可信。倒不一定說湯液是他創始的，但他可能是集大成者，因為伊尹也是一位大名巫，他的職業需要有豐富的醫療本領。

河北槀城臺西商代遺址中曾發現了藥用的桃仁和鬱李仁，同出的漆盒中還有一柄醫藥用的砭鐮，這是我們現在能見到的最早的商代藥物和醫用器物。

西周時的醫藥知識較商代又有進步。成書於戰國的《周禮》記載了不少西周春秋時代的醫療保健情況。西周初期，巫醫不分的傳統和商沒有什麼區別，《書‧金縢》記載周武王病重時，周公曾屢屢向祖先祈禱，希望他能以身代武王死，即反映了這種以巫醫病的情況。西周中期以後，隨著神權的動搖和禮樂文化的發展，人們認識到疾病的起因並不一定是鬼神所致，因此漸漸出現了巫醫分家的趨勢。《周禮》在「設官分職」的管轄系統中把巫醫分屬不同的部門即反映了這個趨勢。《周禮》之中，「巫祝」屬於「春官大宗伯」，「醫師」則屬於「天官塚宰」，區別很大，說明巫和醫的職能已經分開了。《周禮》記載的「醫」已經有了「食醫」（營養醫學）、「疾醫」（內科醫學）、「瘍醫」（外科醫學）、「獸醫」之分，還主張建立一套醫政組織和考核制度，這都表現出當時醫療知識和醫療手段的進步。

春秋無神論思潮的興起，促進了醫藥知識的發展和醫療技術的提高。

當時已經有不少的思想家對疾病的成因作出了唯物主義的解釋，說疾病是由生活和「飲食哀樂」引起的，跟鬼神並沒有什麼關係。如秦國的名醫醫和指出，自然界存在著陰、陽、風、雨、晦、明「六氣」，如果失去平衡，就會導致寒、熱、末、腹、惑、心六類疾病，「天有六氣……淫生六疾，六氣曰陰、陽、風、雨、晦、明也。分為四時，序為五節，過則為災。陰淫寒疾，陽淫熱疾，風淫末疾，雨淫腹疾，晦淫惑疾，明淫心疾。」這些理論雖然現在看起來比較原始，但它把致病之因歸結為自然界的因素，歸結為人體內部失去平衡所致，確實是一個了不起的發現。尤其是，這種醫學理論提倡在診斷和治療上與神巫醫學分道揚鑣，採取新的方法，這對中國傳統醫學的發展，是一個很大的促進。

春秋戰國時期，診斷學、分科醫學都有了很大的發展。據《史記・扁鵲倉公列傳》記載，當時名醫秦越人（即扁鵲）看病，已經能綜合運用「切脈、望色、聽聲、寫形（問診）」四種方法來診察病情（這四種診察病情的方法，後來歸結為望、聞、問、切四個字）。扁鵲長於望診和切診，「至今天下言脈者，由扁鵲也」。在治療上，當時常見的醫療手段已有砭石、針灸、按摩、熨帖、手術、導引、吹耳等方法，處理具體病案時，往往多種方法兼用，以取得顯著的效果。這時的醫學分科也已趨向專門化，如上舉《史記》就說扁鵲能同時兼做「帶下醫」、「小兒醫」、「耳目痺醫」，「帶下醫」、「小兒醫」、「耳目痺醫」都是當時專科醫學的名稱。這一時期還出現了許多專門的醫學著作。如湖南長沙馬王堆漢墓出土的《足臂十一脈灸經》、《陰陽十一脈灸經》、《五十二病方》、《導引圖》等就是戰國時期經脈學、灸療學、醫方集成和體育醫療的專門著作。它們分別論述了經脈的循行路線及相應病症的療法，有的專門繪圖說明某些動作對身體某些部位的保健功能，可以看作是中國經絡學說和氣功著作的先聲。

　　這一時期醫學上最光輝的成就是戰國末期出現的大型醫學理論著作──《黃帝內經》。它以論述人體解剖、生理、病理、病因、診斷等基礎理論為重點，兼述針灸、經絡、保健、養生等多方面的內容，為中國醫學理論體系的形成奠定了堅實的基礎。

　　《黃帝內經》包括《素問》和《靈樞》兩個部分，共十八卷，一百六十二篇（各八十一篇）。書中總結了人發育、成長、壯大和衰老的某些規律，指出「心者，生之本」，「心主身之血脈」，「經脈流行不止，環週不休」，這是世界醫學史上對神經和循環系統最早的正確記載。該書認為，人體內部之間、內部與外部環境之間的協調是維持生理正常活動的根本原因，協調一經破壞，就會產生疾病。而人體內部的機能最具重要性，「正氣存內，邪不可干」，反之，人體內部機能和抵抗力減弱，就會疾病纏身。該書對人體臟、腑、經、脈的生理功能和病理變化作了全面系統的研究，對許多疾病的症狀和特點也有不少深刻的論述，是中醫辨證施治理論最早的總結。它用當時流行的五行學說從理論上對生理、病理、疾病發生、發展、臨床診斷和治療的分析，到現在仍有指導意義。

《黃帝內經》強調以防病為主，要人們主動地防禦自然界致病因素的侵襲，強調任何疾病都是可以醫治的，主張人們加強對生理病理的探討，這都是難得的醫療思想。它樸素的唯物主義和辯證的觀點，對中醫理論的形成，也有積極的貢獻。

第十三章

三代風俗

　　夏商周三代風俗習慣與秦漢之後的風俗習慣有明顯的不同，三代時期習俗文化呈現多元化，而秦漢後的習俗文化呈現一元化。三代習俗可以長期保存在一定區域裡的方國部族之中，這是由上古時代的思想觀念決定的。《禮記‧王制》曰：「凡居民材，必因天地寒暖燥濕，廣穀大川異制，民生其間者異俗，剛柔輕重遲速異齊，五味異和，器械異制，衣服異宜。修其教，不易其俗；齊其政，不易其宜。中國戎夷五方之民，皆有性也，不可推移。」《曲禮下》也說：「君子行禮，不求變俗。祭祀之禮，居喪之服，哭泣之位，皆如其國之故，謹修其法而審行之。」夏商周時代習俗禮制因地制宜、修教行禮不求變易習俗的觀念，被大一統之後的秦漢社會破壞了。《史記‧秦

始皇本紀》所載會稽山刻石文字典型地反映了這種思想：

> 大治濯俗，天下承風，蒙被休經。皆遵度軌，和安敦勉，莫不順令。

在先秦時代蠻夷戎狄的婚姻形態是多式多樣的，本無嚴格的淫泆與貞潔觀念。但到秦始皇時代，到東南方本為蠻夷之地的會稽山刻石書文想整頓統一這些風俗了：「有子而嫁，倍死不貞。防隔內外，禁止淫泆，男女潔誠。夫為寄豭，殺之無罪。男秉義程，妻為逃家。子不得母，咸化廉清。」由此可見，統一習俗文化的觀念是秦以來才產生的，這與夏商周三代時的觀念截然不同。因此，我們在討論三代習俗時尤其要注意這種文化多元的現象。

第一節 ·

住居與服飾

一、房屋住居

先秦時代的居住之處初為地穴與半地穴形式，後來才演變成地面上的住房。

在新石器時代的房屋建築可分為半地穴式、地穴式和少數平地建起的房屋。（1）半地穴式的房屋。這種半地穴式的房屋平面一般皆呈方形、圓形，少數為扇面形。這幾種類型房屋的門道朝南，伸出一斜坡式的出口。有的呈現臺階式的窄長門斗。面積有大、中、小之分，小的只有十至二十平方米，中等的有四十至五十平方米，大的則達一、二百平方米。室內中央靠門處均設有用於炊事及取暖用的火塘。火塘或為圓形，或為瓢形，絕大多數房屋的居住面上還設有土床。土床位於火塘左側或右側，約高於地面十釐米。這種半地穴式的住房在地面上挖一個地穴後，穴周加培低矮的圍牆，然後立柱蓋頂。（2）地穴式的房屋。地穴式的房屋根據考古報告僅見於泉護村。[1]這種房屋的平面為橢圓形，一般只有二十平方米左右，一側設斜坡形通道與地面相連，室內地面不平整，一般塗抹拌有草的泥。燒灶設在穴壁一側的下方。（3）平地建的房屋。平地建的房屋有單間也

1　黃河水庫考古隊華縣隊：《陝西華縣柳子鎮第二次發掘的主要收穫》，《考古》，1959 年第 11 期。

有雙間，有方形或長方形。以鄭州地區的房屋為例，一般門開在東牆或西牆中部，牆為木柱泥牆，屋中設有灶臺，房屋面積在二十五至四十平方米之間。如果是雙間房屋，便在正間房的後側附建一小間，形成裡外套間。[2]

當時建造房屋的材料，是木材、樹枝、粟稭、草筋、藤條、繩索、泥土及料姜石。建造房屋時，先平整地面，若為半地穴式房屋，需要先挖房基，形成房牆下部，接著挖火塘，挖主柱洞和穴槽，然後豎起木柱及作牆骨的小柱或木板。接著，用藤條或繩索將它捆住，再架梁蓋頂，在地面、牆骨及屋頂塗抹和草泥，並用黏土抹火塘，有的房屋還塗了一層料姜石漿，最後再整修室外地面。如果在地面上建築房屋，則不用挖地穴房基，其餘和半地穴式的房屋建築工序相同。

這種地穴、半地穴式的房屋建築從新石器時代到夏商以至商代晚期仍一直使用。《詩・大雅・緜》謂古公亶父「陶復陶穴，未有家室」，「复」即「覆」，考古工作者認為：「复」就是半地穴式的房屋，「穴」即地穴式房屋。夏代和殷墟遺址至今還沒有見到瓦，所以大多數房子是用茅草蓋的屋頂，《詩・豳風・七月》說「晝爾於茅，宵爾索綯。亟其乘屋，其始播百穀」，可見西周時代農民住的仍然是茅草屋。故先秦典籍中常說「茅茨土階」、「茅茨不翦」，就是庶人所住的茅草屋。西周時代已用「瓦」作建築材料：如召陳村遺址的三座房屋四周均有瓦片堆積，有板瓦、筒瓦等，西安客省莊遺址還出土有屋脊用的人字瓦。西周春秋以後瓦的使用便越來越普遍了。秦國還用青銅「全杠」作為梁柱的結點和裝飾。

土木結構的房屋在殷周時代便廣泛應用並高度發展。從殷墟甲骨文看，商代商王辦公、處理政事之處為「廷」（圖一）；商王居住之處為「寢」（圖二）；先公先王的宗廟建築稱「宮」；諸官辦事之處稱「官」；人所居住的聚落或城市皆稱「邑」；都邑的外城稱「郭」，為城郭的象形字（圖三）；儲存糧食的糧倉稱「廩」（圖四），等等，都是地面上土木結構的房屋。另外還有「京」、「高」等字，這可能是二層式的高大建築。《考工記》謂商人「四阿重屋」，可能就是「高」、「京」這一類屋頂四面共有二層的複雜且高大建築形式。

2　鄭州市博物館：《滎陽點軍臺遺址 1980 年發掘報告》，《中原文物》，1982 年第 4 期。

《文》555　　《前》4.15.5　　《合》121　　《前》5.6.2
　圖一　　　　圖二　　　　圖三　　　　圖四

　　河南偃師二里頭早商遺址曾發現過大型宮殿遺址。鄭州商城宮殿夯土臺基長八十米，進深十四點五米，以石質或銅質做柱基，其建築由木梁、柱、門窗和夯土牆構成，以立柱、橫梁組成構架，木柱承載房屋的全部重量。這種建築技術一直延續發展到清代。這種土木結構的骨架以木為主，構件之間主要用榫卯接合。這種榫卯接合形式起源甚早。早在浙江河姆渡遺址的干欄式建築中已採用方形、圓形的榫，長方形或圓形的卯，有的既有凹榫，又有卯眼。湖南長沙戰國墓葬中棺槨方木榫卯有插榫、銀錠齒形三種形式，足見榫卯形式的發展。先秦時期的牆是用版築技術築起來的。版築是用兩塊木板相夾築牆，兩版外用木柱頂住，裝滿泥土，用杵夯實，築完拆去木柱木版，就變成了一堵牆。

　　先秦時期人們的住房稱宮室，宮是指整所房子，室只是宮中的居住單位。這時宮是普遍名詞，一般的房屋住宅均可稱宮，並無貴賤之分。並不像秦漢之後，只有帝王所住才稱「宮」。宮室的建築一般朝南，宮室內部空間分為堂、室、房。前部分是堂，一般是行吉凶大禮之處，不住人。堂後為室，是住人之處。室的東西兩邊是東房和西房。整座房子是修建在一個高出地面的臺基上的，因而堂前有階。進入堂中要先登階而上，故稱「升堂」。《論語‧先進》：「由也升堂矣，未入於室也。」堂前沒有門，堂上東西有兩根楹柱。堂東西兩壁的牆叫序，近序之處稱東序、西序。堂後有牆和室房隔開，室、房各有門戶和堂相通。東房後部有階道通向後庭。三代的窗戶稱「窗」、「牖」、「向」。「窗」是天窗，一般地穴式和半地穴式的建築均有「窗」，在屋頂上開窗。地面的房屋建築在門戶西邊修有窗戶，稱「牖」。坐北朝南的房子在後牆上有一個窗戶叫作「向」，《說文》說：「向，北出牖也。」《詩‧豳風‧七月》說：「塞向墐戶」，就是說塞住北邊的窗戶以便過冬。

　　夏商周時期城市的發展可反映當時人們居住條件的發展水準。傳說鯀時已築城，近年來在山西夏縣東下馮和河南登封王城崗都發現了年代相當於夏朝的城邑

遺跡，均由夯土築城。在鄭州發掘的商城夯土牆現有四米的平均高度，最高可達九米，基部寬六米，夯土層厚度有八至十公分。依勘探可知，整個城牆長七公里，略成方形，均由版築夯土而成。在洛陽發掘的周代都邑呈不規則方形，南北長三千三百米，北牆長約三千米，大多數建築物在都邑的中部偏南，這面積和《考工記》所謂王都「方九里」，「王宮居中」的記述相近。戰國時代城市有了更進一步的發展。臨淄是齊國的都城，是戰國時最大的城市之一，臨淄城中有七萬戶，壯年男子達二十一萬。從考古發掘可知，該城由大小兩城組成，大城住官吏百姓，小城為國君所住。在宮殿附近發現有鑄幣遺址、鐵器作坊遺址。燕國的燕下都也分內、外城，東西長八千三百米，南北長四千米，規模十分宏大。宮殿區有三座大型的主體建築，當時的建築已有排水設備，地下有銜接的陶管下水道；城內還有陵墓區、手工業作坊區等。這些都反映了戰國時代人們居住條件的發展和進步。

二、服飾

先秦時代的服飾可分為三類：頭衣類、上衣類、下衣類。下衣類包括鞋、襪之類。

（一）頭衣類

先秦頭衣主要有冠、冕、弁三類。先秦貴族男子戴「冠」。戴冠時要先用髮笄把髮髻綰住後再用冠套住頭髮。先秦時中原蓄長髮，而蠻夷留短髮：《左傳·哀公七年》謂吳人「斷髮文身」，《哀公十一年》說「吳髮短」，《史記·越世家》亦謂越人「文身斷髮」，可知長髮與短髮是華夷之別的標誌。先秦之時的冠並不像後世的帽子那樣把頭頂全部蓋住。而是冠圈兩旁有纓，是兩根小絲帶，用來在頷下打結。

冠又是冕和弁的總稱。冕為黑色，是最尊貴的禮冠。最初天子諸侯大夫在祭

祀時皆可戴冕。冕的形制與一般的冠不同。冕上面是一個長方形的版，叫「延」。延的前邊吊著一串的小玉珠，叫作旒。據《禮記‧禮器》說，天子有十二旒，以朱綠二色為絲繩串玉；諸侯九旒，上大夫七旒，下大夫五旒，士僅有三旒。後世只許帝王戴冕，「冕旒」遂成帝王的代稱。「弁」也是一種比較尊貴的冠，有兩種：一種叫爵弁，是一種沒有旒的冕；另一種叫皮弁，皮弁是用白鹿皮做成的尖頂皮帽。鹿皮縫合之處綴著一行行像星星一般的小玉石，故《詩‧衛風‧淇奧》謂「會弁如星」。

冕弁戴在髮髻之上時要橫插一根較長的笄，笄穿過髮髻並把冕弁別在髮髻之上。笄的一端繫著一根叫作「紘」的小絲帶，從人的頷下繞過繫到笄的另一端頭。笄的兩端還要用絲繩垂下名叫「瑱」的一顆玉。《詩‧衛風‧淇奧》說：「充耳琇瑩」，因為瑱正在左右兩耳上垂著，故又稱「瑱」為「充耳」。

先秦時庶人沒有戴冠弁的權利，只能用布巾裡在頭上。這種頭巾發展到後來便是襆頭。

（二）上衣類

先秦時上衣叫衣，下衣叫裳。《詩‧邶風‧綠衣》說：「綠衣黃裳」，《詩‧齊風‧東方未明》說：「顛倒衣裳。」衣與裳的分別是十分清楚的。但「裳」是裙子而不是褲子，先秦時還沒有連襠式的褲子。衣與裳連在一起叫作深衣。先秦時中原地區的衣襟向右開，而蠻夷的衣襟則向左開，《論語‧憲問》：「微管仲，吾其被髮左衽矣」，衣襟左向與右向形成了區別華夏與蠻夷文化的標誌。

先秦時代冬天人們穿裘與袍。貴族與富人穿裘，而庶人與貧民只能穿袍。有時庶人也穿犬羊之類的裘衣，但絕對穿不上狐貉之類的裘衣。《詩‧小雅‧都人士》說：「彼都人士，狐裘黃黃。」《論語‧子罕》說：「衣敝縕袍，與衣狐貉者立，而不恥者，其由也與？」這正反映了國野之分與貧富差別。先秦時代人們穿裘衣，毛是向外的，目的是要人看到裘毛的色澤。在行禮或接見賓客時，裘衣上需加上一件叫作裼衣的罩衣，以表示恭敬。袍是長襖，裡面鋪的是亂麻。只有穿

不起裘衣的人才穿袍。袞是王公和諸侯穿的禮服，王的禮服上有升龍、降龍，公侯的禮服上只有升龍。

先秦的紡織品有布和帛，布不是棉織品，因當時人還不懂得種棉花。布是麻織品或葛織品。帛是絲織品，帛是高級衣料，是貴族和富人所穿的衣料。庶人穿不起絲織品，只能穿麻織品，因此「布衣」是庶人的代稱。用葛和粗毛編織的粗劣衣服稱「褐衣」，貧民一般被稱為「褐夫」。《孟子・滕文公上》謂許行之徒「皆衣褐」，就是一種粗劣的衣服。

（三）下衣類

如前所述，先秦時期有裳而沒有有襠的褲子。裳是裙子，當時男女服裝的區別不甚大，男女皆穿襦裙。先秦時的人常用一塊布斜裹在小腿上，叫斜幅或單稱幅。《詩・小雅・采菽》：「邪幅在下」，鄭玄箋：「邪幅……偪束其脛，自足至膝，故曰『在下』。」這種「邪〔斜〕幅」相當於後代的裹腿。

先秦時的鞋名有屨、舄、履、屝、屐等。屨有麻屨、葛屨、皮屨。冬天穿皮屨，夏天穿葛屨。一般的屨由麻編成，《孟子・滕文公上》謂許行之徒「捆屨織席以為食」，可知屨是編捆而成。舄是屨的別稱，一般說來，單底為屨，複底為舄。履是由動詞用作名詞而作為鞋之義的。《荀子・正論》「粗紃之履」的「履」便為「鞋」義。屝是草鞋，屐是木頭鞋。前者見《孟子・盡心上》，後者見《莊子・天下》篇，字作「跂」，「跂」就是「屐」。這是兩種特殊質料的鞋。

飲食

　　古往今來，飲食是人們生活的第一要事。中國自古以來就比較講究烹調技術與飲食花樣，下面我們分糧食類、肉食類、酒食類、蔬菜類來討論先秦時期的飲食。

一、糧食

　　糧食作物在史籍中有所謂五穀、六穀和百穀之說。五穀是指稷、黍、麥、菽、麻，六穀是在五穀之上再加上稻。至於百穀是泛指而非確指，是指多種穀作物。

　　黍稷是農作物中最主要的兩類農作物。這是因為黍稷生長期短，而且也適宜於中國西北地方種植。黍稷有耐乾旱、耐貧瘠土壤等多種優點，故成為古代黃河流域的主食。黍即今北方的黍子，因色黃而又稱黃米，性黏。稷即今日所謂的小米，又稱穀子。黍稷的起源甚早，在西安半坡遺址中一座房址下的小坑中已發現一陶罐差不多已碳化的穀子。到殷代，黍稷已見於甲骨卜辭，稷即最常見的禾，其穗是聚而下垂的，黍的穗是散的，且直上，甲骨文字形主要靠穗形的不同來區別。甲骨卜辭占卜黍的很多，例如《乙》五三〇七條曰：「癸未卜，內貞，我受黍年；貞，我其不受黍年。」《書》、《詩》則黍稷常常連用：《書‧盤庚》：「不

服田畝，越其罔有黍稷」；《書‧酒誥》：「其藝黍稷，奔走事厥考厥長」；《詩‧鴇羽》：「不能藝稷黍」；《詩‧七月》：「黍稷重穋」；《詩‧閟宮》：「黍稷方華」；《詩‧信南山》：「黍稷或或」，等等，反映出黍稷是當時人們的主要糧食作物。正因為黍稷為主要農作物，而稷最耐乾旱且為春季種植最早的農作物，故被尊為穀神。古代以「社稷」代表國家，社即社神，稷即穀神。《白虎通‧社稷》曰：「王者所以有社稷何？為天下求福報功。人非土不立，非穀不食。……五穀眾多，不可一一祭也。……稷，五穀之長，故立稷而祭之也。」這正說明稷在人們生活中具有十分重要的作用而被尊之為神。

麥子在殷代也已經有了。《後》下1.5謂：「月一正曰食麥。」《前》4.40.7條曰：「〔己亥〕卜，賓，翌庚子有告麥。允有告麥。庚子卜，賓，翌辛丑有告麥。」但麥子在殷周時代地位不如黍稷，大概是因產量不多的緣故。但麥子味美好吃，周人十分重視麥子，認為是上帝的恩賜：《詩‧思文》：「貽我來牟，帝命率育。」麥子分大麥小麥，大麥稱麰，也作牟。大麥在夏曆四月收割，小麥在夏曆五月收割。

菽即豆，即今大豆，後為豆類作物的總名。從《詩》中可知，西周時已有菽豆的種植。《詩‧生民》：「藝之荏菽，荏菽旆旆」；《詩‧七月》：「禾麻菽麥」。在春秋戰國時代菽豆的種植則十分普遍了，《詩‧小雅‧小宛》：「中原有菽，庶民采之。」菽豆耐旱，可在貧瘠的土壤上生長，《戰國策‧韓策》述張儀為秦以連橫之術說韓王曰：「韓地險惡，山居五穀所生，非麥而豆。民之所食，大抵豆飯藿羹；一歲不收，民不厭糟糠。」因而在先秦時代，「豆飯藿羹」、啜菽飲水，便成了貧民的主要用食。

麻指麻子。又稱苴、枲。《詩‧七月》：「九月叔苴」，「叔苴」指拾麻子，是一般貧民賴以充饑的食物。

稻即稻穀，為水生作物，為南方人的主食。但先秦時北方也有稻子。中國仰韶時期的陶片上曾有稻子的痕跡。殷代甲骨卜辭中有一個上「米」下「酉」的

字，唐蘭讀作「薽」，釋為稻。[3]但是否可釋為稻，學術界還有爭議。但甲骨卜辭中有「秜」字（《乙》3212），依《說文》應是一種野生的旱稻。西周春秋時代，稻穀已廣泛種植。《詩·鴇羽》謂因王事而「不能藝稻粱」，曾伯簠銘和史免簠銘均謂「用盛稻粱」。「粱」是上等稷穀，稻粱並稱，可知當時人們認為這兩種穀物好吃而特別受到珍愛。

先秦時用糧食做成的乾糧，稱糗、糒，又稱餱糧，可能是當時常用的主食。糗與現在的炒米、炒豆、炒玉米等相近，炒後磨成粉也叫糗，《書·費誓》：「峙乃糗糧」；《國語·楚語》：「於是乎每朝設脯一束、糗一筐以羞子文。」餱糧見《詩·大雅·公劉》和《左傳·襄公九年》等篇，在當時的食用相當普遍。

商周時代做熟食之法主要有蒸煮兩類，煮粥用鬲，蒸用甗或甑。商周遺址出土的各種陶鬲十分多，一鬲可供一人吃一餐。以鬲煮粥，水多則為粥，米多則為饘。蒸飯用陶甗或陶甑，殷墟出土有陶甗陶甑，也有銅甗。甗、甑均是上下兩節，下節盛水，上節盛米，有空眼供蒸汽上升蒸飯。

二、肉食

肉食類分家養與野生禽獸。先秦家養禽畜以牛羊豬，其次是狗雞魚類。先秦以牛羊豕為三牲，有太牢、少牢之說。依殷墟甲骨文，太牢是牛，少牢是羊和豕，經圈養數月才稱「牢」。可知牛最可貴，《禮記·王制》說：「諸侯無故不殺牛，大夫無故不殺羊，士無故不殺犬、豕，庶人無故不食珍。」《國語·楚語下》觀射父說：「天子舉乙太牢，祀以會；諸侯舉以特牛，祀乙太牢；卿舉以少牢，祀以特牛；大夫舉以特牲，祀以少牢；士食魚炙，祀以特牲；庶人食菜，祀以魚。」可知在禮制等級十分森嚴的西周春秋時期，所食所祀各有嚴格規定。士平時可吃炙魚。庶人平時只能吃菜，祭祀時才用魚。到戰國時庶人老者可吃到雞豚

3　唐蘭：《殷墟文字記》，32-34 頁，北京，中華書局，1981。

狗彘之類的肉食，《孟子‧梁惠王上》：「雞豚狗彘之畜，無失其時，七十者可以食肉矣！」值得注意的是，先秦除了牛羊豬魚雞之外，還有狗畜養也作為食用肉，戰國時刺客聶政就曾經當過「狗屠」[4]，《史記‧樊噲列傳》謂樊噲亦「以屠狗為事」。這說明在漢代之前人們養狗是以食肉為主，這與後來人們養狗的目的是不同的。

野生的禽獸魚類則主要靠漁獵獲得。《易‧屯》六三：「即鹿無虞，惟入於林中」；《易‧解》九二：「田獲三狐，得黃矢」；《詩‧七月》謂農夫冬狩獵時「取彼狐狸，為公子裘」，「言私其豵，獻豜於公」；周原甲骨文 H 11：113 謂辛未「王其逐戲兕」；《詩‧瓠葉》：「有兔斯首，炮之燔之」；《詩‧魚麗》謂魚麗於網有「魴鱧」、「鰋鯉」；《六月》謂「飲御諸友，炰鱉膾鯉」。另外《詩經》中還有《南有嘉魚》、《楚茨》、《魚藻》、《旱麓》等篇均有把禽獸魚鱉作為美味佳餚的記載。在商周時代，漁獵活動有時多有時少。多時或把所獲鹿、羊之類圈養起來，或把多餘的禽獸之肉加工成肉脯、乾肉。《周禮‧天官‧獸人》說：「獸人掌罟田獸，辨其名物。冬獻狼，夏獻麋，春秋獻獸物。肘田，則守罟。及弊田，令禽注於虞中，凡祭祀、喪紀、賓客，共其死獸生獸。凡獸入於臘人。」《臘人》：「臘肉掌乾肉。凡田獸之脯臘、膴胖之事。凡祭祀，共豆脯，薦脯膴胖，凡臘物、賓客、喪紀共其脯臘，凡干肉之事。」田獵而來的禽獸被加工成乾肉、脯臘等肉類食物。《易‧噬嗑》六三說：「噬臘肉，遇毒」；九四說：「噬乾胏，得金矢」；六五說：「噬乾肉，得黃金」。乾肉、臘肉中有毒、有銅箭和銅刀片，這正是狩獵過程中殘留下來的。[5]

三、酒食

中國釀酒的歷史源遠流長。《史記‧殷本紀》謂殷紂王「以酒為池，縣〔懸〕

4　《史記‧刺客列傳》。
5　王廷洽：《〈詩經〉與漁獵文化》，《中國史研究》，1995 年第 1 期。

肉為林」,「為長夜之飲」。可見當時製酒業發達,才造成這種「以酒為池」與「長夜之飲」的現象。《書·酒誥》指出:殷人亡國主要是因酒而導致的:「我聞亦惟曰:『在今後嗣王酗身,罔顯於民祇……惟荒腆於酒,不惟自息乃逸。……弗惟德馨香祀,登聞於天,誕惟民怨。庶群自酒,腥聞於上。故天降喪於殷,罔愛於殷,惟逸。天非虐,惟民自速辜。』」周公並告訴康叔如果有人群聚飲酒,就要全部捉拿起來押送到周都,將他們殺掉。可見周人鑑於殷人群飲喪國的教訓,禁酒的態度和決心十分堅決、嚴厲。從考古發現看,殷代的酒器是十分多的,如罍、壺、尊、卣、盉、斝、爵、觚、觶等,均是飲酒之具。根據甲骨文的分析,殷人已經以黍為主要原料,用糵作為糖化劑釀造甜酒醴,用曲作為酒化劑釀造香酒鬯。正因殷代造酒業十分發達,形成嗜酒群飲的風氣。

周代雖有禁酒之令,但並非讓人不喝酒,而是禁止貪酒群飲,有限制地適當飲酒。故《禮記》中有《鄉飲酒》之禮,規定了一套互相敬酒、奠觶、執觶、實觶、卒觶、洗觶的禮儀程式來飲酒。在《周禮》一書中則有「酒正」、「漿人」、「大酋」、「酒官」等掌管釀造的職官。《禮記·月令》中總結當時製酒經驗說:「乃命大酋,秫稻必齊,曲糵必時,湛熾必潔,水泉必香,陶器必良,火齊必得,兼用六物。大酋監之,無有差貸。」說明當時釀酒為了保證品質,對原料和製作器具和過程要求十分嚴格。一九七四年在河北平山縣戰國中山國墓葬中出土了兩壺酒,其酒香味猶存。據初步鑑定,這酒是一種曲釀酒,其中除了酒精外,還有糖和脂肪十多種成分。表現了戰國時代中國釀酒業的發展水準。

四、蔬菜

先秦時代的蔬菜,有自然野生的,也有人工栽培的。人工栽的可能始於殷商時代,甲骨文中有「圃」,是用來種植蔬菜瓜果的。《論語·子路》中提到「老農」、「老圃」,後者是專門種植蔬菜瓜果的老農。據研究,春秋戰國時期人工栽種的蔬菜已有瓜、瓠、菽、韭、蔥、薤、蒜、葵、蔓菁、菱、荷、芹、筍、薑等

十五、六種。[6]先秦時代野生植物類的蔬菜瓜果也是人們生活資料的重要來源。《國語・楚語下》說：「庶人食菜，祀以魚」，可知菜類是庶人的主要食品，故《爾雅・釋天》說：「蔬不熟為饉」，說明庶人百姓有多數時間依靠蔬菜度日，如果蔬菜不熟，便成荒年。《詩・七月》說農夫「六月食鬱及薁，七月亨葵及菽」，「采茶薪樗，食我農夫」。在《詩經》所見到的野菜有董、荼、芑、薺、蕾、蓫、蕒、蕨、薇、卷耳、荇菜等。鄭玄注《周禮・冢宰》「疏材」謂「百草根實之可食者」。《荀子・王制》謂：「養山林藪澤草木魚鱉百索，以時禁發」，「百索」，即「百素」，也就是「百蔬」[7]。從這些記述中可知，蔬菜的採集在先秦時代人們的生活中具有十分重要的作用。

第三節 ·
婚嫁

　　婚嫁，對當事人男女雙方來說，是人生的大事；對社會來說，也是增丁添口、組成新的最基本社會細胞的重要事件。因此古往今來人們對婚嫁都十分重視。

　　先秦時期的婚姻首先要通過媒人的介紹。《詩・齊風・南山》說：「取妻如之何？匪媒不得。」在先秦時代，媒人在婚姻中與後世一樣，作用十分大。在婚禮舉行之前，男女多數沒有見過面，全靠父母之命、媒妁之言來決定婚事，而當事人則無權決定自己的婚事。

6　酆裕恆：《西元前中國食用蔬菜種類探討》，北京，農業出版社，1958。
7　梁啟雄：《荀子簡釋・王制》。

先秦時的婚禮，要經過六禮。據《儀禮・士昏禮》載：六禮是納采、問名、納吉、納征、請期、親迎。

（1）納采。納即交納，意即交納彩禮，以示求婚。用雁表示禮物。因雁是候鳥，用來表示婚姻情愛忠貞不渝。（2）問名。納采之後，男方求婚得到同意，又派人帶雁上女方家問名。問名實際上是問女方之家把哪一個女兒（或姐妹侄女）許配給男方。（3）納吉。男方問名之後，便到宗廟去占卜，如果得到吉兆，仍要帶雁為禮物去向女方報告，這叫納吉。（4）納征。男方派人送禮物給女方表示訂婚，女方答應婚事後，便收下禮物，婚約便正式確定下來了。（5）請期。訂婚之後，男方占卜婚日，占卜訂婚日後，便派人帶上雁為禮物去女方家商量婚期。除女方的三族——父昆弟、己昆弟、子昆弟——中有死喪之事要服喪外，一般女方會附和男方的提議定下結婚日期。（6）親迎。親迎就是新郎帶上人親自去把新娘接到家裡。《詩・大雅・大明》說「文定厥祥，親迎於渭」，就是說周文王占卜確定吉祥徵兆後，親自到渭河之岸去迎接太姒。

周代實行同姓不婚制。但殷代尚無嚴格的同姓不婚制，只禁止在五世之內的親族內通婚。殷商時代不僅同姓可通婚，而且即使是親族只要在五世之後皆可通婚。《禮記・大傳》正義曰：「殷人五世以後可以通婚」；《喪服小記》正義也說：「殷無世系，六世而昏，故婦人有不知姓者，周則不然」；《太平御覽》卷五百四十引《禮外傳》說：「夏殷五世之後則通婚姻，周公制禮，百世不通。」而周代則實行嚴格的「同姓不婚」禁忌。婚姻限禁在同姓之內進行，這是由母系社會發展而來的「姓」，正是一種血緣關係的標誌，所以，所謂的「同姓不婚」，也是血緣婚禁忌的沿襲和發展。《左傳・僖公二十三年》鄭叔詹說：「男女同姓，其生不蕃。」《襄公二十五年》東郭偃也說：「男女辨姓。」《禮記・曲禮》說：「取妻不取同姓，故買妾不知其姓，則卜。」同書《郊特牲》也說：「夫昏〔婚〕禮……取於異姓，所以附遠厚別也。」《國語・晉語四》司空季子說：「異姓則異德，異德則異類，異類雖近，男女相及，以生民也。同姓則同德，同德則同心，同心則同志，同志雖遠，男女不相及，畏黷敬也。黷則生怨，怨亂毓災，災毓滅姓。是故娶妻避其同姓，畏亂災也。故異德合姓，同德合義。」從這些記載可知，周禮對同姓不婚的禁忌思想上十分明確，制度上也十分嚴格。即便如此，

還時時有違背周禮而娶同姓之女為妻的現象發生，例如魯昭公為姬姓，娶妻於吳亦為姬姓，但這種婚姻被視為不知禮的行為。《論語・述而》說：「陳司敗問：『昭公知禮乎？』孔子曰：『知禮。』孔子退，揖巫馬期而進之曰：『……君取於吳為同姓，謂之吳孟子。君而知禮，孰不知禮！』」也正因為不合周禮，故魯昭公之妻吳孟子本姓姬，卻不稱「孟姬」，而稱「孟子」[8]。《左傳・哀公十二年》說：「五月，昭夫人孟子卒，昭公取於吳，故不書姓。」

夏商周時代均實行一夫一妻制，但對以王為首的統治者和貴族階級來說，則實行的是一夫多妻制。根據殷墟卜辭，僅武丁的妻子有婦姝、婦好、婦鼠、婦妌、婦婡等，據統計竟達六十四人。據周祭系統，武丁的正妻有三個，則其餘的均為非法定配偶。這種情況在周代也是普遍存在的。《詩・大雅・韓奕》：「韓侯娶妻，汾王之甥，蹶父之子。韓侯迎之，於蹶之里，百兩彭彭，八鸞鏘鏘，不顯其光。諸弟從之，祁祁如雲；韓侯顧之，爛其盈門。」而周天子與諸侯王公大夫的婚姻盛行媵妾制度，更是一夫多妻制的典型表現。《公羊傳・莊公十九年》：「媵者何？諸侯娶一國，則二國往媵之，以姪娣從。姪者何？兄之子也。娣者何？弟也。諸侯壹聘九女，諸侯不再娶。」可知諸侯娶妻於某國為正妻，其餘有兩國作為媵出嫁，而其姐妹也隨之出嫁則為妾，這樣一娶而有九女為之妻妾。可見這種媵妾制正是一夫多妻制的反映。也是遠古氏族之間集體通婚的遺風，某一氏族的男子是另一氏族女子的丈夫，而某一氏族的女子是另一氏族男子的妻子。因此周代的媵妾制要求媵妾與妻必須同姓，否則就認為是非禮。《左傳・成公八年》：「衛人來媵共姬，禮也。凡諸侯嫁女，同姓媵之，異姓則否。」《左傳・成公十年》：「二月，伯姬歸於宋。……晉人來媵，禮也。」衛女媵共姬，晉女媵伯姬，皆為姬姓，皆合周禮，故稱「禮也」。而《春秋經・成公十年》：「齊人來媵。」杜注：「媵伯姬也。異姓來媵，非禮也。」魯女伯姬，而以齊女姜姓為媵，杜預稱「非禮」是對的。由此可見，媵妾制只是亞群婚的遺留。《左傳・僖公二十三年》謂晉公子重耳出奔到狄時，「狄人伐廧咎如，獲其二女叔隗、季隗，納諸公子」；「至秦，秦伯納女五人，懷嬴與焉」。《左傳・哀公十一年》也說：

<hr>

8　《春秋經・哀公十二年》。

「冬，衛大叔疾出奔宋。初，疾娶於宋子朝，其娣嬖。子朝出，孔文子使出其妻而妻之。疾侍人誘其初妻之娣，真於　而為之一宮，如二妻。文子怒……遂奪其妻。」可見一般的貴族也可以除妻子之外有其媵妾。

實際上實行嚴格的一夫一妻制的只有庶人。《白虎通・爵》篇說：「庶人稱匹夫者，匹，偶也，與其妻為偶，陰陽相成之義也。一夫一婦成一室，明君人者不當使男女有過時無匹偶也。」由此可知，在周代所謂的一夫一妻制只是對平民庶人而言，而對貴族階層，實行的則是一夫多妻制，並非一夫一妻。到戰國時期，平民庶人只要有一定經濟實力，也同樣會置媵納妾。《韓非子・內儲說下》說：「衛人有夫妻禱者而祝曰：『使我無故得百來束布！』其夫曰：『何少也？』對曰：『益是，子將以買妾。』」可見這個衛人之所以守一夫一妻制，是沒有錢財，只要有了錢財，也會納妾的。對妻子來說，也希望多得錢財，但她希望有一定的限度，因為超過一定限度——一百多束布，則反而變成壞事，為丈夫提供了買妾的經濟實力。對妻子來說，這比貧窮更使人難以接受。可見，置媵立妾是先秦時期貴族和富人的一種特權。

和媵妾制相應的是轉房制。既然妹妹可隨姐姐、侄女可隨姑姑一同嫁給一個男子；那麼當丈夫死去，妻子則可轉嫁給弟弟、兄長甚至非血親的兒子或侄子輩。例如前所引《左傳・僖公二十三年》謂秦穆公之女懷嬴先嫁給晉懷公。後來晉懷公偷偷歸晉，懷嬴活活守寡，當晉文公逃亡到秦後，秦穆公又把她轉嫁給晉文公重耳。重耳是晉懷公的叔父，這是不同輩分之間的轉房。《左傳・閔公二年》：「初，惠公之即位也少，齊人使昭伯烝於宣姜，不可，強之。生齊子、戴公、文公、宋桓夫人、許穆夫人。」這是齊人為了加強自己在衛國的勢力，強迫昭伯和庶母發生關係。同樣，宋襄夫人與公子鮑的關係也是這樣。《左傳・文公十六年》說：「宋公子鮑禮於國人。……親自桓以下，無不恤也。公子鮑美而豔，襄夫人欲通之而不可，乃助之施。昭公無道，國人奉公子鮑以因夫人。」這時宋國名義上是宋昭公執政，但實際上權力則掌握在祖母宋襄夫人手中。宋公子鮑賢，公之親族及國人都受到他的恩惠施捨。宋襄夫人愛上孫子輩的公子鮑，欲通之而孫兒不肯，然而國人卻「奉公子鮑以因夫人」，說明當時的風俗，子通庶母、孫通祖母，是為社會禮俗所允許的。

先秦婚嫁之習最具特色的還是劫奪婚。但這種「劫奪婚」並非真正的掠奪婚姻，而是以偽裝的劫掠為手段達到成婚目的的一種婚姻形式。如《易·屯》六二爻：

屯如邅如，乘馬班如，匪寇，婚媾。

《易·賁》六四爻：

賁如皤如，白馬翰如，匪寇，婚媾。象曰：六四，當位，疑也。匪寇，婚媾，終無尤也。

《易·睽》上九：

匪寇，婚媾，往遇雨，則吉。象曰：遇雨之吉，群疑亡也。

有的學者把掠奪婚解釋成搶劫女人成婚，認為此習俗是從原始部落或氏族的戰爭中掠奪女俘做妾的習慣中發展而來，這是不對的。搶劫女俘為妾與「劫奪婚」是有區別的。搶奪女俘成婚是「妾」的來源，與劫奪婚不同。上引《易》中均談到「匪寇，婚媾」，就是說，來搶劫其女的並非強盜賊寇，而是為了成親結婚。以《易·賁》六四象辭來看，最初確實使人懷疑遇上了強盜，但結果是虛驚一場，來者不是強盜賊寇，而是為了婚姻而裝扮的搶奪。因此「終無尤也」，最終也沒有什麼不幸。這種劫奪婚在中國解放前的不少少數民族地區一直存在。據中國民族工作者調查報告顯示，解放前中國雲南景頗族、傈僳族和傣族都曾實行過劫奪婚。在劫奪婚舉行之前，相戀的青年男女先約定好地點與時間，男子到時率人到女子所在之處搶人。但在男子劫奪過程中，女子又要裝出呼救和被迫無奈的姿態，呼叫家人和鄰里營救，男子便與夥伴攜女子逃走。然後派媒人正式向女方家求婚，並付給女方家一定的彩禮。但傣族的劫奪婚有一定的範圍限制，只限於聯姻姓氏之間娶第一個妻子時才被允許。景頗族的劫奪婚有三種方式：「迷卻」、「迷考」、「迷嚕」。「迷卻」是拉親，這是男子邀約同伴趁姑娘離家之機，將她搶走。「迷考」是偷親，這是男青年在媒人的配合下，將躲藏的姑娘偷偷搶走。「迷嚕」是搶親，由於某個姑娘相貌出眾，又與幾個男子都相好，於是某一男子搶先一步，把這位女子搶到自己的村落中。這些民族學資料很有助於我們了

解《易經》中所記載的「匪寇，婚媾」式劫奪婚的內容。

先秦婚禮有廟見之禮，《禮記‧曾子問》說：「三月而廟見，稱來婦也。」其書《昏義》也說：「是以古者婦人先嫁三月，祖廟未毀，教於公宮；祖廟既毀，教於宗室。教以婦德、婦言、婦容、婦功。教成祭之，牲用魚，芼之以蘋藻，所以成婦順也。」可知先秦婚禮前廟見之禮，實際上是對婦女進行教育培訓的一個特定時間和特定環境。在祖廟或宗室之中，要對婦女的品德、言語、行為舉止和女性紡織縫紉之類的工作進行培訓，然後對有關祭祀──主婦主掌宗廟祭祀──的行為進行培訓，使之成為一個溫順的家庭主婦。從此這位新婦便可成為男方的正式成員。如果女子成婚而來到男方，卻沒有經過廟見便已死亡，這樣的婦女還不能算作男方家的正式成員。《禮記‧曾子問》載：「曾子問曰：『女未廟見而死，則如之何？』孔子曰：『不遷於祖，不祔於皇姑，婿不杖，不菲，不次，歸葬於女氏之黨，示未成婦也。』」這就是說，婦女只有在宗廟中待上三個月學習有關婦德、婦言、婦容、婦功，拜見了祖宗，才正式取得做媳婦的資格。而如果沒有三個月的廟見，就還沒有取得這種資格，即使已與男子成婚，但仍不算作家庭成員，如果這媳婦未廟見而死，男方家族則不以正式成員對待，不葬於丈夫家族墓地，而要歸葬於娘家家族墓地，表示還未成為其家媳婦。

先秦時代婚嫁的年齡一般認為是男三十歲而娶，女二十歲而嫁；到戰國時代，婚齡線下移，則認為男二十而娶、女十七或十五而嫁為標準年齡。《周禮‧媒氏》：「令男三十而娶，女二十而嫁」；《逸周書‧武順》曰：「男生而成三，女生而成兩，五以成室，室成以生民。」這正好與《大戴禮記‧本命》篇「中古男三十而娶，女二十而嫁，合於五也，中節也」的說法是一致的。盧注《本命》篇「合於五」謂其義是男女婚齡「合於五十也」。另外《禮記‧內則》、《曲禮上》、《穀梁傳‧文公十二年》等文述古禮謂男子婚齡皆為三十歲。周禮為什麼要規定男子三十而娶、女子二十而嫁呢？《尚書大傳》引孔子之語說：「男三十而娶，女二十而嫁，通於織織紡績之事，黼黻文章之美。不若是，則上不足以事舅姑，而下不足以事夫養子。」而《白虎通‧嫁娶》解釋說：「男三十筋骨堅強，任為人父；女二十肌膚充盈，任為人母。」這與《論語‧季氏》述孔子所謂君子有三戒當中「少之時，血氣未定，戒之在色；及其壯也，血氣方剛，戒之在鬥」

的說法相近。按《禮記‧曲禮上》說：「二十曰弱，冠；三十曰壯，有室」，就是說人生二十左右稱弱齡少年，其時血氣未定，則動而好色，為了長育，理應戒色；而「壯」年在三十歲以上，其時血氣方剛，筋骨強健，方可娶妻成婚。

先秦時期婚齡的演變發生在戰國時代。但大概在春秋時代，一些國家為了富國強兵、蕃育人口、擴大兵力和生產力資源，便儘量地把婚齡提前。《韓非子‧外儲說右下》謂春秋時齊桓公曾下令男年二十娶、女年十五嫁；《國語‧越語上》述越王勾踐強令女年十七必嫁，男年二十必娶，並下令男女到規定年齡不嫁娶則治其父母有罪。齊桓公、越王勾踐改革婚齡年限的原因不外乎就是要蕃育人口，滿足勞動力、兵力資源的要求。《墨子‧節用上》說：「昔者聖王為法曰：『丈夫年二十，毋敢不處家；女子年十五，毋敢不事人。』此聖王之法也。」墨子所說的聖王之法實際上是春秋戰國以來的婚姻成文法，時間不會太早。《穀梁傳‧文公十二年》說：「男子二十而冠，冠而列丈夫。」這實際上反映了一個新的成人標準，《禮記‧曲禮上》謂男子「二十曰弱，冠；三十曰壯，有室」，過去認為二十是弱齡少年，故有「弱冠」之說，而戰國以來則認為二十已為「丈夫」，可為成人了，因此婚齡也提前到二十歲了。

第四節‧

儀禮

《荀子‧禮論》說：「禮有三本：天地者，生之本也；先祖者，類之本也；君師者，治之本也。無天地，惡生？無先祖，惡出？無君師，惡治？……故禮，上事天，下事地，尊先祖，而隆君師，是禮之三本也。」禮儀制度三本就是為了

處理好人與自然神、人與祖先神以及人與人的關係而設立的。禮儀的起源最早是祭祀神靈，所以「禮」字以「示」為形符，其後擴大到人與人之間，擴展為吉禮、凶禮、軍禮、賓禮、嘉禮等各種禮制。到周代禮制已經發展得十分複雜，在不同的場合有各自不同的禮儀，所謂禮經三百，威儀三千，十分繁雜瑣碎，一般人很難完全掌握。下面我們按照傳統五禮的劃分對禮儀予以簡介。

一、吉禮

吉禮是有關祭祀的典禮。先秦時期認為祭祀是國家的大事，所以便把吉禮列為五禮之首。祭祀的對象有上帝、日月星辰、司中、司命、風師、雨師、社稷、五帝、五岳、山林川澤、四方百物、先王先祖、春夏秋冬四季之祭等等，都是屬於祭祀的範圍。上面這些祭祀的物件可概括為三類：天神、地祇、祖先神。

（一）祭祀天神

在殷商時代，天神是「帝」或「上帝」。這位至上神既統治著日月星辰風雨雷火等天神，也統治著土神、河嶽之神以及商代祖先之神。到周代，周人一方面仍沿襲了殷人的上帝崇拜；另一方面又創造了「天」。周王自稱是「天子」，上天之子，在《春秋經》中又常稱周王是「天王」。周王聲稱自己是作為天之嫡子在人間統治人民，這樣便把自己的統治神聖化。周代祀天的活動大約有孟春郊天祈穀、大旱或仲夏之時的雩祭，季秋之時的祀享天帝、冬至之日的南郊圜丘祀天。

春秋戰國時有五帝的說法，《周禮・春官・小宗伯》謂「兆五帝於四郊」。《禮記・月令》和《呂氏春秋》十二月紀把一年四季與五帝、五神相配。

春季	東方	帝太皞	神句芒
夏季	南方	帝炎帝	神祝融
季夏	中央土	帝黃帝	神後土

| 秋季 | 西方 | 帝少皞 | 神蓐收 |
| 冬季 | 北方 | 帝顓頊 | 神玄冥 |

　　先秦時期的天神祭祀還有日月星辰風師雨師等神靈。日月祭祀已見於殷墟卜辭之中，如《屯南》一一一六條說：「甲午卜貞，又〔佑〕出入日。弜又出入日。」《書‧堯典》也有「寅賓出日」，「寅餞納日」，這都是表示對日神的崇拜。周代祭日於壇，祭月於坎。日壇稱「王宮」，又稱「大明」，月壇稱「夜明」；祭日在春分之晨，祭月在秋分之夕。先秦向東方祭日，向西方祭月。殷墟卜辭中說「侑於東母西母」（《後上》28‧5），「東母」是指日之神，「西母」是指月之神，後世則稱為「東王公」，「西王母」。星辰祭祀主要祭祀五星、二十八宿和《周禮》所說的司命、司中、司民、司祿。五星是指歲星（木星）、熒惑、太白、辰星、鎮星。二十八宿是指東方蒼龍七宿：角、亢、氐、房、心、尾、箕；南方朱雀七宿：井、鬼、柳、星、張、翼、軫；西方白虎七宿：奎、婁、胃、昴、畢、觜、參；北方玄武七宿：斗、牛、女、虛、危、室、壁。二十八宿的形成大約在西元前八至西元前六世紀。一九七八年在湖北省隨縣發掘的戰國早期曾侯乙墓（西元前 433 年），其中出土一件漆箱蓋子上漆文可把二十八宿形成的時代至少可推至在西元前五世紀之前。另外，天神的祭祀還有風師、雨師、雲神、雷神等等，這裡就不一一贅舉了。

（二）祭祀地神

　　地神包括土地山岳河流之神。這些神祇在殷墟甲骨文中便已出現，有土地之神，亦即社神；有山岳之神，稱「岳」；有「河」、「滴」等水神；有「方」、「東」、「西」、「南」、「北」等方神。卜辭中的土地之神作「土」，如《鐵》216‧1 云「桒年於土」，《鐵》14‧4「禦水於土」，《前》1‧24‧3「貞，燎於土三小牢，卯二牛，沈十牛」《乙》7779：「癸未卜，爭貞，燎於土，桒於嶽」，等等。殷代甲骨文中的土神，既是自然神，又是先祖神。作為自然神，是殷人祈年的對象，與後代社神相當。甲骨文中還有「亳土」，《屯南》1105「辛巳貞，雨不既，其燎於亳土」。「亳土」即亳社。卜辭中還有河、岳等自然神神祇。《乙》

685「貞，燎於上甲於河十牛」。土神、河神、岳神等既是自然神，又是祖先神，商人常把這些自然神作為某一位先祖或先公的化身。卜辭地神還有山、洹、滴、四方神等等。例如，山神，《鄴》3‧38‧4「𡙇雨於山」。水神，《甲》903「燎於洹泉」，《寧》1‧123「𡙇禾於滴，又〔有〕大雨」。還有方神，《粹》808「𡙇年於方，有大雨」，《鄴》3‧28‧4「甲子卜，其𡙇雨於東方。庚午卜，其𡙇雨於山」，《續》2‧18‧8「禘於東」，《鄴》3‧38‧4「酒南方」，《乙》2282「禘於西」，《遺》464「燎於北」。

殷人對地神的祭祀在周代一直有所繼承。《禮記‧王制》說：「天子祭天地，諸侯祭社稷……天子祭天下名山大川，五嶽視三公，四瀆視諸侯。諸侯祭名山大川之在其地者。天子諸侯祭因國之在其地而無主後者。」又說：「天子五年一巡守。歲二月，東巡守至於岱宗，柴而望祀山川。……山川神祇有不舉者為不敬，不敬者君削以地。……五月南巡守，至於南嶽，如東巡守之禮。八月西巡守，至於西嶽，如南巡守之禮。十有一月北巡守，至於北嶽，如西巡守之禮。……天子將出，類乎上帝，宜乎社，造乎禰；諸侯將出，宜乎社，造乎禰。」從這些記述中可知，周天子五年一巡守，巡守所至東南西北，要對其地的岳神及其山川進行祭祀；如果發現諸侯有膽敢不祭山川神祇的，便要奪地削土以示懲罰。天子出行時，不僅要祭祀上帝及父考，還要對社神進行祭祀。

（三）宗廟祭祀

在殷墟卜辭中，商王對先公先王的祭祀是十分頻繁的，幾乎天天有祭祀，按先王的廟號——如大乙在「乙×」日，「大甲」在「甲×」日——逐日祭祀。除了先公先王外，先妣也要按廟號進行祭祀。特別從祖庚祖甲時代興起的周祭系統後，按五種祭祀方式有條不紊地對先王先妣進行祭祀，並形成一套嚴格的制度。

周代的宗廟祭祀則是按禮制等級在所祭先祖的廟數和時間上有嚴格的規定，不可逾越，否則就被認為是僭禮。周代的宗廟制度，天子立七廟，三昭三穆，與太祖之廟合為七；諸侯立五廟，二昭二穆，與太祖廟合為五廟；嫡士二廟；官師一廟，庶人不立宗廟。《禮記‧祭法》說：

是故王立七廟，一壇一墠。曰考廟，曰王考廟，曰皇考廟，曰顯考廟，曰祖考廟。皆月祭之。遠廟為祧，有二祧，享嘗乃止。去祧為壇，去壇為墠，壇墠有禱焉祭之，無禱乃止，去墠曰鬼。諸侯立五廟，一壇一墠。曰考廟，曰王考廟，曰皇考廟，皆月祭之。顯考廟，祖考廟，享嘗乃止。去祖為壇，去壇為墠，壇墠有禱焉祭之，無禱乃止，去墠為鬼。大夫立三廟二壇。曰考廟，曰王考廟，曰皇考廟，享嘗乃止。顯考祖考無廟，有禱焉為壇祭之，去壇為鬼。適〔嫡〕士二廟一壇。曰考廟，曰王考廟，享嘗乃止。皇考無廟，有禱焉為壇祭之，去壇為鬼。官師一廟，曰考廟。王考無廟而祭之，去王考為鬼。庶士庶人無廟，死曰鬼。

從上可見，從天子到庶士庶人不僅廟制有規定，連祭祀的時間也有嚴格的規定。《國語·楚語下》也談到從王到庶人祭祀時間的限定：「是故古者先王日祭月享時類歲祀，諸侯舍日，卿大夫舍月，士庶人舍時，天子遍祀群神品物。」

據周代禮制，貴族不僅立宗廟祭祀祖考，而且下祭早死的嫡子嫡孫，這種祭祀叫作「殤」。按《禮記·祭法》，王祭殤有五：嫡子、嫡孫、嫡曾孫、嫡玄孫、嫡來孫；諸侯祭殤有三：嫡子、嫡孫、嫡曾孫；大夫下祭殤有二：嫡子、嫡孫；嫡士與庶人只祭早死的兒子。

周代的宗廟祭祀除了祖先之外，對過去有功於民的先代帝王也要進行祭祀。《禮記·祭法》說：「夫聖王之制祭祀也，法施於民則祀之，以死勤事則祀之，以勞定國則祀之，能禦大災則祀之，能捍大患則祀之。」依照這樣的準則，在《禮記·祭法》和《國語·魯語上》中，依功業被列入祀典的不僅有黃帝、顓頊、帝嚳、堯、舜、鮌、禹、契、冥、湯、稷、文王、武王，還有烈山氏之子柱、周棄、共工氏之子後土等，這些上古傳說及三代時期的帝王或名臣，為民眾作出了貢獻而受到歷代帝王的祭祀。

二、嘉禮

嘉禮是婚嫁喜慶燕飲方面的禮儀，是溝通人際關係，增進君臣上下之間、宗

族親屬之間、親朋好友之間感情的一些禮儀。嘉禮主要包括婚禮、冠禮、饗燕、慶賀、賓射等禮節與儀式。婚禮我們前面已作過介紹，下面我們談談冠禮、饗燕禮、賀禮、射禮等禮儀。

冠禮就是一種成人禮，是男子到一定的年齡進入成年人行列而加冠的一種禮儀。冠禮是從原始氏族社會的「成丁禮」發展演變而來的。在原始氏族部落社會，男女到一定的年齡就認為發育成熟了。必須按一定的儀式舉行「成丁禮」，被自己的氏族部落接受為正式成員，享受一定的成人權利，並履行氏族成員應盡的義務和責任。而冠禮正是從這種成丁禮發展而來，其性質和意義也十分相似。《禮記・冠義》說：「已冠而守之，成人之道也」；冠禮之後，則以成人身分拜見父母、拜見兄弟、拜見鄉大夫鄉先生，表示已經成人。行冠禮表示已經成人，既然已經成人則必須負起成人的責任：「成人之者，將責成人禮焉也。責成人禮焉者，將責為人子為人弟為人臣為人少者之禮行焉。將責四者之行於人，其禮可不重與？故孝弟忠順之行立，而後可以為人；可以為人，而後可以治人也。」[9]這就是說，行冠禮表示成人意味著，作為人子要盡孝，作為人弟要盡悌道，作為人臣要盡忠，作為年少者對長者要順從。這樣才知道如何做人；知道如何做人，才能知道如何治人。周代禮儀把冠禮作為禮儀之始，嘉禮之重者，其道理也正在這裡。

先秦行冠禮的年齡古書說法不一，《左傳・襄公九年》謂「十二歲」加冠，《荀子・大略》謂「十九歲」加冠；《禮記・曲禮上》說「二十曰弱，冠；三十曰壯，有室」；《穀梁傳・文公十二年》謂「男子二十而冠，冠而列丈夫」。按《史記・秦始皇本紀》秦王嬴政加冠時已二十一歲。《國語・楚語上》注謂「方弱，未二十」。可知先秦時行冠禮年齡應在二十歲左右。

饗燕禮是用酒食招待四方賓客的禮儀。《周禮・春官・大宗伯》說：「以饗燕之禮，親四方之賓客。」不過，饗禮與燕禮是有區別的。饗在太廟舉行，烹太牢招待賓客，獻酒爵數有一定的規定，完全是一些禮儀形式，並不完全要真吃

9　《禮記・冠義》。

真喝，祭牲並不分割成能吃的小塊肉，只是解開擺放起來。而燕禮則與饗禮不同，是在寢宮舉行，主賓獻酒行禮之後便可以暢飲起來，烹狗而食，大醉方休。除饗燕禮之外，還有宗族之內的飲食之禮。這種飲食之禮是用來加強宗族兄弟團結的。《周禮・春官・大宗伯》說：「以飲食之禮，親宗族兄弟。」但這種不是隨便舉行的，而是有特定的時機和場合：一種是因節日而飲宴，一種是逢祭祀而飲宴，還有一種是因喜慶之時而飲宴。

射禮是常與燕禮或鄉飲酒禮結合進行的。諸侯舉行射禮，必先舉行燕禮；卿大夫士舉行射禮，必先舉行鄉飲酒之禮。先秦時期，戰爭是國家的頭等大事，一方面百官要時刻提高警惕，不敢有絲毫的疏失大意；另一方面要經常挑選一些優秀的將士作為卿大夫士的候選人員。因此射禮就是為這二者而進行的。一方面借射禮觀察卿大夫士的能力與德行：《禮記・射義》說：「故射者進退周還必中禮，內志正，外體直，然後持弓矢審固；持弓矢審固，然後可以言中，此可以觀德行矣！」另一方面用射禮選賢舉能：《射義》篇說：「是故古者天子以射選諸侯卿大夫士。射者，男子之事也，因而飾之以禮樂也。故事之盡禮樂而可數，為以立德行者莫若射，故聖王務焉！是故古者天子之制，諸侯歲獻貢士於天子，天子試之於射宮，其容體比於禮，其節比於樂，而中多者得與於祭。其容體不比於禮，其節不比於樂，而中少者不得與於祭。數與於祭而君有慶，數不與於祭而君有讓。數有慶而益地，數有讓則削地。」從此可知，先秦時雖沒有後世的科舉考試，但是以射禮來選拔人才，不但要求命中率高，而且要求體態、節奏的把握。水準高的可參與國家大祭之禮，次數一多則有表彰，有賜加土地；反之則不讓參與大祭，時間一長則要受責備，多次受批評則要削奪其土地。以此可知，射禮在先秦時期具有十分重要的政治作用。

三、賓禮

賓禮是接待賓客、往來交際之禮。這種交際往來之禮是在天子與諸侯、諸侯與諸侯之間進行的。《周禮・春官・大宗伯》說：「以賓禮親邦國。春見曰朝，

夏見曰宗，秋見曰覲，冬見曰遇，時見曰會，殷見曰同，時聘曰問，殷覜曰視。」這就是說，諸侯在春天朝見天子叫作「朝」，夏天朝見天子叫作「宗」，秋天朝見天子叫作「覲」，冬天朝見天子叫作「遇」。四季朝天子其名皆不同。另外，天子如果有征伐之類的事而臨時召見諸侯叫作「會」；十二年王若不巡守四方，天下四方諸侯都來朝見天子，叫作「同」；天子有事之時，諸侯臨時派大臣聘問叫作「時聘」；侯服之國皆朝聘天子之年各諸侯國皆派臣子聘問天子叫作「殷覜」。先秦時期，各諸侯國之間的聘問活動十分頻繁，僅《春秋經》所記，二百四十二年之間的朝聘、盟會等活動便有四百五十次之多。

各諸侯國聘問所派的人員稱作賓。賓的等級依靠所聘之事的重要性來決定：《禮記‧王制》說：「小聘使大夫，大聘使卿，朝則君自行。」而據《禮記‧王制》說，周代各諸侯國朝見天子的禮儀活動已形成制度，「諸侯之於天子也，比年一小聘，三年一大聘」。天子使諸侯朝見的目的是讓諸侯來謀圖各種重大事件、檢查各國的事功並讓他們來進行彙報。《周禮‧秋官‧大行人》說：「春朝諸侯而圖天下之事，秋覲以比邦國之功，夏宗以陳天下之謨，冬遇以協諸侯之慮。」以此可知，諸侯的四季聘問主要是向天子獻策獻謀獻功，共同商議大事，並定期來彙報自己的政績。故《孟子‧梁惠王下》說：「諸侯朝於天子曰述職。述職者，述所職也。」

除諸侯朝聘天子之外，諸侯之間亦遣使互相聘問致禮，以卿為使者稱「大聘」，以大夫為使者稱「小聘」。春秋時代各諸侯國互相遣使聘問，十分頻繁。另外，諸侯使者有時還以私人身分面見所至諸侯國君及公卿，這叫「私覿」。私覿是以私人身分來拜見，所以形式比較自由，孔子謂「私覿，愉愉如也」，說明私人會見氣氛不是那麼嚴肅呆板，使人感到心情愉快舒暢。公卿在接受了私覿之幣後，仍按禮設宴招待，並回敬幣帛，表示以禮相待。

另外，《儀禮》中的《士相見禮》還以士禮為主，並談到士見大夫，大夫相見，庶人士大夫拜見君主等內容。士相見時，賓客見主人以雉為贄，下大夫相見，以雁為贄，上大夫相見，以羔為贄。這些不同的贄皆有象徵意義：雉，表示其性格耿直，相交有時；用雁，表示取與有時節，飛翔有行列；用羔，表示有組

織有領導，「群而不黨」[10]。而各諸侯國聘問所用之幣通常是虎豹或麋鹿的皮、馬匹、束帛、玄纁、璧、琮等禮物。

四、軍禮

軍禮，顧名思義，就是有關戰爭的禮儀。按清代姚彥渠《春秋會要》所列舉有關軍禮的內容，有校閱、蒐狩、出師、乞師、致師、獻捷、獻俘等項。《周禮・春官・大宗伯》說：「以軍禮同邦國；大師之禮，用眾也；大均之禮，恤眾也；大田之禮，簡眾也；大役之禮，任眾也；大封之禮，合眾也。」這就是說，用軍禮之威來統一邦國，使人們不敢僭越，大師禮用來任用人民，大均禮用來憐恤人民，大田禮用來檢閱、挑選訓練徒眾，大役禮用來徵用徒役，大封禮用來會合人民。「大師之禮」指軍隊征伐，「大均之禮」指按地徵收賦稅，「大田之禮」指狩獵校閱，「大役之禮」指徭役之事，「大封之禮」指賜土封疆，內容十分繁多，這裡主要介紹一下征伐和狩獵校閱方面的軍禮。

軍隊征戰之禮主要包括出師前的祭祀、誓師、軍中刑賞、凱旋歸來的獻捷、獻俘、論功行賞等禮儀。軍隊出征前首先要進行一系列的祭祀活動，這些活動有祭祀天神上帝、祭祀社神、告祭禰廟以及禡祭軍神等，祈求神靈在戰爭中給予保佑幫助。祭祀之後，便舉行誓師典禮。其目的意義無非是強調自己一方所進行的戰爭是正義的，揭露敵方的罪行以便引起同仇敵愾，動之以情、曉之以理。誓師實際上就是戰前動員會。如《尚書》中《甘誓》、《湯誓》、《牧誓》就記載的是這種誓師典禮上的誓師之辭。

軍隊在交戰中的刑賞十分嚴明。《書・甘誓》篇謂：「用命賞於祖，弗用命戮於社」，強調軍隊士兵要完全聽從命令，聽從命令的將會在宗廟加官受爵祿，不聽從命令的將會在社神之前受刑殺戮。將士在戰爭中除了聽從戰鬥號令外，還

---

10 《儀禮・士相見禮》鄭玄注。

有一般性的軍法紀律，這與軍民關係有關，是為了取得敵方百姓民眾對己方軍隊的支持而制定出來的。例如《司馬法》就規定：將士進入敵國之後，「無暴神祇；無行田獵；無毀土功；無燔牆屋；無伐樹木；無取禾黍、器械；見其耆幼，奉歸無傷；雖遇壯者，不校勿敵；敵若傷之，醫藥歸之」。

軍隊獲勝歸來，要高奏凱歌凱樂，謂之「凱旋」。凱旋歸來之後，要到太廟、太社去向天地祖先神祇報告戰鬥的勝利，並獻上戰鬥的獲利品和俘虜。這叫「獻捷獻俘」。「獻捷獻俘」一般是所俘獲的車馬戈盾矛弓矢菔甲冑和戰俘，另外有「馘」，這是作戰時將自己所殺死的敵方將士的左耳割下，獻捷時交上作為計功求賞之實證。獻捷獻俘之後，國君要論功行賞，宴享功臣。這叫「飲至」之禮。論功行賞時有的加封土地，有的賜爵策勳，有的賞賜彝器、儀杖、車輛、寶玉等。如小盂鼎銘中周王見盂率軍勝利歸來，則以酒宴為盂慶功，並賜給盂弓矢干戈甲冑等物品。不過，周代獻捷獻俘禮僅限於所謂的戎狄蠻夷之國，而中原的同姓甥舅之國間所進行的戰爭則不舉行此禮。若行獻俘禮在這些國家之間，則被以「非禮」看待。

先秦時沒有專門的軍事訓練。軍事訓練是在田獵活動中進行，故《周禮·春官·大宗伯》把「大田之禮」列於軍禮之中是完全有道理的。《禮記·王制》說：「天子諸侯無事則歲三田，一為乾豆，二為賓客，三為充君之庖。無事而不田曰不敬，田不以禮曰暴天物，天子不合圍，諸侯不掩群。」這裡有幾點應加以說明：（1）《王制》說天子諸侯一年有三次田獵，但一般謂周代一年有四次田獵；即春蒐、夏苗、秋獮、冬狩。（2）《王制》謂田獵目的一為「乾豆」，即宗廟祭祀；二為宴饗賓客；三為「充君之庖」以待來用。但實際上田獵還有最主要的一個目的作用，這就是田獵時興師動眾、驅車趕馬、砍殺射御，不僅僅是為了田獵，而是為了軍事訓練。特別是春夏秋的田獵，限制極多，目的不在於獵取野獸，而在於訓練民眾簡選士卒。實際上田獵不僅有軍事訓練的作用，而且還有軍事檢閱的性質，《周禮·春官·大宗伯》所說「大田之禮，簡眾也」，正好指明了這一點。

五、凶禮

凶禮主要指喪葬及其哀憫弔唁之禮，但它也包括饑荒、戰亂寇盜等方面的哀傷慰問。《周禮・春官・大宗伯》說：「以凶禮哀邦國之憂，以喪禮哀死亡，以荒禮哀凶箚，以吊禮哀禍災，以禬禮哀圍敗，以恤禮哀寇亂。」這就是說，凶禮是用來救濟幫助邦國的憂患：用喪禮來哀悼死亡者，以荒禮來救濟幫助饑荒和疫病流行時的貧民，以吊禮來哀悼水火災禍的發生，以禬禮救助被圍困和敗傷的盟國，以恤禮來慰問曾遭寇亂的國家。以《大宗伯》之文可知凶禮包括喪禮、荒禮、吊禮、禬禮、恤禮五種。喪禮即喪葬之禮，荒禮即遇荒年饑饉與疾病流行時節約財物的禮儀，禬禮是指國家受禍敗，同盟者各出財物用來補償其損失的禮儀，恤禮是指鄰國或與國有強盜賊寇暴亂等事，以財物表示關心慰問之禮。這五種凶禮中以喪禮和荒禮最為重要，下面簡要介紹這兩種凶禮。

《大宗伯》說：「以喪禮哀死亡」，喪禮是對死者表示哀悼，對死者的家屬表示慰問。一般是由死者的長子以喪主身分向同姓諸侯、異姓同盟諸侯及親友報喪，諸侯或親友派使即來弔喪，並慰問死者的家屬。按周禮規定，周族的親屬弔唁在父考之廟中，同宗族的親屬到祖廟中弔唁，同姓的諸侯和親族到宗廟中弔唁，異姓的諸侯在宗廟外弔唁。《左傳・襄公十二年》曰：「秋，吳子壽夢卒。臨於周廟，禮也。凡諸侯之喪，異姓臨於外，同姓於宗廟，同宗於祖廟，同族於禰廟。是故魯為諸姬，臨於周廟；為邢、凡、蔣、茅、胙、祭，臨於周公之廟。」另外，來弔唁者攜帶贈送死者的衣被財物，叫作「致襚」。

荒禮是指自然災害引起歉收饑饉荒年之後，國家為救荒而採取的一些措施。《禮記・曲禮下》說：「歲凶，年穀不登，君膳不祭肺，馬不食穀，馳道不除，祭事不縣，大夫不食粱，士飲酒不樂。」可知在荒年歉收之時，要裁減一年不必要的浪費性的禮儀，甚至節制飲食，省下糧食，以便度過荒年。孟子就曾對「狗彘食人食而不知檢，塗有餓莩而不知發。人死，則曰『非我也，歲也』」的現象進行過指責，認為在荒年時節不節儉糧食，餓死人卻不知打開糧倉救濟人，這無

異於用武器去殺人，殺了人卻說這不是我的責任，而是武器。[11]但梁（魏）惠王也曾對孟子說他針對荒年採取過一些措施，「河內凶，則移其民於河東，移其粟於河內；河東凶亦然」[12]。但孟子認為他做得不夠，採取措施不夠徹底有力，才用上面一段話去刺激他。由此我們可知，在春秋戰國時代，各國遇到饑荒之年，均要採取一些措施，只是程度有所差異而已。《周禮‧地官‧大司徒》關於救荒的措施和辦法則更為全面：「以荒政十有二聚萬民：一曰散利，二曰薄征，三曰緩刑，四曰弛力，五曰舍禁，六曰去幾，七曰眚禮，八曰殺哀，九曰蕃樂，十曰多昏，十有一曰索鬼神，十有二曰除盜賊。」「散利」是以無償的財物救濟災民；「薄征」是減輕各種租稅；「緩刑」是寬緩刑罰；「弛力」是免除百姓為公家服勞役；「舍禁」是開放關市山澤的禁令；「去幾」的「幾」是指稽查課稅，這是指免除市場貨物徵稅的稽查；「眚禮」是簡化吉禮的禮儀；「殺哀」是簡化喪禮的禮儀；「蕃樂」是把樂器收藏起來不奏樂；「多昏」是指減少王室和貴族的嬪妃妻妾以增加庶民結婚的機會；「索鬼神」是重修已廢棄不祀的祭祀；「除盜賊」是剷除盜賊。這十二項措施較全面地論述了國家為救荒而制定的各項措施。

第五節 ‧

養老尚齒

中國文化的特色之一便是尊老養老尚齒。「仁」可以說是中華民族道德品質的象徵，「仁」德之核心是愛人，「仁者愛人」。但在周代禮制之中，「愛人」有

---

11 《孟子‧梁惠王上》。
12 同上。

禮制等差之別。這等差之別一是講究尊卑貴賤之分，也就是說，「愛人」是先貴後賤，先尊後卑；二是講究親疏遠近之別，也就是說，「愛人」是先親後疏，先近後遠，形成波浪式仁愛圈。最中心者，「愛」波最強最大，逐次減弱，以至於最後「愛」便消失。《論語・學而》篇說：「孝悌也者，其為仁之本歟！」孝悌是仁道的根本，仁道最講究的是孝悌。孝悌開始來自於家族內部相互關係，孝講的是父子之道，悌講的是兄弟之道；孝首先講尊父，悌首先講敬兄；然後才講父慈兄友。由此在家族內部形成一種濃厚的友好和睦團結的氣氛和關係，用這種家族親情作為周代社會最基本的細胞——家族的黏合劑，形成強有力的凝聚力、向心力。社會最基本的細胞穩定了，推而廣之，中國的社會也就穩定了。中華民族歷盡三千多年的歷史，其中歷經坎坎坷坷，風風雨雨，內憂外患，但最終未能分崩離析，與這種孝悌之道所具有的穩定家族關係進而穩定社會的凝聚力有不可分割的關係。

從戰國秦漢時代的文獻中可見，養老尊老的風尚由來已久。《禮記・內則》說：

凡養老，有虞氏以燕禮，夏後氏以饗禮，殷人以食禮，周人修而兼用之。……有虞氏養國老於上庠，養庶老於下庠；夏後氏養國老於東序，養庶老於西序；殷人養國老於右學，養庶老於左學；周人養國老於東膠，養庶老於虞庠，虞庠在國之西郊。有虞氏皇而祭，深衣而養老；夏後收而祭，燕衣而養老；殷人冔而祭，縞衣而養老；周人冕而祭，玄衣而養老。

這段文字亦見於《王制》篇中。這段話說，在戰國古代的傳說中，養老之習早從虞、夏時期便開始了。虞、夏、殷、周皆有養老之習，不過所供養地點不同，所供養的方式也有差異。從養老所用禮儀來分，有虞氏養老用燕禮，夏後氏用饗禮，殷人用食禮，而周人為集大成者，兼而用之。因此周代金文中常出現「孝」字，如頌敦銘說：「用作朕皇考龔叔、皇母龔姒寶尊殷，用追孝。」金文中大多數鼎殷鐘器的製作目的是為了享孝父祖，表示孝道；並祈求父祖把福佑降給自己。

孝道的表現形式有兩種，一種是對已去世的父母祖妣，一種是對還活著的父

母祖父祖母；對已去世的父母祖妣盡孝道用祭祀的方式，對還健在的父母祖父母盡孝道則用養老敬親的方式。

用祭祀的方式對去世的父母祖妣盡孝道，要求祭者心思純一，態度虔誠，祭品豐潔。從殷墟卜辭中可見，殷王祭祖考之前，要占卜其祭日，祭祀方式，祭祀物品，甚至祭品的多少。例如《小屯南地甲骨》三一三版說：

丁巳卜，三羌三牢於大乙。

丁巳卜，五羌五牢於大乙。

丁巳卜，虫〔惟〕乙丑酒久。

丁巳卜，於來乙亥酒。

庚申卜，虫乙丑酒三羌三牢。

庚申卜，於來乙亥酒三羌三牢。

可見，在祭祀大乙之前，先蔔問是用「三羌三牢」呢，還是用「五羌五牢」？從下文庚申卜可知，後來通過占卜選定了「三羌三牢」。下面又占卜對大乙的祭祀是用乙丑之日呢？還是用乙亥之日？這些都反映了殷王在祭祀活動中對祖先神靈的恭敬、虔誠態度，祭品、祭日等均由祖先神靈的意志來決定。周代對祖先神祇的祭祀也是十分恭敬、虔誠的。《國語‧楚語下》說：「百姓夫婦，擇其令辰，奉其犧牲，敬其粢盛，潔其糞除，慎其采服，禋其酒醴，帥其子姓，從其時享，虔其祝宗，道其順辭，以昭祀其先祖，肅肅濟濟，如或臨之。……天子禘郊之事，必自射其牲，王后必自舂其粢。諸侯宗廟之事，必自射牛刲羊擊豕，夫人必自舂其盛。況其下之人，其誰敢不戰戰兢兢，以事百神。天子親舂禘郊之盛，後王親繅其服，自公以下至於庶人，其誰敢不齊肅恭敬，致力於神民。」由此可知，上至天子王后諸侯夫人，下至庶人在祭祀祖先神和其他百神時都是戰戰兢兢，畢恭畢敬。至於祭祀的物品也都是天子王后諸侯夫人親自動手操辦，以求態度虔誠、嚴肅。

對活著的父母祖父母盡孝道在周禮之中則有更明確的體現。《禮記‧王制》說：

五十養於鄉；六十養於國；七十養於學，達於諸侯；八十拜君命，一坐再至。瞽亦如之；九十使人受。五十異粻，六十宿肉；七十貳膳；八十常珍；九十飲食不離寢，膳飲從於遊可也。六十歲制，七十時制，八十月制，九十日修，唯絞紟衾冒，死而後制。五十始衰，六十非肉不飽，七十非帛不煖，八十非人不煖，九十雖得人不煖矣。五十杖於家，六十杖於鄉，七十杖於國，八十杖於朝，九十者天子欲有問焉，則就其室，以珍從。七十不俟朝，八十月告存，九十日有秩。五十不從力政，六十不與服戎，七十不與賓客之事，八十齊喪之事弗及也。五十而爵，六十不親學，七十致政，唯衰麻為喪。

這一段文字也見於《禮記‧內則》之中。另外《內則》篇還說：「凡三王養老皆引年，八十者一子不從政，九十者其家不從政。」這些禮儀和尊卑秩序突出了年齡階段的不同，從供養之處、飲食衣服到服役的年齡都有十分明確的規定，處處考慮到了優待照顧老人，尤其是年齡大的老人。為什麼要按年齡養老尊長呢？《禮記‧鄉飲酒義》說：「民知尊長養老，而後乃能入孝弟。民入孝弟，出尊長養老，而後成教，成教而後國可安也。」原來尊長養老的宣導，目的就是要形成一種教育作用，這樣國家便安定團結了。講尊長尊老，可以形成以年齡階段為特點的等級關係，而這種等級關係則有助於國家安定。所以，《周禮》反覆強調「少長以齒」，就是因為「弟長而無遺，安燕而不亂，此五行者，足以正身安國矣！彼國安而天下安」。所以孔子感歎地說：「吾觀於鄉，而知王道之易易也。」[13]孟子也提倡這種以尊長養老為特點的「王者之道」：「五畝之宅，樹之以桑，五十者可以衣帛矣！雞豚狗彘之畜。無失其時，七十者可以食肉矣！……謹庠序之教，申之以孝悌之義，頒白者不負戴於道路矣！七十者衣帛食肉，黎民不饑不寒，然而不王者，未之有也。」[14]在儒家看來，貴老尊長實際上就是孝悌之道的擴大引申，以孝悌之道推而廣之，便可形成王霸之道：「貴老為其近於親

---

13 《禮記‧鄉飲酒義》。
14 《孟子‧梁惠王上》。

也，敬長為其近於兄也，慈幼為其近於子也。是故至孝近乎王，至弟近乎霸。」[15]

在家族內部的孝悌之道表現形式則是父母是絕對的權威，子女兒媳沒有絲毫的人格獨立和自由。據《禮記·內則》說，凡是父母舅姑的衣被簟席枕几，手杖鞋子，兒子媳婦均不敢挨著靠上；飲食所用的器皿，不是餕食之時，不敢動用；和父母舅姑一起飲食，不是吃剩餘的餕食的話，就不敢飲食。兒子媳婦在父母面前，雖然寒冷，卻不能穿雙層衣；身上雖然發癢，卻不能去搔癢；不是祭祀之時，不敢解開外衣。而且，「在父母舅姑之所，有命之，應唯敬對，進退周旋慎齊，升降出入揖遊，不敢噦噫嚏咳，欠伸，跛倚，睇視，不敢唾洟」。這就是說，兒子媳婦在父母公公婆婆面前一切行為舉止都要小心謹慎。甚至不敢打嗝，不敢歎氣，不敢打噴嚏，不敢咳嗽；也不敢伸腰打呵欠，不能跛行，不能倚靠其他物件上，不敢斜視，不敢吐唾沫、擤鼻涕。未冠的少年男女，雞初鳴時便起床洗漱、著裝修飾打扮，天濛濛亮之時去向父母問安。兒媳婦事奉公公婆婆，除了早起洗漱打扮問安外，態度、奉養則更要恭敬、勤謹：「及所，下氣怡聲，問衣燠寒，疾痛苛癢，而敬抑搔之。出入，則或先或後而敬扶持之。進盥，少者奉盤，長者奉水，清沃盥。盥卒授巾，問所欲而敬進之，柔色以溫之。」[16]媳婦如此，兒子也不例外，「孝子有深愛者，必有和氣。有和氣者，必有愉色；有愉色者，必有婉容。孝子如執玉，如奉盈，洞洞屬屬然，如弗勝，如將失之，嚴威儼恪。非所以事親也，成人之道也」[17]兒子媳婦在父母或公婆面前，不僅要態度恭敬，小心，不敢毛手毛腳；而且要求表情和顏悅色，表現出一種深深的愛心。

周禮孝道對兒子媳婦有如此嚴格的要求和規定，但對為人父母者則儘量照顧，即使是錯誤的言語和做法也不敢怨恨，也要按父母的想法、心意去辦事。要是父母明顯有錯，也要和顏悅色地提意見；父母不聽，也不敢怨恨生氣，仍要孝敬如一。《禮記·內則》說：「子婦有勤勞之事，雖甚愛之，姑縱之而寧數休之。……父母有過，下氣怡色柔聲以諫，諫若不入，起敬起孝。……父母有婢

---

15 《禮記·祭義》。
16 《禮記·內則》。
17 《禮記·祭義》。

子，若庶子庶孫，甚愛之，雖父母沒，沒身敬之不衰。子有二妾，父母愛一人焉，子愛一人焉，由衣服飲食，由執事，毋敢視父母所愛，雖父母沒不衰。子甚宜其妻，父母不說，出。子不宜其妻，父母曰：『是善視我。』子行夫婦之禮焉，沒身不衰。」這就是說，兒子在夫妻關係和愛情生活中毫無自由可言，只能依父母的愛憎為愛憎，父母的是非為是非。兒子所愛妻妾，父母不喜歡，則必須休掉；兒子不喜歡的妻妾，父母卻認為有孝道，就不能休掉，即使父母辭世也是如此。由此可知，孝道觀念不僅僅是父母子女之間的關係，而且嚴重地影響到夫婦之間的關係。這種不合理的現象在整個封建社會長期存在，嚴重地影響了夫婦之間的關係，並因此導致了無數家庭悲劇。東漢末年無名氏所作《孔雀東南飛》（即《古詩無名氏為焦仲卿妻作》）就描寫了一幕子愛其妻而母不愛所造成的人間悲劇。其根本原因如同上面《禮記·內則》所描寫的在夫婦的家庭生活中，當事人無權決定自己的命運，決定他們命運的卻是他們的父母。

書中引用甲骨著錄簡稱表

《鐵》：《鐵雲藏龜》

《前》：《殷墟書契》

《後》：《殷墟書契後編》

《續》：《殷墟書契續編》

《乙》：《殷墟文字乙編》

《鄴》：《鄴中片羽初集》

《寧》：《戰後寧滬新獲甲骨集》

《通》：《卜辭通纂》

《粹》：《殷契粹編》

《合集》：《甲骨文合集》

《屯南》：《小屯南地甲骨》

參考書目

古籍：

《尚書》

《逸周書》

《詩經》

《易經》

《周禮》

《禮記》

《左傳》

《國語》

《戰國策》

《論語》

《墨子》

《孟子》

《荀子》

《老子》

《莊子》

《公孫龍子》

《管子》

《商君書》

《韓非子》

《呂氏春秋》

《淮南子》

《史記》

《漢書》

《論衡》

《吳越春秋》

《太平御覽》

學報、學刊：

《古脊椎動物與古人類》

《化石》

《史前研究》

《考古》

《文物》

《考古學報》

《考古與文物》

《中原文物》

《北方文物》

《華夏考古》

發掘報告：

《西安半坡——原始氏族公社聚落遺址》.北京：文物出版社，1963

《廟底溝與三里橋》.北京：科學出版社，1959

《灃西發掘報告》.北京：文物出版社，1962

《大汶口——新石器時代墓葬發掘報告》.北京：文物出版社，1974

《京山屈家嶺》.北京：科學出版社，1965

《元君廟仰韶墓地》.北京：文物出版社，1983

《寶雞北首嶺》.北京：文物出版社，1983

《青海柳灣——樂都柳灣原始社會墓葬發掘報告》.北京：文物出版社，1984

《昌都卡若》.北京：文物出版社，1985

著作：

馬克思恩格斯選集.北京：人民出版社，1972

中國社會科學院考古研究所編著.新中國的考古發現和研究.北京：文物出版社，1984

陰法魯、許樹安主編.中國古代文化史.北京：北京大學出版社，1991

馮天瑜等.中華文化史.上海：上海人民出版社，1991

賈蘭坡.中國猿人.北京：中華書局，1962

賈蘭坡.山頂洞人.北京：龍門聯合書局，1951

賈蘭坡.賈蘭坡舊石器時代考古論文選.北京：文物出版社，1984

裴文中.中國舊石器時代.北京：中國青年出版社，1963

吳汝康、吳新智、張森水主編.中國遠古人類.北京：科學出版社，1989

張森水.中國舊石器文化.天津，天津科學出版社，1987

李天元.古人類研究.武漢：武漢大學出版社，1990

遼寧文物考古研究所編.牛河梁紅山文化遺址與玉器精粹.北京：文物出版社，1997

宋兆麟、黎家芳、杜耀西.中國原始社會史.北京：文物出版社，1983

蘇秉琦.蘇秉琦考古學論述選集.北京：文物出版社，1984

徐旭生.中國古史的傳說時代.北京：科學出版社，1962

夏鼐.中國文明的起源.北京：文物出版社，1985

王國維.觀堂集林.北京：中華書局，1984

郭沫若.中國古代社會研究.北京：科學出版社，1960

李學勤.走出疑古時代.瀋陽：遼寧大學出版社，1995

郭沫若.奴隸制時代.北京：人民出版社，1973

于省吾.甲骨文字釋林.北京：中華書局，1979

胡厚宣.甲骨學商史論叢

張光直.考古學專題六講.北京：文物出版社，1986

張光直.商代文明.毛小雨譯.北京：北京工藝美術出版社，1999

張光直.中國青銅時代.北京：三聯書店，1983

張光直.中國青銅時代（二集）.北京：三聯書店，1990

趙光賢.周代社會辨析.北京：人民出版社，1981

許倬雲.西周史.北京：三聯書店，1994

童書業.春秋史.濟南：山東大學出版社，1987

楊寬.戰國史.上海：上海人民出版社，1998

李學勤.東周與秦代文明.北京：文物出版社，1984

董楚平.吳越文化新探.杭州：浙江人民出版社，1988

俞偉超.先秦兩漢考古學論集.北京：文物出版社，1985

劉家和.古代中國與世界.武漢：武漢出版社，1997

宋鎮豪.夏商社會生活史.北京：中國社會科學出版社，1994

宋新潮.殷商區域文化研究.西安：陝西人民出版社，1991

晁福林.夏商西周的社會變遷.北京：北京師範大學出版社，1996

裘錫圭.古代文史研究新探.南京：江蘇古籍出版社，1992

裘錫圭.文字學概要.北京：商務印書館，1988

侯外廬主編.中國哲學史簡編.北京：中國青年出版社，1963

任繼愈.中國哲學史.北京：人民出版社，1966

劉澤華.先秦政治思想史.天津：南開大學出版社，1984

白壽彝.中國史學史.上海：上海人民出版社，1986

毛禮銳主編.中國教育史簡編.北京：教育科學出版社，1984

游國恩等主編.中國文學史.北京：人民文學出版社，1964

趙明主編.先秦大文學史.長春：吉林大學出版社，1993

聞一多.神話與詩.北京：古籍出版社，1956

蕭兵.楚辭文化.北京：中國社會科學出版社，1990

袁珂.山海經校注.上海：上海古籍出版社，1980

王家樹.中國工藝美術史.北京：文化藝術出版社，1994

李約瑟.中國科學技術史（中譯本）.北京：科學出版社，1975

北京鋼鐵學院《中國古代冶金》編寫組.中國古代冶金.北京：文物出版社，1978

張之恆、周裕興.夏商周考古.南京：南京大學出版社，1995

宋治民.戰國秦漢考古.成都：四川大學出版社，1993

再版後記

　　本套叢書第一版出版於二〇〇〇年，若再上溯到一九九五年項目正式起動，則距今已有十五年之遙。十五年前的中國，改革開放正進入重要階段。隨著國家現代化建設事業的不斷推進，深層次的文化問題愈益受到普遍關注。人們也越來越意識到，所謂現代化，首先就是人的現代化；而所謂人的現代化，離不開人的道德文化素養的提升，所以，歸根結底，現代化的實現有賴於文化的現代化。也因是之故，一九九七年黨的十五大報告即提出了建設「有中國特色社會主義的文化」的宏偉目標。報告不僅強調「社會主義現代化應該有繁榮的經濟，也應該有繁榮的文化」，而且強調有中國特色社會主義的文化，「它淵源於中華民族五千年文明史，又植根於有中國特色社會主義的實踐」。學術反映時代。明白了這一點，便不難理解，隨著文化問題自二十世紀八〇年代後期以來的持續升溫，其時中國文化史的研究也發展到了一個新的階段：關注對中國文化總體史的探究。這也正是本叢書當年創意的緣起。

　　本叢書的作者多是來自京內外高校和科研院所的中青年學者。當年既沒有什麼科研經費，也沒有什麼津貼，大家的合作主要是出於共同的學術興趣。整套叢書寫作長達四年之久，尤其是最後一年，幾乎每週末都需要開會討論問題。但大家心態平和，似乎都樂此不疲。當然，說到底，這還要感謝當年比較寬鬆的學術環境，因為那時侯高校沒有如今這樣沉重的量化考核的壓力，作者得以避免產生浮躁的心態和陷入急功近利的怪圈。當年參與本叢書編寫的作者，今天多成了有成就的學者和各單位的學術骨幹，大家有時聚首，說起來都很懷念那一段共事的時光。

由於種種原因，本叢書出版後沒有為更多讀者所熟知，也沒有產生應有的社會效益。二〇〇九年，北京師範大學出版社找到我，認為這套「文化通史」依然有著重要的學術價值，值得向廣大讀者推介，希望能夠將之再版。這一動議讓我看到了北京師範大學出版社對學術與市場雙向的判斷力，和助益學術的執著追求。所以，我當即表示欣然同意。

現在本叢書即將出版，我們想利用這個機會，對北京師範大學出版社的大力支持深表感謝。策劃編輯饒濤、李雪潔同志為本叢書出版付出了很多的辛勞；碩士研究生明天、李豔鳳、鞠慧卿同志為本叢書的圖片選取，也做了大量的工作，在此，一併申致謝意。

鄭師渠

於北京師範大學

二〇〇九年五月十五日

亮點書系．中國文化通史 A1001002

中國文化通史·先秦卷　下冊

主　　編　鄭師渠

版權策畫　李　鋒

發 行 人　陳滿銘

總 經 理　梁錦興

總 編 輯　陳滿銘

副總編輯　張晏瑞

編 輯 所　萬卷樓圖書股份有限公司

排　　版　菩薩蠻數位文化有限公司

印　　刷　維中科技有限公司

封面設計　菩薩蠻數位文化有限公司

出　　版　昌明文化有限公司

桃園市龜山區中原街 32 號

電話　(02)23216565

發　　行　萬卷樓圖書股份有限公司

臺北市羅斯福路二段 41 號 6 樓之 3

電話　(02)23216565

傳真　(02)23218698

電郵　SERVICE@WANJUAN.COM.TW

大陸經銷

廈門外圖臺灣書店有限公司

　電郵　JKB188@188.COM

ISBN 978-986-496-155-9

2018 年 1 月初版

定價：新臺幣 420 元

如何購買本書：

1. 劃撥購書，請透過以下郵政劃撥帳號：
　帳號：15624015
　戶名：萬卷樓圖書股份有限公司

2. 轉帳購書，請透過以下帳戶
　合作金庫銀行 古亭分行
　戶名：萬卷樓圖書股份有限公司
　帳號：0877717092596

3. 網路購書，請透過萬卷樓網站
　網址 WWW.WANJUAN.COM.TW

大量購書，請直接聯繫我們，將有專人為您
服務。客服：(02)23216565 分機 610

如有缺頁、破損或裝訂錯誤，請寄回更換

國家圖書館出版品預行編目資料

中國文化通史. 先秦卷 / 鄭師渠著. -- 初版.
-- 桃園市 ：昌明文化出版；臺北市 ：萬卷
樓發行, 2018.01
　冊；　　公分
ISBN 978-986-496-155-9(下冊：平裝)
1.文化史 2.中國
630　　　　　　　　　　　　107001798